From Appetizer To Dessert
Cookbook With Many Food Recipes
Executing Recipes With A Cooking Robot !

Ricette In Italiano - Scopri Come Cucinare Cibi Di Qualità
Grazie Al Robottino Di Cucina

1 Sommario

RICETTE PER IL VAROMA (Accessorio Bimby)

2 Manuale d'uso del robottino Bymbi.

2.1 Consigli utili per il funzionamento a Freddo

L'unica manopola da utilizzare per il funzionamento a freddo, è quella delle velocità. Simultaneamente sul **timer** compariranno i secondi che scorreranno in automatico non appena avrai selezionato la velocità desiderata. Un **dispositivo di sicurezza**, non ti permette di aprire il coperchio se la velocità non sarà posizionata sullo 0.

2.1.1.1 Bilancia

Per utilizzare la bilancia, il boccale deve essere **perfettamente** inserito nella sua sede e la manopola della velocità deve essere posizionata sullo 0.

Prima di pesare, premi il tasto bilancia: sul display compariranno tre 0. Da questo momento potrai pesare gli ingredienti in successione, fino ad un massimo di **2,5 Kg**. Ti consigliamo, per le piccole quantità, di inserire gli ingredienti molto lentamente per dare tempo ai sensori di attivarsi; così facendo otterrai esattamente il peso indicato dalla ricetta.

2.1.1.2 Velocità

Le velocità 1-2, servono esclusivamente per mescolare. Il secondo cucchiaino (**velocità 2-3**), serve per montare.

Per tritare, macinare, grattugiare, ecc., si utilizzano le **velocità da 4 a turbo** e variano in funzione del tipo di alimento e del risultato che vuoi ottenere.

Quando la quantità degli ingredienti è poca, ti consigliamo di utilizzare **velocità non superiori a 8** e di far cadere gli ingredienti dal foro del coperchio sulle lame in movimento, perché la grande potenza che si sviluppa con le alte velocità, può far disperdere gli ingredienti sulle pareti del boccale e sul coperchio.

Utilizza direttamente il tasto turbo solo se nel boccale ci sono ingredienti solidi. Se vuoi sminuzzare o omogeneizzare alimenti solidi con liquidi, la velocità va portata lentamente da 1 a 9 e poi a turbo e il contenuto del boccale non deve essere superiore al litro.

Con la **velocità impasto** contrassegnata da una spiga, posizionata a destra della velocità 0, puoi ottenere impasti eccezionali.

La velocità "spiga" ti consentirà di impastare fino a 700 gr. di farina. Il suo funzionamento a intermittenza, riproduce l'impasto manuale ed evita il surriscaldamento del motore.

2.1.1.3 Consigli d'uso

Non forzare mai la leva di chiusura. Se l'apparecchio non si apre verifica che la manopola delle velocità sia correttamente posizionata sullo 0.

Leggi attentamente le pagine seguenti in cui sono riportate le preparazioni di base.
Bimby ha molteplici usi e solo la perfetta conoscenza degli stessi ti permetterà di sfruttarlo nel migliore dei modi.

Durante la preparazione delle ricette incontrerai questi simboli:
M minuti S secondi T temperatura V velocità I ingredienti

2.1.1.4 Contenuto di 1 misurino

Gli ingredienti si possono dosare sia con la bilancia che con il misurino.
Acqua, latte 100 grammi = 1 decilitro
Olio 90 grammi
Zucchero 100 grammi
Farina 55 grammi
Fecola 80 grammi

Pangrattato 40 grammi
Riso 80 grammi
Parmigiano 50 grammi

2.1.2 Bimby trita

Ricordati:
- che le piccole quantità dovranno essere introdotte dal foro del coperchio
- che il volume degli ingredienti non dovrà mai superare la metà del boccale e sulle lame in movimento a V 6.

2.1.3 Prezzemolo - Basilico Aromi vari

Prezzemolo e aromi lavati e asciugati nella quantità desiderata (non meno di 20 gr.). Inserisci nel boccale dal foro del coperchio con lame in movimento V 6, una manciata per volta dell'aroma che desideri tritare e continua fino ad esaurimento degli ingredienti. Aspetta 10 S ancora prima di fermare l'apparecchio.

Vi consiglio di tritare discrete quantità, per poterle poi conservare nel congelatore e utilizzarle quando necessitano. Puoi anche conservarli in frigorifero coperti di olio e se ti piace, aromatizzarli con uno spicchio di aglio. Le piccolissime quantità, si possono invece tritare contemporaneamente agli altri ingredienti della ricetta che desideri preparare.

2.1.4 Carote Cipolle Sedano

Da 50 gr. a 500 gr. della verdura prescelta, lavata e tagliata grossolanamente. Inserisci la verdura prescelta nel boccale e tritala: da 10 a 30 S a V 4, a seconda della quantità e del trito desiderato.

2.1.5 Verdure Miste

400 gr. di verdure miste lavate e strizzate.
Inserisci nel boccale le verdure, alternando quelle in foglia a quelle in pezzi e tritale: da 6 a 10 S a V 3 a seconda del trito desiderato. Potrai così utilizzarle per un ottimo minestrone.

2.1.6 Per cominciare

2.1.6.1 Trito per gratin

1 panino raffermo, 1 spicchio di aglio, prezzemolo, rosmarino e altri aromi a piacere.
Inserisci il tutto nel boccale: 20 S da V 4 a turbo.

2.1.6.2 Carne cruda/cotta

Carne magra priva di nervi e pellicine nella quantità desiderata.
Taglia la carne a cubetti e falla cadere 100 gr. per volta dal foro del coperchio, con lame in movimento a V 8. Spegni immediatamente dopo aver inserito l'ultimo cubetto e toglila. Ripeti l'operazione fino ad esaurimento della quantità desiderata. Puoi utilizzare anche cubetti di carne congelata, senza attendere il perfetto scongelamento.In questo caso la carne potrà essere anche leggermente grassa.

2.1.6.3 Prosciutto - Mortadella - Salumi vari

Prosciutto o altro nella quantità desiderata.
Inserisci i salumi dal foro del coperchio, con lame in movimento a V 5 per il tempo necessario a seconda della quantità.

2.1.6.4 Ghiaccio

Da 100 a 700 gr. di cubetti.
Inserisci i cubetti nel boccale e tritali a V 6 da 5 S a 20 S. Il tempo può variare in funzione della quantità.

2.1.6.5 Grattugia, macina e polverizza

Ricordati che per una perfetta riuscita il boccale dovrà essere sempre perfettamente asciutto e che il volu-me degli ingredienti non dovrà mai superare la metà del boccale.

2.1.6.6 Pane secco e raffermo

Fino a 300 gr. di pane secco o raffermo.
Inserisci il pane a pezzetti nel boccale: 10 S a V 4 dando contemporaneamente alcuni colpi di V turbo.
Il tempo necessario sarà in funzione della quantità e della finezza desiderata.

2.1.6.7 Parmigiano

Fino a 300 gr. di parmigiano privo di crosta.
Inserisci il parmigiano a cubetti nel boccale: 10 S aV 4 dando contemporaneamente alcuni colpi di V turbo. Il tempo necessario sarà in funzione della quantità.

2.1.6.8 Caffè

Fino a 250 gr. di caffè in grani.
Inserisci il caffè nel boccale e macinalo per 1 M aV 8 e 1 M a V turbo. Il tempo può variare a seconda se utilizzi la moka o la macchina espresso.

2.1.6.9 Mandorle - Noci - Frutta secca

Fino a 300 gr. di frutta secca.
Inserisci l'ingrediente che desideri macinare nel boccale: 30 S portando lentamente la V da 4 a turbo.

2.1.6.10 Cioccolato

Fino a 300 gr. di cioccolato a pezzi.
Inserisci il cioccolato nel boccale: da 5 a 30 S a V 8 a seconda della quantità.

2.1.6.11 Zucchero

Fino a 300 gr di zucchero.
Inserisci lo zucchero nel boccale: da 10 a 30 S aV turbo a secondo della quantità.

2.1.6.12 Riso

Fino a 200 gr. di riso.
Inserisci il riso nel boccale e polverizzalo per 2 M a V turbo.

2.1.6.13 Legumi e cereali

Fino a 200 gr. di legumi (mais frumento avena tapioca lenticchie ceci ecc.). Inserisci il legume o il cereale prescelto nel boccale e polverizzalo a V turbo, per 2 o 3 M. Il tempo può variare a seconda della quantità e della qualità del cereale.

2.1.7 Bimby frulla omogeneizza

Ricordati che per omogeneizzareè necessario prima utilizzare V basse (4-5) e poi passare a V 9 o Turbo.

2.1.7.1 Bibite integrali

La base per una buona bibitaè 1 limone, zucchero, ghiaccio a piacere, e della buona frutta. Pela a vivo la frutta, privala dei semi e mettila nel boccale con il ghiaccio il limone e lo zucchero. Omogeneizza per 30 S a V 6 e 1 M aV Turbo. Unisci la quantità di acqua che desideri e mescola per 4 M a V 3. Volendo, col cestello, si possono filtrare i minimi residui.

2.1.7.2 Bibite filtrate

1 mela o altra frutta a piacere, 1 gambo di sedano, 1 limone pelato a vivo e 1carota, 70 gr.di zucchero, 600 gr. di acqua, 6 cubetti di ghiaccio.
Inserisci nel boccale zucchero e ghiaccio e tritalo a V 5 per 5 S. Aggiungi la frutta: 3 S a V 5 poi l'acqua e mescola per 2 M a V 3. Filtra con il cestello
e servi.

2.1.7.3 Frullati

La proporzione degli ingredientiè uguale a quelli delle bibite.
In questo caso dovrai prima tritare lo zucchero e il ghiaccio: 6 S V 6. Aggiungi poi la frutta e il limone: 30 S a V 6, e unisci poca acqua: 30 S a V Turbo.

2.1.8 Bimby emulsiona

Emulsionare significa, portare in sospensione di un liquido minutissime particelle di altre sostanze, creando così una "emulsione". Ricordati che si ottiene un risultato eccellente versando i liquidi dal foro del coperchio tenendo il misurino leggermente inclinato.

2.1.8.1 Frappé

200 gr. di frutta matura, 6 cubetti di ghiaccio, 1/2 mis. di zucchero, 4 mis.di latte magro.
Inserisci nel boccale lo zucchero il ghiaccio e la frutta: 10 S a V 8. Posiziona la farfalla, porta la V a 2-3 e aggiungi il latte dal foro del coperchio tenendo il misurino inclinato.

2.1.8.2 Maionese

1 uovo intero e 1 tuorlo, 3 mis. di olio di semi, succo di 1/2 limone, sale q.b. Inserisci nel boccale uova limone e sale: 45 S aV 4 versando l'olio a filo dal foro del coperchio con il misurino leggermente inclinato.

2.1.8.3 Crèpes

4 uova, 200 gr. di farina, 1/2 lt. di latte, 50 gr. di burro morbido.
Inserisci tutti gli ingredienti nel boccale: 20 S a V 5. Prima di utilizzarlo lascia riposare il composto in una ciotola per 1/2 ora.

2.1.9 Bimby monta

Ricordati: di utilizzare la FARFALLA per facilitare questa operazione e di usare sempre alimenti freschissimi.

2.1.9.1 Albumi a neve

Da 2 a 6 albumi, 1 pizzico di sale fino.
Disponi la farfalla sulle lame del boccale perfettamente pulito e inserisci gli albumi: da 2 a 3 M a V 2-3, a seconda del numero degli albumi. Fai attenzione che non ci siano residui di tuorlo e imposta per un migliore risultato, la temperatura a 40 C. Il tempo necessario sarà sempre in funzione della quantità degli albumi.

2.1.9.2 Panna montata

Da 200 a 600 gr. di panna fresca e ben fredda. Raffredda il boccale in frigorifero. Disponi la farfalla sulle lame e inserisci la panna: da 45 a 90 S a V 2-3. Controlla la densità e, se necessario, aumenta il tempo di pochi secondi. Non usare panna a lunga conservazione e non superare mai V 3, altrimenti la panna si smonta. Puoi ottenere un ottimo risultato, utilizzando anche panna vegetale.

2.1.9.3 Burro

Da 200 a 600 gr. di panna fresca.

Nel boccale ben freddo disponi la farfalla e aggiungi la panna: 2 M a v 2-3. Aggiungi acqua fredda, mescola per alcuni S a V 1, poi scola il burro venuto a galla, usando il cestello. Conservalo in frigorifero. Puoi insaporirlo a scelta con sale, basilico, erba cipollina o rucola precedentemente tritati.

2.1.10 Bimby manteca

Mantecare significa rendere una preparazione morbida e omogenea. Bimby, grazie alla potenza del motore ci dà la possibilità di ottenere istantaneamente sorbetti o gelati partendo da ingredienti ghiacciati. I sorbetti sono a base di ghiaccio, zucchero, limone e altra frutta a piacere. I sorbettoni sono a base di frutta congelata, zucchero a velo e 1 limone. I gelati di frutta sono a base di latte congelato, frutta congelata, zucchero a velo e 1 limone.

2.1.10.1 Sorbetto di limone

700 gr. di ghiaccio, 2 limoni pelati a vivo e privati dei semi, 200 gr. di zucchero.
Fai lo zucchero a velo per 30 S a V Turbo. Inserisci prima i limoni, poi il ghiaccio: 1 M da V 5 a Turbo, spatolando. A piacere sostituisci i limoni con altra frutta.

2.1.10.2 Sorbettone di frutta mista

700 gr. di frutta mista congelata a pezzi, 1 limone pelato a vivo senza semi e 200 gr. di zucchero.
Togli la frutta dal freezer qualche minuto prima di utilizzarla. Fai lo zucchero a velo: 30 S a V Turbo. Unisci il limone e la frutta: 40 S a V 7, 20 S a V 4 e 20 S a V Turbo, spatolando.

2.1.10.3 Gelato di fragole

300 gr. di fragole congelate, 500 gr. di latte congelato a cubetti, 100 gr. di zucchero, succo di limone.
Togli la frutta dal freezer 5 S prima di utilizzarla. Fai lo zucchero a velo: 20 S a V Turbo. Unisci le fragole e il latte: 40 S a V 7 e 20 S a V 4, spatolando. Bimby impasta

2.1.11 Impasti base per pane pizza focacce

Ricordati: che per gli impasti con lievito di birra, sia dolci che salati, avrai un ottimo risultato, utilizzando la velocità spiga. Il quantitativo massimo di farina non dovrà superare i 700 gr. La velocità di esecuzione consentirà comunque di impastare in un'ora 10 Kg. di farina. L'impasto migliora se il lievito viene sciolto in liquidi tiepidi; la temperatura comunque non dovrà mai superare i 40 C, per non togliere i principi attivi del lievito di birra.

2.1.11.1 Pasta per pane o pizza

500 gr. di farina, 1 cubetto di lievito di birra, 200 gr. di acqua, 100 gr. di latte, 1 cucchiaio d'olio e sale q.b.
Inserisci nel boccale l'olio, il lievito, l'acqua, il latte tiepido e il sale: 5 S a V 6. Aggiungi la farina: 20 S a V 6 e 1 M a V Spiga. Lascia lievitare l'impasto coperto per circa 1/2 ora, prima di utilizzarlo.

2.1.11.2 Pasta per pizza gigante

700 gr. di farina, 1 cubetto di lievito di birra, 300 gr. di acqua, 100 gr. di latte, 2 cucchiai d'olio e sale q.b.
Inserisci nel boccale l'olio, il lievito, l'acqua, il latte tiepido e il sale: 5 S a V 6. Aggiungi dall'alto a pioggia, la farina: 30 S a V 6 e 1 M e 1/2 a V Spiga. Lascia lievitare l'impasto coperto per circa 1/2 ora, prima di utilizzarlo.

2.1.12 Impasti base per tagliatelle ravioli

Ricordati: che il rapporto 100 gr. di farina, 1 uovo è perfetto utilizzando uova da 60 gr. Per eventuali correzioni della consistenza dell'impasto,aggiungi un cucchiaino di farina o un cucchiaino di acqua dal foro del coperchio con lame in movimento. L'aggiunta dell'olio di oliva è facoltativa e serve a rendere più elastico l'impasto.
Prima di stendere l'impasto, lascialo sempre riposare 15 M avvolto in un canovaccio.

2.1.12.1 Pasta all'uovo

3 uova, 300 gr. di farina, 1 cucchiaino d'olio.
Inserisci tutti gli ingredienti nel boccale: 20 S a V 6. E' ottima per tagliatelle, lasagne, ravioli, ecc...

2.1.12.2 Pastina per brodo

1 uovo, 130 gr. di farina.
Inserisci nel boccale 100 gr. di farina e l'uovo: 10 S a V 3. Con lame in movimento a V 5 aggiungi i restanti 30 gr. di farina e ferma l'apparecchio dopo 2 S. Versa la pastina su un canovaccio e lasciala asciugare. Se una parte dell'impasto rimane attaccato alle pareti, staccalo con la spatola e ripeti l'operazione con un poco di farina.

2.1.13 Impasti per torte

Sono i più semplici e potrai utilizzare le tue ricette personali.

2.1.13.1 Impasti base per crostate - quiche - vol-au-vent

Ricordati: che per gli impasti a base di farina con magarina o burroè importante utilizzare tali ingredienti a temperatura ambiente. Prima di utilizzare questi impasti lasciali sempre riposare per 15 M in frigorifero, avvolti in in canovaccio o in carta forno.

2.1.13.2 Pasta brisé

250 gr. di farina, 100 gr. di burro morbido, 1/2 mis. abbondante di acqua fredda, sale q.b.
Inserisci nel boccale prima la farina poi gli altri ingredienti e impasta per 15 S a V 6. Avvolgi l'impasto in un canovaccio e lascialo in frigorifero per 15 M, prima di utilizzarlo. E' un'ottima base per torte salate.

2.1.13.3 Pasta Frolla

300 gr. di farina, 130 gr. di burro morbido, 1 uovo intero e 1 tuorlo, 3/4 di mis. di zucchero, scorza di limone (già grattugiata), 1 pizzico di sale e ½ cucchiaino di lievito vanigliato (facoltativo).
Inserisci tutti gli ingredienti nel boccale e impasta per 25 S a V 7. Avvolgi l'impasto in un canovaccio e lascialo in frigorifero per 15 M prima di utilizzarlo. E' un'ottima base per crostate.

2.1.13.4 Pasta sfoglia

150 gr. di burro congelato a pezzi, 150 gr. di farina, 3/4 di mis. di acqua gelata e 1 pizzico di sale.
Inserisci tutti gli ingredienti nel boccale: 15 S a V 6. Stendi la pasta in un rettangolo e ripiegala in 3 parti. Ripeti la stessa operazione altre 3 o più volte (per ogni lato del rettangolo), tirando ogni volta la pasta con il mattarello. E' ottima per la preparazione di vol-au-vent, cannoncini, ecc...

2.1.13.5 Pan di spagna

6 uova, 250 gr. di farina, 250 gr. di zucchero, 1 bustina di vanillina, 1 bustina di lievito e 1 pizzico di sale.

Fai lo zucchero a velo: 20 S a V Turbo. Unisci le uova: 20 S a V 4. Versa attraverso il foro del coperchio con lame in movimento V 7 la farina, la vanillina, il sale e per ultimo il lievito: 40 S a V 7. Versa in una tortiera e cuoci in forno per 10 M a C 160, 15 M a C. 180 e 15 M a 200 C. E' un'ottima base per le torte farcite.

Se sei golosa, vai a pagina 83: troverai tante belle ricette.

2.1.14 Bimby cuoce

2.1.14.1 Nel Boccale

a V 1 o 2 per il rimescolamento degli ingredienti, senza tritarli. Da V 3 in poi trita anche gli ingredienti.

2.1.14.2 Nel Boccale Con Farfalla

a V 1 o 2 per il rimescolamento degli ingredienti delicati, o delle grandi quantità, e per montare determinate preparazioni.

2.1.14.3 Nel Boccale Con Cestello

a V 4 per cotture differenziate.

2.1.14.4 Nel Varoma

per la cottura a vapore, utilizzando il VAROMA con o senza vassoio. Per addensare sughi, marmellate ecc.

2.2 Consigli utili per il funzionamento a caldo

2.2.1 Temperature

Per il funzionamento a caldo, dovrai utilizzare 2 manopole: quella della velocità, quella della temperatura e il tasto del display per predeterminare il tempo. Si possono selezionare temperature dai 40 C ai 100 C. La temperatura Varoma va utilizzata per le cotture a vapore e per addensare.

L'esclusivo sistema di cottura di Bimby, ti consente la più ampia gamma di utilizzo:
- selezionando una temperatura dai **40 ai 60 C**, puoi intiepidire preparazioni o fondere alimenti delicati come il cioccolato.
- selezionando temperature dai **70 ai 90 C**, puoi ottenere preparazioni perfette come la fonduta, la crema inglese o lo zabaione, che non tollerano temperature più elevate.
- selezionando la temperatura di **100 C**, infine, puoi soffriggere e cuocere, con la sicurezza che la temperatura selezionata rimarrà costante per tutta la durata della cottura. Se durante la cottura il liquido dovesse fuoriuscire dal foro del coperchio, abbassa la temperatura a 90 C.
- selezionando la temperatura **Varoma**, otterrai più produzione di vapore e questo ti consentirà di sfruttare al massimo le potenzialità di Bimby. Si consiglia di posizionare il VAROMA sul coperchio quando gli ingredienti nel boccale avranno raggiunto l'ebollizione.

2.2.2 Velocità

In cottura, le **velocità 1 o 2**, si usano per un rimescolamento più o meno lento.

Le **velocità da 3 a 6**, si usano per potere contemporaneamente tritare, emulsionare o amalgamare.
- Durante il funzionamento a caldo e sopratutto con liquidi in ebollizione, non dovrai mai **utilizzare velocità superiori alla velocità 6**. Per una legge fisica, abbinare la pressione del vapore alla forte potenza rotatoria delle lame, può provocare la fuoriuscita di liquido bollente.

L'eventuale omogeneizzazione degli ingredienti va fatta a freddo. MAI durante o alla fine della cottura.

Alla fine della cottura con Varoma togli immediatamente il Varoma; prima di fermare l'apparecchio aspetta alcuni secondi, prima di aprire il coperchio del boccale.

I tempi di cottura indicati nelle ricette, sono sempre indicativi e potranno variare in funzione della qualità degli ingredienti e del gusto personale.

Ricordati sempre che con Bimby si può fare tutto e non dovrai cambiare le tue abitudini culinarie ma le potrai solo migliorare.

Prima di incominciare a cucinare pensa: Bimby farà questa ricetta per me?...Sicuramente sì... provalo!

13 Ricette per il Varoma

13.1.1 Tabella dei tempi di cottura a vapore

13.1.1.1 Carni E Pollame

pezzi interi (1 kg o più)-1000\1200gr. d'acqua per un'ora o più di cottura; pezzi piccoli o polpette-500gr. d'acqua per 20\25min. di cottura; polpettoni-750gr. d'acqua per 25\30min. di cottura.

13.1.1.2 Pesci

crostacei di grandezza media- 500gr. d'acqua per 15\20min. di cottura; mitili(solo apertura)-300gr. d'acqua per 3\6 minuti di cottura; molluschi di grandezza media- 500gr. d'acqua per 15\30min. di cottura; pesci medio-piccoli-500gr. d'acqua per 10\15min. di cottura; pesci grandi- 500gr. d'acqua per 20\25 minuti di cottura.

13.1.1.3 Ortaggi E Legumi

Legumi freschi-500gr. d'acqua per 8\15min. di cottura; ortaggi interi(grandezza media)-750gr. d'acqua per 25\35min. di cottura; ortaggi a pezzi-500gr. d'acqua per 15\20min. di cottura; verdure in foglia-500gr. d'acqua per 8\15min. di cottura.

13.1.1.4 Frutta Fresca

frutta intera-500gr. d'acqua per 20\25min. di cottura; frutta a pezzi-400gr. d'acqua per 15\20min. di cottura. La cottura è calcolata da quando il vapore diventa operante.

13.1.2 Preparazioni di base

13.1.2.1 Pane Integrale 1

Ingredienti: 500 gr farina integrale, 20 gr sale, 25 gr di lievito di birra, 200 gr latte scremato, 20 gr zucchero, 30 gr olio, 100 gr acqua, semi disesamo a piacere.
Procedimento: Inserire nel boccale latte, acqua, olio, lievito e zucchero: 30sec. Vel.2 40°. Aggiungete dal foro del coperchio con lame in movimento Vel.6, farina e sale: 30sec. Vel.6 e 2min. Vel.spiga. Lasciate lievitare l'impasto nel boccale, coperto da un canovaccio, o in una terrina posta in un luogo tiepido per 2 ore. Quando l'impasto è lievitato, formare uno o più pani e disporli sulla placca del forno coperta da carta forno, ben distanziati tra loro. Con un coltello fare delle incisioni a croce su ciascun pane, ricoprire col canovaccio e fate fare una seconda lievitazione per 1 ora. Porre nel forno un contenitore con dell'acqua. pennellare il pane con acqua, cospargerlo con i semi di sesamo e cuocere in forno preriscaldato a 200° per 20 minuti. pennellate ancora con acqua e ultimate la cottura a 180° per 20 minuti circa. NOTA: Non mettete mai il sale a diretto contatto col lievito di birra perchè ne diminuisce l'efficacia. Infatti a contatto col sale si rompe (per osmosi) la membrana cellulare dei saccaromiceti, i quali, morendo, rendono inefficace il lievito!

13.1.2.2 Pane Integrale 2

Ingredienti: 300gr. di farina "00", 200gr. di grano lavato e ben asciutto, un cubetto di lievito di birra, 20gr. di sale, 20gr. di zucchero, 30gr. d'olio, 300gr. d'acqua.

Procedimento: Tritare il grano nel boccale ben asciutto: 2min. Vel.turbo. Aggiungere tutti gli altri **ingredienti:** 30sec. Vel.6 e un minuto Vel.spiga. Estrarre l'impasto dal boccale e lasciarlo riposare 30 minuti. Formare due o più pani e disporli su una teglia ben distanziati tra loro. Con un coltello fare delle incisioni a croce o in diagonale su ciascun pane, ricoprire con un canovaccio e lasciare che i pani facciano la seconda lievitazione per circa un'ora. Porre nel forno un contenitore con dell'acqua. Cuocere in forno preriscaldato a 200° per 20 minuti e a 180° per altri 20 minuti. Nota: tritando il grnao si riesce ad ottenere una miscela naturale di farina integrale.

13.1.2.3 Pane Di Soia

Ingredienti: 500gr. di farina di soia, 10gr. di zucchero, 10gr. di sale, 25gr. di lievito di birra, 200gr. di latte, 100gr. d'acqua, 30gr. d'olio, semi di cumino a piacere.
Procedimento: Inserire nel boccale farina, zucchero, lievito: 2 colpi a turbo. Aggiungere olio, latte, sale, acqua tiepida: 30sec. Vel.6 e 2min. Vel.spiga. Lasciare lievitare nel boccale coperto da un canovaccio o in una terrina posat in un luogo tiepido per 2 ore. Estrarre l'impasto, formare due o più pani, disporli sulla placca del forno coperta da carta forno, ben distanziati tra loro. Con un coltello fare delle incisioni a croce o in diagonale. Coprire nuovamente e far lievitare un'altra ora. Porre sul fondo del forno un contenitore con acqua bollente. pennellare il pane con acqua e cuocere in forno preriscaldato a 200° per 20 min. pennellare ancora con acqua e ultimare la cottura a 180° per altri 20 minuti.

13.1.2.4 Latte Di Soia

Ingredienti: per un litro e 1\2 circa di latte: 200gr. di fagioli di soia gialla.
Procedimento: Mettete a bagno per una notte i fagioli di soia in un lt e 1\2 d'acqua. Scolarli, lavarli e inserirli nel boccale con 200gr. d'acqua: 3min. Vel.5 e 2min. Vel.9. Aggiungere 800gr. d'acqua: 15min. 100° Vel.4. Mettere un colapasta sopra una terrina, coprirlo con un telo di lino o di cotone e versare il composto caldo. Formare con il telo una specie di sacchetto e lasciare uscire tutto il liquido possibile. Si ottiene in questo modo il latte di soia che potrà essere diluito e aromatizzato a piacere.

13.1.2.5 Tau-Fau O Tofu (Formaggio Di Soia)

Ingredienti x 300 g: latte di soia (Vedi ricetta precedente), caglio Nigari (o succo di 2 limoni).
Procedimento: Inserire nel boccale il latte di soia preparato e cuocere: 15min. 100° Vel.3. Sciogliere in una tazza 1\2 cucchiaino di Nigari con 200gr. d'acqua, o, se si utilizzano i limoni, spremerli e filtrare il succo con un colino. Terminato il tempo di cottura del latte, disporre sul foro del coperchio il misurino e con lame in movimento Vel.3, versare sul coperchio l'acqua con il caglio o con il succo dei limoni. Attendere che tutto il liquido entri lentamente nel boccale e continuare a rimescolare: 3min. Vel.3. Lasciare riposare 10\15 minuti. Foderare un colapasta con un telo di lino sottile o meglio con una grande garza. Versare nel colapasta tutto il latte cagliato: fare uscire il siero utilizzando la garza. Quando il liquido sarà stato eliminato quasi completamente, mettere il tofu nell'apposita scatola o in un capace colino con sopra un peso, in modo da rendere il formaggio compatto. Lasciare che venga eliminato tutto il liquido. Conservare il tofu in frigo in un contenitore immerso in acqua, per non più di una settimana. Il Nigari e la scatola per fare il Tofu sono reperibili nei negozi di alimenti naturali.

13.1.2.6 Salsa Di Soia Chiara Piccante

Dose per 300 g: 50gr. di fagioli di soia gialla, 40gr. di zucchero di canna grezzo, 2 pizzichi di sale, 5gr. di peperoncino in polvere, 25gr. di olio di soia.

Procedimento: Inserire nel boccale i fagioli di soia: unmin. Vel.turbo. Tostare la farina ottenuta: 3min. 100° Vel.2, senza misurino e mettere da parte. Inserire nel boccale zucchero e olio di soia: 5min. 100° Vel.4. Unire la farina di soia e il peperoncino: unmin. Vel.4. Aggiungere 100gr. di acqua e sale: 8min. 100° Vel.2. Unre ulteriori 250gr. d'acqua e continuare la cottura: 30min. 100° Vel.3. Portare lentamente a Vel.turbo, poi filtrare con una garza, lasciar raffreddare e conservare la salsa ottenuta in una bottiglietta chiusa in frigo.

13.1.2.7 Seitan

Dose per 300 g: 700gr. di farina di manitoba (o 350gr. di grano tenero e 350gr. di grano duro), 10 cm di alga kombu, zenzero fresco, 3 cucchiai di salsa di soia (shoyu).
Procedimento: Inserire nel boccale la farina e 400gr. d'acqua; 30sec. Vel.6 e unmin. Vel.spiga. Togliere l'impasto dal boccale e farne una palla e metterlo in una terrina coperto di acqua tiepida per 30 minuti. Passati i 30 minuti impastare ancora nell'acqua finchè questa diventa bianca, facendo attenzione che l'impasto rimanga sempre unito. Disporre l'impasto in colapasta con i fori non troppo larghi. Mettere il colapasta sotto il rubinetto, fare uscire un filo sottile d'acqua e lavorare l'impasto sotto l'acqua. Man mano che l'operazione procede, l'impasto ridurrà il suo volume acquistando una consistenza gommosa. Sarà pronto quando non usirà più amido (quando l'acqua di lavaggio non sarà più bianca) e quando, tagliandolo con un coltello, la sua sezione risulterà uniforme. Si sarà ottenuto in questo modo, il glutine che prende il nome di Seitan. Inserire nel boccale 300gr. d'acqua e l'alga kombu: 10min. 100° Vel.1. Nel frattempo dare al glutine la forma di un salamotto e disporlo nel varoma. Quando l'acqua bolle, posizionare il *varoma* sul boccale: 15min. temp *varoma* Vel.1. Terminato il tempo togliere il glutine dal varoma, tagliarlo a fette dello spessore di un cm e 1\2 e metterlo nel cestello. Aggiungere al liquido rimasto nel boccale qualche fetta di zenzero fresco e la salsa di soia. Posizionare il cestello e cuocere 60min. 100° Vel.4. Si ottiene così il seitan, che, messo in un barattolo di vetro col liquido di cottura, si conserva in frigo per una settimana.
Nota: Il Seitan (glutine o proteina vegetale o carne di soia) può essere utilizzato al posto della carne in moltissime preparazioni: spezzatini, ragù, polpettoni, spiedini, ecc..La salsa di soia e l'alga kombu si trovano in tutti i negozi di alimenti naturali e in molte erboristerie. lo zenzero fresco si trova nei negozi di primizie, di alimenti naturali e spesso nei mercati.

13.1.2.8 Riso Al Vapore All'iraniana

Ingredienti: x 6: 300gr. di riso a grana lunga, 40gr. di burro, sale.
Procedimento: Inserire nel boccale un litro d'acqua e il sale: 10min. 100° Vel.1. Quando l'acqua bolle posizionare il cestello col riso: 5min. temp *varoma* Vel.1. Nel frattempo mettere il burro in un contenitore d'alluminio (18x22) per farlo sciogliere, metterlo nel *varoma* e posizionare il *varoma* sul boccale. Passati 5 minuti estrarre il cestello col riso, versarlo nel contenitore sul burro sciolto, mescolare e ultimare la cottura: 25min. temp *varoma* Vel.1. Servire il riso con ogni tipo di pietanza. E' possibile usare anche riso integrale aumentando i tempi di cottura: 10min. nel cestello e 40min. nel varoma.

13.1.2.9 Cous-Cous Al Vapore

Ingredienti: x 6: 500gr. di cous-cous precotto, 2 cucchiai d'olio, sale. **Procedimento:** Inserire nel boccale 500gr. d'acqua e portarla ad ebollizione: 6min. 100° Vel.1. Nel frattempo mettere in una terrina grande il cous-cous e aggiungere poco per volta 3 misurini d'acqua fredda e il sale. Mescolare bene con le mani per evitare che si ammassi. Quando avrà assorbito tutto il liquido e si sarà gonfiato, aggiungere l'olio e rimescolare ancora. Sistemare ora il cous-cous nel *varoma* e nel vassoio, sgranandolo bene aiutandosi con una forchetta. Quando l'acqua bolle posizionare il *varoma* sul boccale e cuocere 10min. temp *varoma* Vel.1. A questo punto si può utilizzarlo come contorno per carni, pesci o verdure, come descritto nelle varie ricette.

13.1.2.10 Taboule'

Ingredienti: x 6: 500gr. di cous-cous, 6 grossi pomodori, 2 cipollotti freschi, 4 cucchiai di prezzemolo, 4 cucchiai di menta, succo di un limone e 1\2, 4 cucchiai d'olio e.v.o, sale. *Per guarnire:* spicchi di pomodoro, fettine di limone, olive nere, ciuffetti di foglie di menta, foglie di lattuga romana.

Procedimento: Inserire nel boccale 500gr. d'acqua e portare ad ebollizione: 6min. 100° Vel.1. Nel frattempo preparare il cous-cous. Quando l'acqua bolle posizionare sul boccale il *varoma* col cous-cous: 15min. temp *varoma* Vel.1. Durante la cottura, scottare nel vassoio del *varoma* i pomodori per uno o due minuti. Sbucciarli, eliminare i semi, spezzettarli, scolarli e metterli in un piatto da portata, mescolandoli al cou-cous già pronto. Inserire nel boccale, dal foro del coperchio con lame in movimento Vel.6, prezzemolo, menta e cipollotti. Versare tutto sul cous-cous, irrorare con succo di limone, olio e aggiustare di sale; mescolare bene e lasciare raffreddare in frigo per qualche ora. Al momento di servire disporre in un piatto da portata fondo le foglie intere di lattuga, lasciandole debordare dal piatto, come per formare un cesto. Al centro disporre il taboulè e guarnirlo con spicchi di pomodoro, fettine di limone, olive nere e ciuffetti di foglie di menta.

13.1.2.11 Vinaigrette All'indiana

Ingredienti: x 4: 90gr. d'olio e.v.o., 2 cucchiai d'aceto di vino bianco, un cucchiaio di sale, 1\2 cucchiaino di pepe macinato, uno spicchio d'aglio, una piccola cipolla, un cucchiaino di curry.

Procedimento: Inserire nel boccale sale, pepe e aceto: 30sec. Vel.4. Aggiungere 70gr. d'olio: 10sec. Vel.4. Versare tutto in una ciotola e mettere da parte. Inserire ora l'olio rimasto, aglio e cipolla: 20sec. Vel.8 e 2min. 100° Vel.4. Al termine aggiungere il curry: 2sec. Vel.4. Lasciare raffreddare 5 minuti. Unire il composto messo da parte: 10sec. Vel.4. Questa vinaigrette è ottima per condire verdure lessate o cotte al vapore.

13.1.2.12 Coulis Di Frutti Rossi

Ingredienti: 300gr. di lamponi (o fragole, o more o fragoline di bosco), 3 cucchiai di zucchero a velo, un cucchiaio di succo di limone.

Procedimento: Lavare la frutta e scolarla. Fare lo zucchero a velo: 10sec. Vel.turbo. Unire frutta e limone: 10sec. Vel.4 e 10sec. Vel.turbo. Mettere la salsina in una ciotola e tenerla al fresco fino al momento di servirla. E' ottima sui budini, terrine di cioccolato, soufflè e frutta cotta. Può essere arricchito con panna fresca montata in bimby.

13.1.2.13 Coulis Di Albicocche

Ingredienti: 400gr. di albicocche sciroppate o fresche, succo di un'arancia, un pizzico di vaniglia in polvere, un cucchiaino di zucchero.

Procedimento: Scolare le albicocche dallo sciroppo e inserirle nel boccale con vaniglia, zucchero e succo d'arancia: unmin. 40° Vel.4. Servire la salsina fredda come complemento a budini, dolci di riso e terrine di cioccolato. Sostituendo le albicocche si può variare la salsa personalizzandola a piacere.

13.1.2.14 Salsa Di Uva Fragola

Ingredienti: 500gr. di chicchi d'uva fragola o uva nera dolce, 80gr. di zucchero.

Procedimento: Inserire nel boccale 300gr. d'acqua e portarla ad ebollizione: 5min. 100° Vel.1. Nel frattempo lavare l'uva e disporre i chicchi nel varoma. Posizionare il *varoma* e cuocere: 8min. temp *varoma* Vel.1. A fine cottura togliere l'acqua dal boccale, inserire chicchi e zucchero: 10sec. Vel.4. Passare al setaccio per eliminare semi e bucce. Questa salsa è ottima calda per accompagnare ciambelle e dolci secchi, fredda per semifreddi, panna cotta e gelati.

13.1.2.15 Crema Inglese

Ingredienti: 6 tuorli, 200gr. di zucchero, 400gr. di latte, una bustina di vanillina, un pizzico di sale.

Procedimento: Inserire tutti gli ingredienti nel boccale: 5min. 80° Vel.4. Travasare subito la crema dal boccale in una ciotola e lasciarla raffreddare.

13.1.2.16 Uova Alla Coque

Ingredienti: uova di media grandezza a temperatura ambiente.
Procedimento: Inserite nel boccale 300gr. d'acqua: 5min. 100° Vel.1. Quando l'acqua bolle posizionate il *varoma* sul boccale e disporvi el uova: 7min. temp *varoma* Vel.1.

13.1.2.17 Uova Bazzotte

Ingredienti: uova di media grandezza a temp. ambiente.
Procedimento: Inserite nel boccale 300gr. d'acqua: 5min. 100° Vel.1. Quando l'acqua bolle posizionate il *varoma* sul boccale e disponete le uova: 10min. temp *varoma* Vel.1.

13.1.2.18 Uova Sode

Ingredienti: uova di media grandezza a temp ambiente.
Procedimento: Inserite nel boccale 300gr. d'acqua: 5min. 100° Vel.1. Quando l'acqua bolle posizionate il *varoma* sul boccale e disponetevi le uova: 13min. temp *varoma* Vel.1.

13.1.2.19 Salsina Per Verdure

Ingredienti: un mazzetto di basilico, 2 spicchi d'aglio, 2 cucchiai d'aceto bianco, 100gr. d'olio, un pezzetto di peperoncino piccante secco, sale.
Procedimento: Inserire nel boccale olio, aceto, basilico, sale e peperoncino: 10sec. Vel.5 e inserire, contemporaneamente dal foro del coperchio, l'aglio: 30sec. con velocità progressiva da 5 a turbo. E' ottima servita con verdure a vapore.

13.1.2.20 Salsa Al Burro

Ingredienti: 200gr. di burro, 30gr. di vermouth secco, le barbe tenere di un finocchio, dragoncello fresco o un cucchiaino secco, sale, pepe.
Procedimento: Inserire nel boccale le barbe del finocchio: 10sec. Vel.5. Mettere la farfalla e aggiungere gli altri **ingredienti:** 2min. Vel.3. E' ottima per crostacei o pesci al vapore.

13.1.2.21 Salsa Vietnamita

Ingredienti: 40gr. d'olio, uno spicchio d'aglio schiacciato, un peperoncino, succo di 1\2 limone, 2 cucchiai di Nuoc Man (Salsa di pesce in bottiglia).
Procedimento: Inserire nel boccale tutti gli **ingredienti:** 30sec. Vel.8. E' ottima per carni o verdure al vapore. In alternativa al Nuoc Man si può utilizzare 1\2 cucchiaino di pasta d'acciughe diluito in 1 cucchiaio d'acqua.

13.1.3 Contorni e verdure

13.1.3.1 Piatto Di Verdure Multicolori

Ingredienti: 150gr. di patate, 150gr. di fagiolini, 150gr. di cavolfiore, 150gr. di broccoli, 150gr. di finocchi. Per la besciamella: 500gr. di latte, 40gr. di farina, 60gr. di fontina o simile, 50gr. di burro, un pizzico di noce moscata (facoltativa), sale, pepe.

Procedimento: Pulite le verdure e tagliatele a bastoncino; dividete broccoli e cavolfiore a roselline. Inserite nel boccale 600gr. d'acqua e posizionate il cestello con fagiolini, carote e i rametti dei broccoli: 8min. 100° Vel.3. Nel frattempo disponete le altre verdure nel varoma. Quando l'acqua bolle posizionate il *varoma* e continuate la cottura per 30min. temp *varoma* Vel.3. Controllate la cottura delle verdure e al termine disponetele in una pirofila alternando i colori e tenete al caldo. Eliminate l'acqua rimasta nel boccale e inserite tutti gli ingredienti per la besciamella tranne il formaggio: 7min. 90° Vel.3. A fine cottura aggiungete dal foro del coperchio il formaggio: 30sec. Vel.5. Versate la salsa sulle verdure e gratinatele in forno preriscaldate a 180° per 10 minuti. Se avete poco tempo per preparare la besciamella, potete coprire le verdure con sottilette prima di infornarle.

13.1.3.2   Gratin Di Verdure

Ingredienti: x 4\6: 60gr. di pane raffermo, un cucchiaio di rosmarino, 5 foglie di salvia, un mazzetto di prezzemolo, uno spicchio d'aglio, 200gr. di carote, 300gr. di finocchi, 100gr. di cipolle, 200gr. di cavolfiore, 200gr. di zucchine. *Per la salsa:* 200gr. di Gouda o gruviera a pezzetti, un uovo intero, 100gr. di panna, 100gr. di latte, sale, pepe.
Procedimento: Inserire nel boccale il pane a pezzi con rosmarino, salvia, prezzemolo e aglio: 30sec. Vel.turbo e mettere da parte. Inserire nel boccale 800gr. d'acqua: 10min. 100° Vel.1. Intanto pulire le verdure e tagliare a bastoncini carote e zucchine, a fettine per il lungo cipolle e finocchi, a roselline il cavolfiore. Disporle nel *varoma* avendo cura di mettere sul fondo le verdure che richiedono una cottura più lunga. Allo scadere del tempo posizionare il *varoma* e cuocere 20min. temp *varoma* Vel.1 (le verdure devono restare al dente). Versare le verdure in una pirofila da forno. Eliminare l'acqua dal boccale e inserire: formaggio, uovo, panna, latte, sale e pepe: 30sec. Vel.4. Versare la salsa sulle verdure, cospargerla col pangrattato aromatico e gratinare in forno già caldo a 200° per 15 minuti. Servire subito.

13.1.3.3   Insalata Di Tau-Fou A Vapore

Ingredienti: x 6: 150gr. di tau-fau (vedi ricetta), 200gr. di piselli surgelati, 100gr. di funghi, 2 carotine, 2 gambi di sedano, 100gr. di teste di broccoli, 4 cipollotti verdi, 100gr. di verza. *Per la salsa:* 80gr. d'olio di soia, succo di un limone, 40gr. di salsa di soia, 50gr. di arachidi sgusciate, una cipolla, 20gr. di zucchero di canna, sale, pepe.
Procedimento: Preparare le verdure tagliandole a listarelle, lasciando i fiori dei broccoletti interi. Inserire nel boccale 500gr. d'acqua e portare ad ebollizione: 5min. 100° Vel.1. Disporre le verdure nel *varoma* e nel vassoio piselli, tau-fau a tocchetti e funghi. Quando l'acqua bolle posizionare il *varoma* completo e ben chiuso sul boccale e cuocere 20min. temp *varoma* Vel.1. Terminata la cottura sistemare le verdure in un piatto da portata. Togliere l'acqua dal boccale, inserire la cipolla a spicchi, l'olio e lo zucchero: 8min. 100° Vel.1. Unire salsa di soia, succo di limone, sale, pepe e arachidi: 2min. 80° Vel.1. Aggiungere il tau-fau: 5sec. Vel.1. Condire le verdure con la salsa ottenuta e servire. Volendo arricchire l'insalata si può cuocere contemporaneamnete nel cestello 300gr. di petto di pollo a cubetti e salato. Terminata la cottura, l'acqua rimasta nel boccale sarà un ottimo brodo per un risotto.

13.1.3.4   Verdure Ripiene Al Formaggio E Fagiolini

Ingredienti: x 6: 2 piccole melanzane, un peperone rosso, un peperone giallo, 2 zucchine. *Per farcire:* 200gr. di bietole, una cipolla, 300gr. di ricotta romana, 100gr. di parmigiano, un uovo, peperoncino, maggiorana fresca, noce moscata, sale. *Per l'insalata:* 500gr. di fagiolini, 1\2 misurino di pangrattatao, uno spicchio d'aglio, olio, aceto, menta, 20gr. di sale, pepe nero.

Procedimento: Tagliare le melanzane in dischi di 3 cm, scavarle a nido, salarle e metterle a sgocciolare per 30 minuti. Tagliare le zucchine a tronchetti d 3 cm e scavarle a nido. Tagliare i peperoni a metà, eliminare il torsolo e il picciolo. Cospargere di sale peperoni e zucchine. Inserire nel boccale parmigiano e maggiorana: 35sec. Vel.8 e mettere da parte. Inserire ora 400gr. d'acqua: 5min. 100° Vel.1. Unire le bietole private dei gambi, la cipolla a fettine e un pizzico di sale: 5min. 100° Vel.1. Scolare e strizzare bene le bietole, eliminare l'acqua e tritarle, inserendole nel boccale dal foro del coperchio con lame in movimento Vel.6: 20sec. Vel.6. Aggiungere ricotta, parmigiano, uova, noce moscata e peperoncino: 20sec. Vel.3 e mettere da parte. Inserire nel boccale un lt d'acqua, 20gr. di sale e posizionare il cestello: 12min. 100° Vel.1. Nel frattempo sciacquare le melanzane e farcirle insieme alle altre verdure col composto tenuto da parte, sistemare le melanzane nel varoma, contornarle con i peperoni e disporre le zucchine nel vassoio. Trascorso il tempo previsto inserire nel cestello dal foro del coperchio, i fagiolini tagliati in due e posizionare il *varoma* con le verdure: 30min. temp *varoma* Vel.1. Terminata la cottura irrorare le verdure con un filo d'olio, scolare i fagiolini, condirli ancora caldi con olio, aceto, aglio tagliato a fettine, foglioline di menta e pepe. Spolverizzare con pangrattato

13.1.3.5 Crepes Con Verdure

Ingredienti: x 8: per le crepes: 4 uova, 200gr. di farina, 500gr. di latte, 50gr. di burro morbido, sale. Per il ripieno: 200gr. di parmigiano grattugiato, 250gr. di mozzarella, 300gr. di piselli, 2 carote, 2 zucchine, 1\2 misurino d'olio, una cipolla grande, burro, sale. **Preparare le crepes:** inserire nel boccale tutti gli **ingredienti**: 20sec. Vel.4. Togliere il composto e lasciarlo riposare 30 min. **Preparare il ripieno:** inserire nel boccale la mozzarella a pezzi: 5sec. Vel.3 e mettere da parte. Senza lavare il boccale inserire un lt d'acqua: 10min. 100° Vel.1. Nel frattempo tagliare le verdure a listarelle e mettere carote e piselli nel *varoma* e le zucchine nel vassoio. Quando l'acqua bolle posizionare il *varoma* sul boccale: 20min. temp *varoma* Vel.1. Con l'impasto preparare le crepes molto sottili. Terminata la cottura eliminare l'acqua dal boccale ed inserire olio e cipolla: 5min. 100° Vel.4. Aggiungere le verdure già cotte e il sale: unmin. Vel.1 spatolando. unire la mozzarella e 3\4 del parmigiano: 30sec. Vel.1. Riempire le crepes col composto, piegarle a ventaglio e disporle in una pirofila unta. Cospargere col rimanente parmigiano e fiocchi di burro. Gratinare in forno a 200° per 10 min. Sono ottime anche cosparse con un sugo di pomodoro che potrete cuocere contemporaneamente alle verdure nel boccale.

13.1.3.6 Patate Novelle E Rape In Salsa

Ingredienti: x 6: 750gr. di patate novelle tagliate a tocchi, 600gr. di rape tagliate a fette. Per la salsa: 500gr. di latte, 80gr. di emmental, 30gr. di burro, 1\2 cucchiaino di pepe, 3 cucchiai di farina, 1\2 cucchiaino di sale, noce moscata.
Procedimento: Disporre le patate nel *varoma* e le rape nel cestello. Inserire nel boccale 700gr. d'acqua salata, posizionare il cestello con le rape e cuocere 35min. temp *varoma* Vel.2. Dopo 10 minuti posizionate il *varoma* con le patate e continuare la cottura. Al termine togliere *varoma* e cestello e tenere al caldo le verdure. Preparare la salsa: eliminare l'acqua dal boccale e inserire tutti gli **ingredienti**: 5sec. Vel.8 e 6min. 90° Vel.4. Disporre le patate e le rape in un piatto da portata, cospargerle con la salsa e servire.

13.1.3.7 Insalata Tricolore

Ingredienti: x 6: 300gr. di maccheroncini, 400gr. di pomodori San Marzano, 400gr. di zucchine, 10 olive snocciolate, 100gr. d'olio, 15gr. di senape, sale.

Procedimento: Inserire nel boccale un lt d'acqua salata e portare ad ebollizione: 10min. 100° Vel.1. Intanto pulire e sistemare nel *varoma* le zucchine a listarelle e nel vassoio i pomodori a fettine e le olive. Chiuderlo bene e posizionarlo sul boccale: 30min. *varoma* Vel.1. Negli ultimi 10 minuti o più, a seconda del tempo di cottura della pasta, inserire nel boccale i maccheroncini e terminare la cottura. Scolare la pasta col cestello e passare tutto sotto un getto d'acqua fredda. Disporre la pasta in un piatto da portata, aggiungere le verdure, poco olio, mescolare e lasciar raffreddare. Inserire nel boccale l'olio rimasto, la senape e sale: 30sec. Vel.5. Condire e servire. E' un piatto unico fresco e colorato.

13.1.3.8   Patate E Broccoli In Salsa Verde

Ingredienti: x 6: 600gr. di broccoli, 750gr. di patate. Per la salsa: 100gr. di prezzemolo (lavato e ben asciugato), 6 filetti d'acciughe, 1\2 spicchio d'aglio, un cucchiaio di capperi, 2 tuorli d'uovo sodo, 8 olive verdi snocciolate, 180gr. d'olio, 2 cucchiai d'aceto, mollica di un panino, sale.

Procedimento: Preparare la salsa: inserire nel boccale aceto e mollica: 5sec. Vel.6. Unire tutti gli altri ingredienti tranne l'olio: 30sec. Vel.8. Aggiungere l'olio: 10sec. Vel.3 e mettere da prate. Lavare e tagliare a roselline i broccoli e sistemarli nel vassoio del varoma. Inserire nel boccale 500gr. d'acqua: 7min. 100° Vel.1. Intanto pelare, lavare e tagliare a spicchi le patate e disporle nel varoma. Quando l'acqua bolle posizionare il *varoma* sul boccale e cuocere 30min. *varoma* Vel.1. Disporre le verdure su un piatto, condirle con la salsa e servirle calde. Se volete, potete preparare nel boccale contemporaneamente alle verdure un buon minestrone o un sughetto di pomodoro.

13.1.3.9 Patate Novelle Al Pecorino

Ingredienti: X 6: 24 patate novelle piccole, anche surgelate, 100gr. di pecorino sardo grattugiato, 10 olive nere di Gaeta snocciolate, 2 cucchiai di capperi, un cucchiaio di foglie di timo fresche, due cucchiaini di origano secco, 10 foglie di basilico, un cipollotto (facoltativo), succo di 1\2 limone, 80gr. d'olio, pepe nero macinato fresco.

Procedimento: Lavare le patate, se fresche, e metterle nel varoma. Inserire nel boccale capperi, olive, basilico e timo: 10sec. Vel.4. Aggiungere succo di limone, origano, olio e pepe: 10sec. Vel.5 e mettere da prate. Senza lavare il boccale mettere un litro d'acqua e portare ad ebollizione: 10min. 100° Vel.1. Quando l'acqua bolle posizionare il varoma: 25min. *varoma* Vel.1. A cottura ultimata tagliare in 4 le patate e sistemarle in un piatto da portata, ricoprirle col pecorino, condirle con la salsina preparata, pepe macinato fresco e servire con i filetti di merluzzo, o altro pesce, cotti contemporaneamente nel vassoio del Varoma.

13.1.3.10 Broccoli Alle Olive

Ingredienti: X 6: 800gr. di broccoletti puliti, 4 cucchiai di uvetta (facoltativa), 4-5 filetti d'acciughe sott'olio, 100gr. di olive nere snocciolate (o 3 cucchiai di patè d'olive), 1\2 misurino di succo di limone, 90gr. d'olio, sale, pepe.

Procedimento: Inserire nel boccale olio, succo di limone, olive (o patè), acciughe, sale, pepe: 20sec. Vel.4 e mettere da prate. Inserire nel boccale un litro d'acqua e portare ad ebollizione: 10min. 100° Vel.1. Intanto mondare i broccoletti, tagliare le cime e sistemarle nel varoma. Quando l'acqua bolle posizionare il *varoma* e cuocere: 30min. *varoma* Vel.1. Trasferire i broccoletti in un'insalatiera, condirli con la salsina tenuta da prate, guarnirli con l'uvetta, mescolare e servire.

13.1.3.11 Sformato Di Cipolle Al Vapore

Ingredienti: 200gr. di cipolle, 3 uova, un pomodoro, 30gr. di latte, 10gr. di dado vegetale bimby, 10gr. di zucchero, sale, pepe, 30gr. di parmigiano grattugiato.

Procedimento: Tagliate a spicchi le cipolle e inseritele nel boccale col pomodoro: 3sec. Vel.4. Unite uova, zucchero, dado e parmigiano, latte, sale e pepe: unmin. Vel.2. Versate il composto ottenuto in uno stampo d'alluminio imburrato e mettetelo nel varoma. Inserite nel boccale un litro d'acqua e fate bollire: 10min. 100° Vel.1. Posizionate il *varoma* e cuocete: 40min. *varoma* Vel.1. Lasciate intiepidire, sformate e servite.

A vostro piacere lo sformato si può fare con pomodori, zucchine, peperoni, ecc..

13.1.3.12 Sformato Di Cavolfiori

Ingredienti: X 8: 600gr. di cavolfiore, 200gr. di latte, 3 uova, un cucchiaino di maizena, 4 cucchiai di capperi sott'aceto, 8 olive nere snocciolate, 1\2 cucchiaio d'olio, sale, peperoncino in polvere.

Procedimento: Inserire nel boccale uova, maizena, latte e sale: 30sec. Vel.3. Togliere e mettere da prate in una ciotola. Inserire nel boccale un lt d'acqua: 10min. 100° Vel.2. Intanto disporre le cimette di cavolfiore nel varoma. Posizionare il *varoma* sul boccale: 15min. *varoma* Vel.1. Spennellare uno stampo di stagnola rettangolare d'olio e inserire le cimette di cavolfiore precedentemente condite con i capperi sgocciolati, le olive a rondelle, sale e peperoncino. Versare la salsa sul cavolfiore. Riposizionare il *varoma* con lo stampo e cuocere: 20min. *varoma* Vel.1. Togliere il coperchio del *varoma* e proseguire la cottura altri 5min. *varoma* Vel.1. Lasciare intiepidire, sformare e servire. Al posto dell'acqua, nel boccale si può preparare un minestrone e, o, cuocere nel cestello altre verdure come carote, fagiolini, da servire come contorno colorato allo sformato.

13.1.3.13 Asparagi Con Patate E Salsa Olandese

Ingredienti: x 4: 650gr. di patate piccole novelle, 1 kg asparagi. *Per la salsa:* 4 tuorli, 100gr. di burro, 1\2 misurino di panna, 2 cucchiai di succo di limone, sale, pepe.

Procedimento: Lavare bene le patate senza sbucciarle e metterle nel cestello. Inserire nel boccale 700gr. d'acqua e posizionare il cestello con le patate: 35min. *varoma* Vel.1. Disporre nel *varoma* le punte degli asparagi e dopo 12min. posizionarlo sul boccale e continuare la cottura. Al termine togliere *varoma* e cestello, eliminare l'acqua e sciacquare bene il boccale. Preparare la salsa: inserire tutti gli ingredienti nel boccale: 4min. 60° Vel.4. Disporre patate e asparagi in un piatto da portata e servirli con la salsa. Prosciutto crudo o cotto possono completare bene questo piatto.

13.1.3.14   Terrina Di Asparagi Ed Erbette

Ingredienti: x 6: 600gr. di grossi asparagi, 200gr. di erbette novelle (bietole), 3 uova, un cucchiaio di erba cipollina, 1\2 cucchiaio d'olio, sale, pepe macinato al momento.
Procedimento: Togliere la parte legnosa degli asparagi e sbucciare il gambo. Lavare le erbette. Inserire nel boccale l'erba cipollina e tritarla: 2sec. Vel.turbo. Aggiungere le uova: unmin. Vel.4 e mettere da aprte. Portare ad ebollizione 500gr. d'acqua: 8min. 100° Vel.1. Quando l'acqua bolle posizionare il *varoma* con gli asparagi, il vassoio con le erbette e cuocere: 10min. *varoma* Vel.1. Lasciare intiepidire le verdure, salare e pepare. Distribuire 1\3 delle foglie di erbette sul fondo di uno stampo d'alluminio della capcità di un litro, unto d'olio. Aggiungeree un primo strato d'asparagi e un pò delle uova precedentemente sbattute; coprire con 1\3 delle erbette, gli asparagi rimasti e le uova rimaste, terminare con uno strato di erbette. Coprire con un foglio d'alluminio. Nel frattempo portare ad ebollizione 500gr. d'acqua: 8min. 100° Vel.1, posizionare il *varoma* con la terrina preparata e cuocere 25min. *varoma* Vel.1. Lasciare intiepidire, sformare, tagliare in grosse fette e servire con un battuto di pomodoro fresco.

13.1.3.15   Ventagli Di Melanzane

Ingredienti: x 4: 250gr. di riso integrale, 2 melanzane medio\piccole, 2 pomodori maturi e sodi, una grossa cipolla, 2 spicchi d'aglio, una foglia d'alloro, timo, maggiorana, pinoli, foglie di basilico, olio, sale, pepe. *Per le schiacciatine:* 100gr. di speck, 100gr. di ricotta romana, 1\2 misurino di pangrattato, 1\2 misurino di parmigiano grattugiato, un uovo, pepe, sale.
Procedimento: Sbucciare le melanzane, tagliarle a fette di un cm, salarle e metterle in un colapasta per un'ora, per fargli perdere l'acqua. Mescolare in una ciotolina sale, pepe, timo, maggiorana e alloro spezzettato e tenere da parte. Inserire nel boccale, dal foro del coperchio con lame in movimento Vel.5, cipolla e aglio: 10sec. Vel.5. lavare bene le fette di melanzane, tagliarle in lunghezza lasciandole attaccate sul fondo dalla parte del gambo, formando così dei ventagli. Farcire i ventagli fra le listarelle col trito di cipolla, disporli nel varoma, irrorarli con l'olio, cospargerli con fettine di pomodoro, col rimanente trito e col sale aromatizzato. Preparare le schiacciatine: inserire nel boccale, dal foro del coperchio con lame in movimento Vel.5, lo speck: 20sec. Vel.5. Aggiungere tutti gli altri **ingredienti:** 20sec. Vel.6. Con l'impasto ottenuto formare delle piccole ruote schiacciate e disporle nel vassoio del *varoma* unto. Senza lavare il boccale inserire un litro d'acqua e posizionare il cestello col riso: 40min. *varoma* Vel.2. Dopo 15min. aggiungere 2 misurini d'acqua calda, posizionare il *varoma* completo sul boccale e continuare la cottura. A cottura ultimata adagiare il riso in un piatto caldo, disporre i vantagli di melanzane, le schiacciatine e irrorare con olio crudo. Decorare con fettine di pomodoro crudo, foglie di basilico e pinoli.

13.1.3.16   Asparagi Con Burro Al Limone

Ingredienti: x 6: 1 kg di asparagi, 6 uova fresche a temp ambiente. *Per la salsa:* 100gr. di burro morbido, succo e scorza grattugiata di un limone, un mazzetto di cerfoglio, sale e pepe bianco macinato al momento.

Procedimento: Preparare la salsa: inserire nel boccale la scorza grattugiata del limone e il burro: 50sec. Vel.3 fino ad ottenere un composto morbido e spumoso. Unire il succo del limone, sale, pepe, cerfoglio tagliato sottile: 20sec. Vel.3 e mettere da parte. Inserire ora nel boccale un lt d'acqua e portare ad ebollizione: 12min. 100° Vel.1. Nel frattempo pulire gli asparagi, togliere le parti legnose e distribuirli nel varoma. Quando l'acqua bolle, posizionare il *varoma* sul boccale e cuocere: 20min. *varoma* Vel.1. Lavare le uova e a 10min. dalla fine della cottura sistemarle nel *varoma* intere. A cottura ultimata sgusciare le uova e sistemarle con gli asparagi in un piatto da portata, versarvi sopra la salsa affinchè si sciolga e servire subito.

13.1.3.17 Finocchi Ripieni Di Formaggio

Ingredienti: x 4: 4 finocchi piccoli con molta barba, 150gr. di gorgonzola, 2 cucchiai di gherigli di noce, sale, pepe.

Procedimento: Inserire nel boccale la barba dei finocchi e i gherigli di noce: 20sec. Vel.6 e mettere da parte in una ciotola. inserire nel boccale un lt d'acqua: 10min. 100° Vel.1. Disporre i finocchi lavati e tagliati in due nel *varoma* e quando l'acqua bolle posizionarlo sul boccale: 40min. *varoma* Vel.1. Al termine della cottura salare, scavare i finocchi lasciando intatta la parte esterna: amalgamare la parte scavata al gorgonzola e con questo composto riempire i finocchi e metterli nuovamente in cottura nel varoma: 10min. temp *varoma* Vel.1. Servirli subito cospargendoli col trito messo da parte e il pepe macinato al momento.

13.1.3.18 Insalata Di Pasta E Funghi

Ingredienti: x 4: 50gr. di salsa di soia, 50gr. di olio di soia o d'oliva, succo di 2 limoni, 30gr. basilico, 30gr. prezzemolo, 300gr. finghi misti, 300gr. di pasta corta, sale, pepe.

Procedimento: Inserire nel boccale olio, prezzemolo, basilico, salsa di soia e succo di limone: 30sec. turbo. Versare la salsa in una zuppiera. Disporre i funghi lavati e tagliati nel varoma, salare e pepare. Inserire nel boccale un lt d'acqua: 10min. 100° Vel.1. Quando l'acqua bolle posizionare il *varoma* sul boccale: 15min. *varoma* Vel.1. Togliere il *varoma* e versare i funghi nella salsa e lasciar raffreddare. Dal foro del coperchio versare la pasta nel boccale e cuocere per il tempo indicato sulla confezione a 100° Vel.1. Scolarla e versarla nella zuppiera sui funghi e la salsa, mescolare bene e servire decorando con basilico fresco.

13.1.3.19 Funghi Marinati Al Pepe Verde

Ingredienti: x 6: 500gr. di champignon bianchi, un limone non trattato, 50gr. di olio, un mazzo di prezzemolo, un cucchiaio di pepe verde conservato al naturale, sale.

Procedimento: Inserire 500gr. d'acqua nel boccale: 7min. 100° Vel.1. Pulire i funghi e affettarli 1\2 cm. Adagiare nel *varoma* uno strato di prezzemolo, disporvi i funghi e, quando l'acqua bolle, posizionare il *varoma* sul boccale: 5min. *varoma* Vel.1. Togliere i funghi, asciugarli con un panno e metterli in una ciotola. Lavare e asciugare bene il boccale. Inserire ora dal foro del coperchio con lame in mov Vel.8, pepe verde e prezzemolo: 10sec. Vel.8. Unire il succo e la scorza grattugiata di 1\2 limone, sale e 3 cucchiai d'olio: 5sec. Vel.6. Versare il condimento sui funghi e lasciarli marinare al fresco qualche ora prima di servirli.

13.1.3.20 Canederli Della Boemia

Ingredienti: x 4: 350gr. di farina bianca, un panino secco a cubetti, 200gr. d'acqua, 20gr. di lievito di birra, 80gr. di parmigiano grattugiato, 50gr. di burro, un cucchiaino di sale.
Procedimento: Inserire nel boccale acqua e lievito di birra: 30sec. 40° Vel.3. Aggiungete i cubetti di pane, la farina bianca e il sale: 20sec. Vel.6 e 45sec. Vel.spiga. Togliere l'impasto dal boccale e lascar lievitare 30min. in un luogo tiepido. Con l'impasto ottenuto formare una pagnotta ovale e metterla al centro del *varoma* avendo cura di lasciar libere le fessure. Inserire nel boccale un lt d'acqua: 10min. 100° Vel.1. Quando l'acqua bolle posizionare il *varoma* sul boccale: 15min. *varoma* Vel.1. Al termine tagliare il grosso canederlo in fette di 1\2 cm di spessore, cospargerle col parmigiano, fiocchi di burro e far gratinare in forno preriscaldato per 10 minuti.

13.1.3.21 Spinaci Alla Crema Con Maggiorana

Ingredienti: x 4: 1 kg di spinaci freschi, 150gr. di panna acida o yogurt, 2 cucchiai di foglie di maggiorana fresca, sale, pepe bianco macinato al momento.
Procedimento: Lavare bene gli spinaci e disporli nel varoma. Inserire nel boccale 500gr. d'acqua e portare ad ebollizione: 8min. 100° Vel.1. Posizionare il *varoma* sul boccale e cuocere: 20min. *varoma* Vel.1. Terminata la cottura disporre gli spinaci in una legumiera. Eliminare l'acqua dal boccale e inserire panna, sale, pepe e maggiorana: 3min. 70° Vel.4. Condire con questa salsina gli spinaci, mescolare delicatamente e servire. La panna si può sostituire con la stessa quantità di yogurt.

13.1.3.22 Pate' Di Spinaci

Ingredienti: x 8: 250gr. di pangrattato, 500gr. di spinaci, una foglia di basilico e una d'alloro, 300gr. di yogurt, 100gr. di noci, 30gr. di maizena, pepe. Per guarnire: pomodoro, maionese.
Procedimento: Inserire nel boccale yogurt e spinaci: 10min. 100° Vel.1. Terminata la cottura portare lentamente a Vel.turbo per un minuto (Se si utilizzano spinaci surgelati portare la cottura a 20 minuti) Unire tutti gli altri ingredienti tranne le noci: 3min. Vel.spiga spatolando, fino ad ottenere un composto omogeneo. Aggiungere le noci: 30sec. Vel.4 e mettere da parte. Lavare il boccale ed inserire un lt d'acqua: 10min. 100° Vel.1. Nel frattempo dividere il composto in due parti e arrotolarlo nella pellicola trasparente dando la forma di un salame. Disporre i due rotoli ottenuti nel *varoma* e quando l'acqua bolle posizionarlo sul boccale: 50min. *varoma* Vel.1. Terminata la cottura lasciar raffreddare i rotoli e porli in frigo per una notte. Servire il patè tagliato a fette di 1 cm e gurnirlo a piacere con fettine di pomodoro e ciuffetti di maionese.

13.1.3.23 Sformato Di Carote

Ingredienti: x 6: 700gr. di carote pulite, 50gr. di cipolla, 70gr. di parmigiano grattugiato, 100gr. di panna, 4 uova, noce moscata grattugiata, burro per imburrare, 4 pomodori maturi pelati e strizzati, un cucchiaino di foglie di timo, 20gr. d'olio, sale, pepe.
Procedimento: Inserire nel boccale 1\2 lt d'acqua: 6min. 100° Vel.1. Intanto disporre nel *varoma* la cipolla a fette e le carote divise in 4 nel senso della lunghezza. Posizionare il *varoma* quando l'acqua bolle: 20min. *varoma* Vel.3 e far raffreddare. Eliminare l'acqua e porre nel boccale asciutto panna, uova e parmigiano: unmin. Vel.4. Aggiungere la verdura cotta, sale, pepe e noce moscata: 20sec. Vel.4 evunmin. turbo, spatolando. Versare il composto in una vaschetta d'alluminio (1 lt) imburrata, coprire con un foglio d'alluminio e mettere nel varoma. Inserire nel boccale 700gr. d'acqua: 7min. 100° Vel.1, posizionare il varoma: 30min. *varoma* Vel.1. A 10min. dal termine togliere l'alluminio.Lasciar raffreddare orima di sformare in un piatto da portata. Inserire ora nel boccale i pomodori, sale, pepe e timo: unmin. turbo, aggiungere l'olio: 20sec. Vel.2. Cospargere lo sformato con la salsina. Con lo stesso procedimento is può fare lo sformato di zucca.

13.1.3.24 Pisellini Alla Cannella

Ingredienti: x 4: 450gr. di pisellini surgelati o freschi, 2 scalogni, 20gr. di burro, un cucchiaio di yogurt intero (facoltativo), cannella in polvere, sale, pepe nero appena macinato.

Procedimento: Inserire nel boccale dal foro del coperchio con lame in movimento Vel.6 gli scalogni puliti: 15sec. Vel.6. Togliere e mettere da parte. Senza lavare il boccale inserire un lt d'acqua: 10min. 100° Vel.1. Disporre nel *varoma* i pisellini e gli scalogni tritati. Quando l'acqua bolle posizionare il varoma: 30min. *varoma* Vel.1. A cottura ultimata trasferire i pisellini in una pirofila precedentemente riscaldata sul coperchio del varoma. Unire il burro a pezzetti, eventualmente lo yogurt, sale, pepe e due prese di cannella. Servire i piselli come contorno a piatti di carne o pesce al vapore.

13.1.3.25 Purea Di Zucchine

Ingredienti: x 6: 6 zucchine, 4 spicchi d'aglio, 40gr. d'olio, un limone, 150gr. di formaggio feta o primo sale, 20 olive verdi, un cucchiaino d'origano, un cucchiaino di cumino, sale, pepe.

Procedimento: Portare ad ebollizione 500gr. d'acqua: 5min. 100° Vel.1. Disporre le zucchine nel *varoma* tagliate a bastoncino con gli spicchi d'aglio schiacciati, ma non sbucciati, e quando l'acqua bolle posizionare il varoma: 10min. *varoma* Vel.1. Eliminare l'acqua dal boccale e lasciare scolare le zucchine. Inserire olio, limone, sale e pepe: 10sec. Vel.4. Aggiungere zucchine, origano e cumino: 30sec. Vel.4, dando contemporaneamente due colpi di turbo. Trasferire la purea in un piatto fondo e decorare con i rebbi di una forchetta. Sistemare il formaggio a bastoncini e le olive intorno e servire con crostini caldi. Nel cestello, volendo, si possono cucinare contemporaneamente verdure a dadini, oppure nel boccale preparare un risotto o un minestrone, posizionando il *varoma* negli ultimi 10 minuti della cottura prevista.

13.1.3.26 Insalata Di Lenticchie

Ingredienti: x 4: 400gr. di lenticchie lessate, un cipollotto, un mazzetto di rucola, un cucchiaino di cumino in polvere, 4 cucchiai di succo di limone, 4 cucchiai d'olio, sale, pepe.

Procedimento: Inserire nel boccale 500gr. d'acqua e portare ad ebollizione: 5min. 100° Vel.1. Nel frattempo sciacquare bene le lenticchie, sgocciolarle e disporle nel varoma. Posizionare il *varoma* quando l'acqua bolle: 10min. *varoma* Vel.1. Nel frattempo lavare e asciugare la rucola e affettarle finemente col cipollotto. Mettere le verdure preparate in un'insalatiera. Appena le lenticchie sono calde, mescolarle alle verdure crude. Condire subito con olio, sale, pepe, succo di limone e cumino.

13.1.3.27 Insalata Di Crauti Al Munster

Ingredienti: x 4: un piccolo cavolo cappuccio, un cucchiaio d'aceto, 4 cucchiai d'olio, un cucchiaio di semi di cumino in polvere, 250gr. di Munster (o Taleggio), sale e pepe macinato al momento.

Procedimento: Preparare la vinaigrette inserendo nel boccale 2 cucchiai d'olio, l'aceto e un pizzico di sale: 5sec. Vel.5 e mettere da parte. Inserire nel boccale 750gr. d'acqua e portarla ad ebollizione: 10min. 100° Vel.1. Tagliare il cavolo finemente dopo averlo pulito ed eliminato la parte del torsolo più dura, cospargerlo con il cumino in polvere, il sale e disporlo nel varoma. Quando l'acqua bolle, posizionare il varoma: 20min. *varoma* Vel.1. Negli ultimi 5min. posizionare nel *varoma* il vassoio col formaggio a dadini. A cottura ultimata disporre il cavolo in un piatto, aggiustare di sale, pepe, condire con la vinaigrette precedentemente preparata e il formaggio fuso. Questa insalata va servita calda.

13.1.3.28 Zucchine In Fiore Ripiene

Ingredienti: x 4: 12 piccole zucchine col fiore, un misurino di riso cotto al vapore, 200gr. di porcini freschi (o funghi di coltura), 1\2 spicchio d'aglio schiacciato, un cucchiaio di basilico e prezzemolo triatati, olio, parmigiano a scaglie, sale, pepe. **Per la salsa al dragoncello**: 150gr. di panna fresca, un cucchiaino di succo di limone, un cucchiaio di dragoncello tritato fine, 30gr. di burro, sale, pepe.

Procedimento: Mondare i porcini, inserirli nel boccale e tritarli grossolanamente con l'aglio, gli aromi, sale e pepe: 30sec. Vel.6. Aggiungere questo condimento al riso e con la farcia riempire i fiori delle zucchine. Disporre le zucchine col fiore attaccato nel vassoio del varoma. Portare ad ebollizione un lt d'acqua: 10min. 100° Vel.1. Quando l'acqua bolle posizionare il varoma: 25min. *varoma* Vel.1. A fine cottura trasferire con delicatezza le zucchine in un piatto da portata, cospargerle con scaglie di parmigiano e irrorarle con un filo d'olio. Preparare la salsa al dragoncello: Inserire la panna nel boccale: 5min. 90° Vel.1. Aggiungere tutti gli altri ingredienti e mescolare: 30sec. Vel.2. Versare la salsa calda sulle zucchine e servire. Sono ottime anche fredde.

13.1.3.29 Zucchine Alla Menta

Ingredienti: X 4: 800gr. di zucchine novelle, succo di 1\2 limone, poche foglie di menta fresca, un cucchiaio d'aceto rosso, 30gr. d'olio, sale, pepe nero appena macinato.

Procedimento: Inserire nel boccale 500gr. d'acqua: 10min. *varoma* Vel.1. Intanto lavare e spuntare le zucchine, tagliarle in 4 nel senso della lunghezza e poi a bastoncini e disporle nel varoma. Quando l'acqua bolle posizionare il varoma: 20min. *varoma* Vel.1. Terminata la cottura disporre le zucchine in un'insalatiera ed eliminare l'acqua rimasta. Inserire ora nel boccale limone, aceto, sale, pepe, menta e olio: 20sec. Vel.3. Versare la salsetta sulle zucchine e servirle fredde. E' un ottimo piatto estivo.

13.1.3.30 Porri In Salsa D'acciughe

Ingredienti: X 6: 12 porri medi, 4 acciughe, 30gr. di capperi, 70gr. d'olio, un cucchiaio colmo d'aceto, sale, pepe. **Preparare la salsa**: inserire nel boccale dal foro del coperchio con lame in movimento Vel.5, acciughe e capperi: 10sec. Vel.5. Aggiungere l'aceto e l'olio versandolo a filo sul coperchio, tenendo il misurino inclinato: 20sec. Vel.6. Svuotare il boccale e, senza lavarlo, inserire 700gr. d'acqua e portarla ad ebollizione: 10min. 100° Vel.1. Sistemare i porri nel varoma, salare, pepare e quando l'acqua bolle posizionarlo sul boccale: 30min. *varoma* Vel.1. Versare un fondo di salsa in ogni piatto, disporre i porri tagliati a metà, nel senso della lunghezza e servire subito.

13.1.3.31 Valigini Di Verza

Ingredienti: x 6: 6 foglie di verza, 100gr. di mortadella, 300gr. di carne tritata, 50gr. di parmigiano grattugiato, 100gr. di latte, un ciuffo di prezzemolo, un uovo, 50gr. di pangrattato, noce moscata, 1\2 spicchio d'aglio, sale. Per il sugo: 400gr. di passata di pomodoro, un misurino d'acqua, 50gr. d'olio, una cipolla piccola, basilico, sale, pepe.

Procedimento: Scegliere foglie della stessa misura, sbollentarle in acqua salata, scolarle e adagiarle su un canovaccio pulito. Togliere delicatamente la costa dura, dividerle a metà e allinearle sul piano di lavoro. Intanto preparare il ripieno inserendo nel boccale pangrattato, prezzemolo, aglio e mortadella: 20sec. Vel.5. Aggiungere carne, uovo, parmigiano, latte, noce moscata e sale: 30sec. Vel.3. Distribuire su ogni foglia un po' di ripieno e arrotolarle in modo da racchiuderlo all'interno, formando così un valigino. Sistemarli nel varoma. Inserire nel boccale olio e cipolla: 3min. 100° Vel.4. Aggiungere la passata, un misurino d'acqua, basilico e sale: 30min. *varoma* Vel.1. Dopo 8 minuti posizionare il *varoma* sul boccale e continuare la cottura. Disporre i valigini in un piatto da portata e servirli accompagnati dal sugo di pomodoro.

13.1.4 Carni e uova

13.1.4.1 Petto Di Pollo In Cartoccio Di Verza Con Purea Di Patate

Ingredienti: 4 foglie di verza; 350gr. di petto di pollo o tacchino; 250gr. di funghi champignon freschi; 1 ciuffetto di prezzemolo; 1 cipolla novella o scalogno; 30gr. di olio; 1 uovo; 50gr. di parmigiano, sale e pepe q.b.
Per la purea: 800gr. di patate farinose; 250gr. di latte; 30gr. di burro; 1 cucchiaino di sale; noce moscata (facoltativa); 2 cucchiai di parmigiano grattugiato.
Procedimento: Lavare e sbollentare le foglie di verza, asciugarle e tagliare con un coltello affilato il dorso duro senza rompere la foglia. Inserire nel boccale olio e cipolla: 3' 80° vel. 4. Aggiungere pane e prezzemolo: 10 sec. vel. 6. Unire funghi e parmigiano: 5 sec. vel. 4. Aggiungere uovo, sale e pepe: 10 sec. vel. 2. Ricavare dal petto di pollo 4 fettine sottili, salarle e peparle. Mettere al centro di ogni foglia un poco di ripieno, coprire con le fettine di pollo e un altro po' di ripeno. Chiudere a pacchetto e arrotolare formando degli involtini; disporli nel *Varoma* con la chiusura sul fondo. Inserire nel boccale 700gr. di acqua, 1 cucchiaio di sale e posizionare il cestello: 6' 100° Vel.1. Quando l'acqua bolle posizionare il *Varoma* sul boccale: 30' temp. *Varoma* vel.2. Sbucciare le patate, tagliarle a grossi cubetti e dopo 15' inserirle nel cestello dal foro del coperchio; portare a vel. 4 e continuare la cottura. Al termine togliere il *Varoma* mantenendo in cldo la preparazione. Preparare la purea: estrarre il cestello, eliminare l'acqua di cottura, posizionare la farfalla e mettere nel boccale le patate cotte, e tutti gli altri ingredienti per la purea: 6 sec. vel. 3. Disporre in un piatto caldo gli involtini tagliati a fette e decorare con ciuffetti di purea. Per un tocco personale cospargete tutto con 50gr. di mandorle tritate rosolate in 2 cucchiai di burro. La verza può essere sostituita con foglie di bieta.

13.1.4.2 Casseruola Di Pollo Con Verdure E Riso

Ingredienti: x 4: 4 sopracosce di pollo (800gr. circa), 3 porri (300 g), un sedano (300 g), 2 carote, 2 piccole cipolle, sale, pepe. Per la salsa: 200gr. di liquido di cottura, un cucchiaino di dado bimby, 30gr. di burro, 40gr. di farina, 100gr. di panna, 100gr. di latte, un tuorlo, un mazzetto di erbe fresche tritate (prezzemolo, erba cipollina, timo, maggiorana, ecc) pepe bianco, noce moscata. *Per il contorno:* 250gr. di riso a grana lunga.
Procedimento: Inserire nel boccale un lt d'acqua con un cucchiaino di sale e posizionare il cestello vuoto: 10min. 100° Vel.1. Intanto togliere la pelle alle sopracosce, tagliarle a metà, salarle, peparle e disporle nel *varoma* facendo attenzione a non ostruire completamente i fori. Quando l'acqua bolle posizionare il *varoma* sul boccale e cuocere 15min. *varoma* Vel.1. Nel frattempo pulire e tagliare le verdure a fettine e le carote a bastoncini. Al termine del tempo togliere il varoma, versare dal foro del coperchio il riso nel cestello e 2 misurini d'acqua calda e aggiungere le verdure attorno al pollo. Riposizionare il *varoma* e riprendere la cottura: 4min. *varoma* Vel.4 e poi 20min. *varoma* Vel.2. Terminata la cottura disporre riso, pollo e verdure in un piatto da portata e tenerlo in caldo. Preparare la salsa: usare 200gr. del liquido di cottura rimasto (se fosse di meno unire acqua fino al raggiungimento del peso). Aggiungere farina, burro, latte e dado: 5min. 80° Vel.3. Unire le erbe tritate, il tuorlo, la panna, il pepe e una grattata di noce moscata: 10sec. Vel.2. Condire il riso con la salsa e servirlo col pollo e le verdure. E' un piatto unico buonissimo.

13.1.4.3 Bocconcini Di Pollo Al Mirto

Ingredienti: x 4: 2 petti di pollo, 100gr. di pancetta affumicata tagliata in 12 bastoncini, 2 porri, 2 rametti di mirto, sale, pepe, olio.

Procedimento: Lavare i porri, tagliarli per il lungo come degli spaghetti, salarli e disporli nel vassoio del varoma. Tagliare a fettine sottili il petto di pollo ricavandone 12 fettinje circa, salarle e peparle. Inserire nel boccale 500gr. d'acqua: 5min. 100° Vel.1. Disporre su ogni fettina di carne un bastoncino di pancetta, una fogliolina di mirto, arrotolarla e fermarla con uno stecchino. Ungere il *varoma* con un filo d'olio, disporre i bocconcini, appoggiare il vassoio con i porri e, quando l'acqua bolle, posizionare il *varoma* sul boccale: 30min. *varoma* Vel.1. Servire i bocconcini e i porri conditi con olio. A piacere sipossono servire i porri condendoli con qualche goccia di salsa di soya. Se aggiungete all'acqua nel boccale una fogliolina di mirto, un pezzetto di carota, cipolla e sedano, otterrete un ottimo brodo per fare risotti o una minestrina.

13.1.4.4 Pollo Alle Melanzane

Ingredienti: x 4: 3 cosce di pollo, 500gr. di melanzane, 150gr. di polpa di pomodoro, 90gr. d'olio, 200gr. di vino bianco secco, 20 olive nere dolci, 250gr. di cipolle, 2 spicchi d'aglio, timo fresco, sale, pepe macinato al momento.

Procedimento: Tagliare a tocchi le melanzane senza sbucciarle, salarle e metterle a sgocciolare. Inserire nel boccale 50gr. d'olio, meza cipolla e uno spicchio d'aglio: 3min. 100° Vel.4. Aggiungere pomodoro, vino, 500gr. d'acqua, sale e posizionare il cestello: 60min. *varoma* Vel.1. Intanto spellare le cosce, dividerle in due parti, schiacciarle col batticarne, ungerle col rimanente olio, salarle, peparle abbondantemente, cospargerle di timo e adagiarle nel varoma, sopra metà delle cipolle e l'aglio affettati sottili. Coprire con le rimanenti cipolle e olive. Risciacquare bene le melanzane, strizzarle e dopo 5 minuti dall'inizio della cottura del sugo, inserirle dal foro del coperchio nel cestello. Trascorsi 10 minuti, posizionare il *varoma* col pollo, dopo 25 minuti rivoltare i pezzi e terminare la cottura. Disporre il pollo con le cipolle e le melanzane in un piatto da portata caldo e servire col suo sughetto. I tempi di cottura del pollo possono variare in rapporto alla qualità e alle dimensioni dello stesso.

13.1.4.5 Palline Di Carne E Finocchi In Salsa

Ingredienti: x 6: 300gr. di petto di tacchino macinato, 200gr. di lonza di maiale macinata, 1 panino, 30gr. di parmigiano grattugiato, 2 uova, 2 cucchiai di farina, 4 finocchi piccoli, 2 cucchiai di latte, 2 mis. di vino bianco, 1 cucchiaio di dado Bimby, Sale e pepe q.b. **Per la salsa:** 500gr. di latte, 80gr. di emmental, 30gr. di burro, 3 cucchiai di farina, 1/2 cucchiaino di sale, 1/2 cucchiaino di pepe, 1 pizzico di noce moscata

Procedimento: Inserire nel boccale, dal foro del coperchio con lame in movimento vel. 4, parmigiano, uova, fontina, panino latte, sale e pepe: 40 sec. vel. 5, spatolando. Unire la carne e amalgamare tutto: 15 sec. vel. 2 e mettere da parte. Senza lavare il boccale, inserire il vino, 400gr. d'acqua e il dado: 10 min. 100°C vel.

1. Nel frattempo formare, con il composto messo da prate delle palline grandi come albicocche, infarinarle e sistemarle nel vassoio del Varoma. Nel *Varoma* disporrei finocchi lavati e tagliati in fette sottili. Quandoil liquido del boccale bolle, posizionare il *Varoma* sul boccale e cuocere: 30 min. temp. *Varoma* vel. 4. Terminata la cottura, mettere le palline al centro di una pirofila con attorno i finocchi. >Preparare la salsa: Lavare il boccale ed inserire tutti gli **ingredienti:** 5 sec. vel. Turbo e 6 min. 90° vel. 4. Versare la salsa sulle palline di carne e i finocchi farli gratinare in forno preriscaldato a 200° per 15 min. circa e servire.

13.1.4.6 Polpettine Con Peperoni, Riso E Salsa Curry

Ingredienti: x 6: Per le polpettine: 400gr. di carne macinata di carne, un uovo, uno spicchio d'aglio, una cipollina, un panino raffermo, 1\2 cucchiaino di pepe, 1\2 cucchiaino di maggiorana, un cucchiaino di senape, sale. *Per la salsa:* un cucchiaino di dado bimby, 30gr. di burro, 3 cucchiai di farina, 3 cucchiaini di curry, un pizzico di zucchero, un cucchiaio di succo di limone, un misurino di panna. Per il contorno: 300gr. di riso, 600gr. di peperoni (Verdi, rossi, gialli)

Procedimento: Lavare i peperoni, tagliarli a strisce di 1 cm e disporne una parte nel varoma. Preparare le polpettine: inserire nel boccale, dal foro del coperchio con lame in movimento Vel.6, aglio e cipolla: 10sec. Vel.6. Aggiungere il panino ammorbidito nel latte e strizzato, la carne e tutti gli altri **ingredienti**: 20sec. Vel.4 spatolando. Con le mani umide formare delle polpettine e metterle nel *varoma* sui peperoni, facendo attenzione a non ostruire i fori. Sulle polpettine disporre i peperoni rimasti. Senza lavare il boccale inserire 900gr. d'acqua, salare e posizionare il cestello: 10min. 100° Vel.1. posizionare il *varoma* e cuocere: 20min. *varoma* Vel.1. Dopo 5min. inserire il riso dal foro del coperchio. terminata la cottura versare il riso in un piatto da portata e tenerlo in caldo con le polpettine e i peperoni. Con 300gr. dell'acqua rimasta nel boccale(In caso integrarla) preparare la salsa: posizionare la farfalla e inserire tutti gli ingredienti tranne la panna: 5min. 80° Vel.4. Un minuto prima del termine unire la panna dal foro: 10sec. Vel.2. Condire il riso con parte della salsa e servire tutto con la salsa rimasta a parte in una salsiera.

13.1.4.7   Tacchino Porchettato

Ingredienti: x 4: un cosciotto di tacchino piccolo (800gr. ca), 3 spicchi d'aglio, 100gr. di pancetta, 400gr. di patate, sale, pepe, rametti di rosmarino.

Procedimento: Inserire nel boccale un lt d'acqua e posizionare il cestello: 10min. 100° Vel.1. Intanto preparare il cosciotto, togliere la pelle e disossarlo, steccarlo con spicchi d'aglio e tocchetti di pancetta, salare e pepare. Su un foglio di carta d'alluminio mettere i rametti di rosmarino lavati, disporre la carne e ricoprirla con altri rametti di rosmarino. Chiudere il cartoccio, disporlo nel *varoma* e quando l'acqua bolle posizionarlo sul boccale: 50min. *varoma* Vel.1. Dopo 30min. introdurre nel cestello le patate salate, aggiungere 2 misurini d'acqua calda e continuare la cottura. Al termine aprire il cartoccio, liberare il cosciotto dal rosmarino, tagliarlo a fette e irrorarlo col liquido raccolto nel cartoccio. Servirlo contornato dalle patate. Nota: volendo ridurre i tempi di cottura potete utilizzare 800gr. di fesa di vitello usando lo stesso procedimento. A vostro gusto potete sostituire le patate con piselli e prosciutto.

13.1.4.8   Corona Di Carne Alla Campagnola

Ingredienti: x 4: 400gr. di macinato di manzo, 200gr. di spinaci freschi, 50gr. di pecorino, 2 uova, prezzemolo, scorza di 1\2 limone, un panino raffermo, 1\2 spicchio d'aglio, 400gr. di patate a pezzi, rosmarino, sale, pepe. **Per la salsa**: 6 filetti d'acciuga, 50gr. d'olio, 4 cucchiai d'aceto.

Procedimento: Inserite nel boccale il pane: 20sec. Vel.turbo e mettetene da parte due cucchiai. Aggiungete pecorino, prezzemolo, aglio, scorza di limone e rosmarino: 30sec. Vel.turbo. Unite gli spinaci: 20sec. Vel.6, poi carne, uova, sale e pepe: un minuto Vel.3 spatolando. Con l'impasto ottenuto formate una ciambella e disponetela nel vassoio del *varoma* foderato con carta forno bagnata e strizzata. Disponete le patate nel varoma. Inserite nel boccale 60gr. d'acqua: 5min. 100° Vel.1. Quando l'acqua bolle posizionate il *varoma* completo e cuocete 30min. temp *varoma* Vel.1. A cottura ultimata lavate il boccale, asciugatelo con cura e inserite le acciughe col pangrattato tenuto da parte: 10sec. Vel.4. Dal foro del coperchio con lame in movimento Vel.4 unite olio e aceto, portando lentamente a Vel.turbo per 10 secondi. Disponete la corona in un piatto da portata con le patate al centro e irrorate con la salsina. E' ottimo sia caldo che freddo.

13.1.4.9   Petti Di Tacchino Con Broccoli E Noci

Ingredienti: x 4: 400gr. di petti di tacchino a fette, 250gr. di riso a grana lunga, 300gr. di broccoli, 80gr. di noci, un cucchiaio d'olio di sesamo, un cucchiaio di semi di sesamo, 300gr. di cuori di bambù in scatola, 6 cipollotti, sale, pepe. **Per la salsa**: 2 cucchiai di dado di pollo, 3 cucchiai di fecola di mais, 70gr. di sherry secco, 100gr. di salsa di soia, 200gr. di liquido di cottura.

Procedimento: Tagliare le cipolle a strisce diagonali, fare i broccoli a roselline, togliere il liquido dai cuori di bambù, tagliarli a strisce e disporre tutto nel varoma. Salre e pepare i petti di tacchino, spennellarli con l'olio di sesamo, aggiungere i semi di sesamo, i gherigli di noci e disporli nel vassoio del varoma. Inserire nel boccale un lt d'acqua, sale, posizionare il cestello e portare ad ebollizione: 10min. 100° Vel.1, Quando l'acqua bolle posizionare il varoma: 25min. *varoma* Vel.1. 15min. prima della fine inserire nel cestello, dal foro del coperchio, il riso e terminare la cottura. Al temrine togliere *varoma* e cestello lasciando nel boccale 200gr. di liquido. Posizionare la farfalla, aggiungere sherry, salsa di soia, fecola e dado: 2min. 100° Vel.2. Disporre con cura in un vassoio il tacchino, la verdura, il riso a vapore, cospargere tutto con la salsa calda e servire

13.1.4.10 Saltimbocca Al Sugo Con Carciofi Sfiziosi

Ingredienti: x 6: 400gr. di lonza di maiale (in fette sottilissime), 30gr. di parmigiano, 70gr. di mortadella, 1 confezione di carciofi surgelati tagliati in due pezzi o freschi a spicchi, 1 uovo, noce moscata e prezzemolo a piacere, olio per ungere. *Per il sugo:* 70gr. di olio, 600gr. di polpa di pomodoro, 50gr. di cipolla, 50gr. di vino bianco, sale q.b. *Per la salsa:* 30gr. di pane raffermo, 4 cucchiai d'olio, 20gr. di pecorino, 6/7 filetti di acciughe salate, i cucchiaio di capperi, origano e prezzemolo a piacere.

Procedimento: Preparare la salsa: inserire tutti gli ingredienti nel boccale: 30 sec.vel. 8 e mettere da parte. Preparare i saltimbocca: senza lavare il boccale inserire il parmigiano: 10 sec.vel.6. Unire, dal foro del coperchio con lame in movimento vel.6, prezzemolo, noce moscata, mortadella e salsiccia: 20 sec.vel.6. Aggiungere l'uovo: 10 sec. vel. 3. Scartare le parti irregolari dalle fettine di lonza; mettere un cucchiaio di composto sulle fettine e formare degli involtini. Ungerli e sistemarli nel *Varoma* con i carciofi. Inserire nel boccale olio e cipolla: 3 min. 100° vel. 3. Unire i ritagli delle fettine: 4 min. 100° vel. 1; aggiungere il vino: 2 min. temp. *Varoma* vel.1, senza misurino. Aggiungere la polpa di pomodoro e salare: 30 min. temp. *Varoma* vel. 1. Dopo 5 min. posizionare il *Varoma* e continuare la cottura. A fine cottura disporre i carciofi in una insalatiera e condirli con la salsa tenuta da prate. In un piatto da portata disporre i saltimbocca con una prate del sugo preparato e servire. Con il sugo avanzato si possono condire delle pennette.

13.1.4.11 Arrosto Di Tacchino Farcito

Ingredienti: x 4\6: 700gr. di fesa di tacchino in un pezzo solo, 3 cucchiai di senape, 500gr. di patate sbucciate e tagliate a spicchi, un cucchiaio di miele fluido, 8 fette sottili di pancetta affumicata, 2 cucchiai di prezzemolo tritato, una piccola cipolla, un bicchierino di sherry, sale, pepe.

Procedimento: Inserire nel boccale cipolla e sherry: 3min. 100° Vel.4 e mettere da prate. Inserire ora nel boccale un lt d'acqua, posizionare il cestello con le patate e portare ad ebollizione: 10min. 100° Vel.1. Intanto mescolare senape e miele, aprire la fesa di tacchino, salarla, peparla, spalmarla con metà della senape al miele, appoggiarvi le fette di pancetta, arrotolarla e legarla. Mescolare la cipolla con la senape rimasta, prezzemolo, sale e pepe e spalmare anche l'esterno dell'arrosto. Avvolgere il tacchino nella cartaforno, metterlo nel *varoma* e, quando l'acqua bolle, posizionare il *varoma* sul boccale: 15min. *varoma* Vel.1. Togliere il cestello con le patate e metterle da prate. Girare il rotolo e continuare la cottura: 20min. *varoma* Vel.1. Terminata la cottura far dorare il tacchino in una pirofila, in forno preriscaldato a 220° per 5 minuti, rigirandolo su tutti i lati. Tagliarlo a fette e servirlo caldo con le patate e il sughetto rimasto nel cartoccio. Questo arrosto è ottimo anche farcito con 2 salsicce sbriciolate, una frittatina di due uova e due sottilette a pezzetti.

PALLINE DI CARNE DI MAIALE IN AGRODOLCE

Ingredienti: x 4: per le palline: 500gr. di macinato di lonza, un cucchiaio d'olio di sesamo, 3 cucchiai di fecola di mais, um uovo, 4 cucchiai di salsa di soia, un cucchiaio di paprika forte. *Per le verdure:* 250gr. di ananas sciroppato, una cipolla grande, un piccolo peperone verde, un piccolo peperone rosso, 2 carote, 1\2 scatola di germogli di bambù. *Per la salsa:* 220gr. di succo d'ananas, 60gr. di salsa di soia, 2 cucchiai d'aceto di vino, 50gr. di concentrato di pomodoro, 5 cucchiai di sherry secco, un cucchiaio di fecola di mais, 3 cucchiai di zucchero di canna.

Procedimento: Preparare le palline: inserire nel boccale tutti gli **ingredienti:** 20sec. Vel.4 spatolando. Col composto formare delle palline grandi come noci e disporle nel *varoma* leggermente unto d'olio, facendo attenzione a non chiudere tutti i fori. Preparare le verdure: pulire e lavare le verdure, tagliare i peperoni, le carote, i germogli di bambù a listarelle sottili e le cipolle a rondelle. Disporre tutte le verdure nel vassoio del *varoma* e adagiarvi sopra le fette di ananas. Preparare la salsa: Inserire nel boccale tutti gli ingredienti per la salsa e 2 misurini d'acqua: 40min. *varoma* Vel.1. Dopo 6 minuti posizionare il *varoma* completo sul boccale e continuare la cottura. Al termine disporre nel piatto le verdure, le fette di ananas e le palline di carne, irrorare tutto con poca salsa e mettere quella rimasta in una salsiera. Questa preparazione è ottima accompagnata di riso al vapore. Per un'ottima presentazione: mettete il riso ben pressato in uno stampo col buco leggermente unto d'olio e sformatelo su un piatto, mettete nel buco le palline di carne e mettete tutt'intorno alla ciambella di riso le verdure, decorando la stessa con le fette di ananas. Versare su tutto la salsina e portare in tavola.

13.1.4.12 Bocconcini Di Carne Ai Funghi

Ingredienti: x 6: 350gr. di vitello magro macinato, una patata 3 peperoni rossi carnosi, una cipollina, una zucchina, 100gr. di finferli o pleurotus, uno spicchio d'aglio, 2 cucchiai d'olio, un uovo, una manciata di foglie di basilico, un cucchiaio di pinoli, sale, pepe

Procedimento: Inserire nel boccale 800gr. d'acqua e posizionare il cestello con la patata tagliata a fettine, la cipolla e la zucchina: 8min. 100° Vel.1. Nel frattempo disporre nel *varoma* i peperoni a fette e posizionarlo sul coperchio: 15min. *varoma* Vel.1. Terminata la cottura togliere il cestello con le verdure e metterle da prate. Pelare i peperoni già cotti e lavarli. Inserire nel boccale ben asciutto, dal foro del coperchio con lame in movimento Vel.7, pinoli, basilico, sale grosso, peperoni ed olio: 40sec. Vel.7 e mettere da parte la salsina ottenuta. Inserire nel boccale aglio, finferli o pleurotus, olio e le altre verdure precedentemente cotte: 2min. 100° Vel.3, senz amisurino. Lasciar raffreddare e aggiungere l'uovo, sale, pepe e la carne: 20sec. Vel.1 spatolando e mettere da prate. Senza lavare il boccale inserire 600gr. d'acqua: 6min. 100° Vel.1, quando l'acqua bolle posizionare il *varoma* col vassoio precedentemente unti con olio di semi e dove sarà stato disposto il ripieno a cucchiaiate e cuocere: 15min. *varoma* Vel.1. Togliere il coperchio del *varoma* e continuare la cottura per altri 5min. *varoma* Vel.1. Disporre i bocconcini di carne in un piatto da portata e servirli con la salsa ai peperoni. Nel boccale potete preparare contemporaneamente un sugo di funghi e pomodoro per condire riso cotto a vapore o tagliolini.

13.1.4.13 Insalata Di Wurstel All'alsaziana

Ingredienti: x 4: 4 patate a tocchetti, 300gr. di cavolo verza, 150gr. di pancetta affumicata, 4 grossi wurstel, 4 cucchiai d'olio, un cucchiaio di yogurt, un cucchiaino di grani di cumino, 1\2 cucchiaino di semi di coriandolo, 2 cucchiaini di senape forte, 4 cucchiai d'aceto di mele, sale.

Procedimento: Inserite nel boccale coriandolo e cumino: 20sec. Vel.5 e portare lentamente a turbo. Unire senape, 2 cucchiai d'aceto, un cucchiaio d'acqua, olio, yogurt e sale: 30sec. Vel.5 fino ad ottenere una salsa ben legata. Toglierla e disporla in una salsiera. Affettare finemente il cavolo verza, metterlo a bagno in acqua fredda con 2 cucchiai d'aceto. Portare ad ebollizione 700gr. d'acqua: 7min. 100° Vel.1. Nel frattempo disporre nel *varoma* le patate, la pancetta a dadini e i wurstel affettati diagonalmente. Scolare la verza, asciugarla e disporla nel vassoio del varoma. Quando l'acqua bolle, posizionare il *varoma* sul boccale e cuocere: 25min. *varoma* Vel.1. Dopo 15 minuti sollevare il coperchio, posizionare il vassoio e continuare la cottura. Al termine trasferire il cavolo in un piatto da portata caldo, distribuirvi sopra i wurstel, la pancetta e le patate. Nappare tutto con la salsa e servire.

13.1.4.14   Involtini Con Foglie Di Vite

Ingredienti: x 6: 300gr. di polpa di manzo macinata, 2 piccoli scalogni (o 1 piccola cipolla), 2 spicchi di aglio, 1 piccola patata lessata, 16 foglie di vite fresche o conservate in un barattolo, 30gr. di olio, sale e pepe macinato al momento *Per la salsa vietnamita:* vedere ricetta già trascritta.

Procedimento: Inserire nel boccale scalogni, aglio e olio: 3 min100°C vel. 4. Unire la patata lessata in piccoli pezzi: 5 sec. vel. 3. Unire la carne, sale e pepe: 30 secvel. 3, spatolando. Scottare per 3 min. in acqua bollente le foglie di vite ben lavate (se fresche) e passarle sotto l'acqua fredda. Porre un po' di ripieno al centro di ogni foglia; ripiegare i tre lati sul ripieno, arrotolare formando un involtino e, se occorre, legarlo con spago da cucina. Introdurre nel boccale 1 lt. d'acqua: 10 min. 100°C vel.

1 Nel frattempo disporre gli involtini nel *Varoma* e quando l'acqua bolle, posizionarlo sul boccale 15-20 min. temp. *Varoma* vel. 1, a seconda della dimensione degli involtini. Per controllare la cottura dopo 15min. pungere un involtino con uno stuzzicadenti, il liquido che ne esce dev'essere trasparente. Terminata la cottura disporre gli involtini in un piatto da portata. Preparare la salsa vietnamita come da ricetta (Vedere altre ricette del libro che ho trascritto) e versarla sugli involtini, che si possono servire sia caldi che freddi. Se non trovate le foglie di vite vanno bene anche le foglie di lattuga. Mentre cuociono gli involtini si possono cuocere contemporaneamente nel vassoio del *varoma* o nel cestello delle carote a fiammifero e con queste arricchire la preparazione.

13.1.4.15   Filetto Di Manzo Alla Cannella

Ingredienti: x 6: 800gr. di filetto di manzo, una cipolla steccata con 3 chiodi di garofano, 2 scalogni, 2 carote, un cuore di sedano, 100gr. di cimone a mazzetti (Cavolfiore scuro), un cucchiaio di dado bimby, un porro. Per la salsa: 150gr. di panna, succo di 1\2 limone, 2 cucchiai di cerfoglio tritato fine (o prezzemolo), 30gr. di maizena, una stecca di cannella, sale, pepe.

Procedimento: Preparate le verdure mondate e tagliate per il lungo. Legare, salare la carne e disporla nel *varoma* con le verdure. Inserire nel boccale 600gr. d'acqua e il dado: 6min. 100° Vel.1, quando l'acqua bolle posizionare il *varoma* e cuocere 35min. *varoma* Vel.1. Slegare la carne, tagliarla a fette e cospargerla con pepe nero e cannella a piacere. preparare la salsa: Lasciare nel boccale 3 misurini di brodo, aggiungere la stecca di cannella e farlo restringere: 10min. *varoma* Vel.1, senza misurino. Eliminare la cannella, aggiungere panna, maizena, succo di limone, sale, pepe: 5min. 80° Vel.3. Servire filetto e verdure ben caldi irrorandoli con la salsa e cospargendoli di cerfoglio.

13.1.4.16   Coniglio Con Cipolline In Agrodolce

Ingredienti: x 4: 1 kg di coniglio tagliato in piccoli pezzi, 500gr. di patatine novelle, 500gr. di cipolline, 90gr. d'olio, 2 cucchiai di salsa di pomodoro, un misurino d'aceto, 1\2 misurino di zucchero, una cipolla, una foglia d'alloro, 5 chicchi di pepe, sale, pepe.

Procedimento: Inserire nel boccale 500gr. d'acqua, un pizzico di sale e posizionare il cestello con le cipolline, l'alloro e i chicchi di pepe: 10min. 100° Vel.4. Al termine mettere da parte le cipolline ed eliminare l'acqua, l'alloro e il pepe. Inserire nel boccale la cipolla: 20sec. Vel.4, aggiungere 40gr. d'olio: 3min. 100° Vel.4. posizionare la farfalla, aggiungere 300gr. d'acqua, l'aceto, lo zucchero, la salsa di pomodoro e un pizzico di sale: 2min. 100° Vel.1. Unire le cipolline tenute da parte: 45min. *varoma* Vel.1. Salare, pepare e ungere con l'olio rimasto i pezzi di coniglio, disporli nel *varoma* e mettere le patatine nel vassoio. Chiudere bene il *varoma* e dopo 5 minuti dall'inizio della cottura delle cipolline, posizionarlo sul boccale. Terminata la cottura servire il coniglio contornato da patatine e cipolline e irrorato col suo sugo. Se il fondo di cottura si presentasse troppo liquido, addensatelo con un cucchiaino di maizena: 3min. 80° vel3.

13.1.4.17   Lonza Alla Salvia

Ingredienti (per 6 persone) 1 kg.di lonza, 2 rametti di salvia fresca, 2 mele morgenduft (o mele farinose), 1/2 cucchiaio di olio extravergine di oliva, sale e pepe di Caienna

Procedimento: Inserire nel boccale 1 lt.di acqua: 10 min. 100° C vel.1. Cospargere la superficie della carne con sale e pepe di Caienna. Bagnare le mani con l'olio e massaggiare la carne fino a far penetrare gli aromi. Foderare il *Varoma* con carta di alluminio. Disporre una dozzina di foglie di salvia sulla carta di alluminio e sistemarvi sopra la carne. Sollevare ai lati la carta d'alluminio per lasciare liberi i fori. Quando l'acqua bolle, posizionare il *Varoma* sul boccale e cuocere: 40 min. temp. *Varoma* vel. 1. Al termine dei 40 min. disporre accanto alla carne le mele sbucciate e tagliate a spicchi e continuare la cottura: 10 min. temp. *Varoma* vel. 1. Lasciar riposare 5 min. con il *Varoma* aperto. Tagliare la carne a fette, disporle in un piatto da portata con le mele schiacciate grossolanamente e irrorare il tutto con il sugo caldo raccolto nella carta di alluminio. Se non avete problemi di colesterolo, potete aggiungere una noce di burro sulle fette di carne prima di irrorarle col sugo.

13.1.4.18   Spiedini D'agnello Con Grano

Ingredienti (X 4) 300gr. di grano spezzato (o riso integrale), 400gr. di carrè d'agnello disossato, 10 pomodorini maturi, un cucchiaio di uvette, 4 peperoncini piccanti, un mazzetto di coriandolo fresco, qualche rametto di timo fresco, un cucchiaino di semi di cumino, un cucchiaino di paprika dolce, 1\2 bicchiere di aceto di mele, olio, sale, pepe.

Procedimento: Tagliare il carrè a fette alte un dito e disporle in una terrina. Pestare i semi di cumino, mescolarli con la paprika, unire l'aceto e un bicchier d'acqua. Versare questa marinata sull'agnello e lasciar riposare per un'ora. Tagliare i pomodorini a metà, incidere i peperoncini con un taglio a croce, aprendoli come fiori ed eliminare i semi facendo attenzione a non toccarli con le dita. Sciacquare il grano spezzato sotto l'acqua corrente con molta cura e metterlo nel cestello. Inserire nel boccale un lt d'acqua e posizionare il cestello col grano spezzato: 40min. 100° Vel.4. Togliere il cestello e metterlo da prate. Nel frattempo coprire il fondo del *varoma* con metà coriandolo e tutto il timo, scolare l'agnello dalla marinata, arrotolare ogni pezzo di carne su se stesso e infilare 5 pezzi di carne ogni stecchino. Disporre nel varoma, sopra il timo e il coriandolo, gli spiedini, decorare con i pomodorini, i peperoncini piccanti e le uvette. Nel vassoio del *varoma* posizionare il grano cotto. Svuotare il boccale e inserire un lt d'acqua: 10min. 100° Vel.1. Posizionare il *varoma* completo e ben chiuso sul boccale: 15min. *varoma* Vel.1. A cottura ultimata togliere gli spidini dal varoma, salarli, peparli e cospargerli col rimanente coriandolo pestato. Condire il grano con sale, pepe e olio, appoggiarvi sopra gli spiedini e servire.

13.1.4.19   Stracotto Di Manzo All'arancia Con Patate

Ingredienti (X 6) 800gr. di polpa di manzo per brasato tagliato a fette sottili, una cipolla, uno scalogno (facoltativo), una carota, uno spicchio d'aglio, un cucchiaio di prezzemolo tritato, un cucchiaino di fecola, 4 filetti d'acciuga sott'olio, 12 olive nere da forno, una foglia d'alloro secco, qualche rametto di timo, 2 chiodi di garofano, scorza di 1\2 arancia non trattata, 300gr. di vino bianco, 40gr. d'olio, 800gr. di patate, sale, pepe.

Procedimento: Inserire nel boccale cipolla, carota, scalogno, aglio, prezzemolo, timo e alloro: 10sec. Vel.6, spatolando. Aggiungere l'olio: 3min. 100° Vel.4, quindi unire le olive snocciolate, le acciughe e i chiodi di garofano: 20sec. Vel.4 e tenerne da prate in una ciotola 3 cucchiai. Aggiungere il vino, la fecola, posizionare il cestello e portare ad ebollizione: 40min. *varoma* Vel.1. Intanto salare e pepare le fette di carne, tagliare a striscioline la scorza d'arancia e alternarla alle fette di carne e al composto tenuto da prate mentre vengono adagiate nel varoma. Dopo 5min. posizionare il *varoma* sul boccale e continuare la cottura. Nel frattempo preparare le patate a tocchetti, salarle e peparle. Dopo 15min. sollevare il varoma, inserire, dal foro del coperchio, le patate nel cestello e proseguire la cottura. Al termine disporre la carne in un piatto da portata contornata dalle patate; cospargerla col prezzemolo, irrorarla col sugo rimasto nel boccale e servire.

13.1.4.20   Vitello Alle Verdure Novelle

Ingredienti (x6) 1 kg di filetto di vitello, 4 carciofi, 100gr. di piselli freschi, 12 punte di asparagi, 4 cipollotti, 100gr. di fave fresche sgusciate, succo di 1\2 limone, prezzemolo tritato, uno spicchio d'aglio, 40gr. di burro, sale, pepe bianco.

Procedimento: Strofinare il filetto con l'aglio tagliato a metà, salare e pepare la carne massaggiandola con le mani e lasciarla riposare. Inserire nel boccale un lt d'acqua: 12min. 100° Vel.1. Nel frattempo preparare le verdure; togliere il verde ai cipollotti, tagliare i bulbi in 4, lavarli e asciugarli. Mondare i carciofi, tagliarli a spicchi e bagnarli col succo di limone. Mescolare insieme fave, cipollotti, piselli e carciofi. Disporre nel *varoma* la carne con attorno tutte le verdure, chiuderlo bene e posizionarlo sul boccale: 40min. *varoma* Vel.1. Pulire gli asparagi e posizionarli nel *varoma* gli ultimi 15 minuti di cottura. Al termine togliere la carne dal *varoma* e metterla in un piatto riscaldato, condire con sale, pepe, prezzemolo, burro a fiocchetti e mescolare delicatamente. Tagliare la carne a fette, adagiarla sopra le verdure e servire subito. Le verdure si possono anche condire con olio o con burro al limone e cerfoglio come nella ricetta degli asparagi.

13.1.4.21   Salsiccia Fresca Con Porri E Patate

Ingredienti (x 4) 4 salsicce (600 g), 350gr. di porro, 750gr. di patate a tocchetti. Per la salsa: 200gr. di panna, un mis vino bianco secco, un cucchiaio di maizena, sale alle erbe, una punta di pepe di cayenna.

Procedimento: Pulire il porro e tagliarlo per il lungo in fette uguali. Scottare le salsicce in acqua bollente, metterle nel *varoma* e ricoprirle col porro. Disporre le patate nel cestello. Inserire nel boccale un lt d'acqua: 35min. *varoma* Vel.1. Dopo 10min. posizionare il cestello nel boccale, il *varoma* sul coperchio e continuare la cottura. Al termine togliere il *varoma* e il cestello e tenerli da parte al caldo. Preparare la salsa: lavare il boccale, posizionare la farfalla e inserire tutti gli ingredienti per la salsa: 2min. 90° Vel.3. Unire i porri cotti e mescolare bene: 5sec. Vel.1. Distribuire la salsa al porro in un piatto da portata, appoggiarvi le salsicce e le patate e servire subito.

13.1.4.22   Petti D'anatra In Salsa Di Mirtilli

Ingredienti (x6) 4 petti d'anatra, 2 grosse pere william, 4 foglie d'alloro, uno scalogno, 20gr. di burro, 100gr. di mirtilli, un mis di vino rosso, un cucchiaino di zucchero, un cucchiaino di dado vegetale bimby, un cucchiaino di fecola, sale, pepe

Preparare la salsa: inserire nel boccale scalogno e burro: 3min. 100° Vel.4. Aggiungere i mirtilli e lo zucchero: 10sec. Vel.4. Inserire dado e vino: 3min. 100° Vel.1. Aggiungere la fecola: 10sec. Vel.1 e mettere da parte la salsa ottenuta mantenendola calda. Salare e pepare i petti, massaggiarli con al punta delle dita per far penetrare il condimento. Tagliare a striscioline l'alloro e distribuirlo sul fondo del varoma. Appoggiare i petti con la parte della pelle a contatto con l'alloro. Sbucciare le pere, tagliarle a metà, eliminare il torsolo, tagliarle a fettine in lunghezza senza dividerle fino in fondo, in modo che ogni mezza pera possa essere aperta a ventaglio. Sistemate le mezze pere nel vassoio del *varoma* e chiudere. Inserire un lt d'acqua nel boccale e portare ad ebollizione: 10min. 100° Vel.1. Posizionare il *varoma* sul boccale e cuocere: 30min. *varoma* Vel.1. Dopo 6 minuti aprire il varoma, togliere il vassoio con le pere e tenerle da parte. Richiudere il *varoma* e continuare la cottura. Al termine mettere in un piatto da portata i petti d'anatra tagliati a strisce grosse. Irrorarli con la salsa calda e guarnirli con i ventagli di pera leggermente pepati. Servire subito.

13.1.4.23 Girandole Di Struzzo

Ingredienti x 6: 600gr. di bistecche di struzzo, 500gr. di scarola mondata, 140gr. di prosciutto cotto, 120gr. di zucchine, 120gr. di carote, sale. **Per la salsa:** 150gr. di salsa di soia, 3 cucchiaini di aceto di riso, prezzemolo. portare ad ebollizione 500gr. d'acqua: 7min. 100° Vel.1.
Procedimento: Tagliare carote e zucchine a bastoncini. Battere la carne a fettine sottili e salarle. Disporre sulle fettine, a strati, le zucchine, il prosciutto e le carote. Arrotolarle, ricavre tre rotolini da ogni fetta e fermarli con uno stuzzicadenti. Disporre i rotolini nel *varoma* e ricoprirli con la scarola. Quando l'acqua bolle posizionare il *varoma* sul boccale: 10min. *varoma* Vel.1. Terminata la cottura trasferire la scarola in un piatto da portata, disporre al centro le girandole di struzzo. nel boccale ripulito inserire prezzemolo, salsa di soia e aceto di riso: 2min. 80° Vel.4. Servire le girandole e la scarola condite con questa salsina.

13.1.4.24 Uova Strapazzate

Ingredienti x 4: 4 uova a temperatura ambiente, qualche fiocchetto di burro, sale, pepe. Per decorare: erba cipollina e parmigiano.
Procedimento: Inserire nel boccale tutti gli **ingredienti:** 20sec. Vel.1 e mettere da parte. inserire nel boccale 1\2 lt d'acqua: 6min. 100° Vel.1. Appena raggiunta l'ebollizione, posizionare il *varoma* con la ciotola contenente le uova: 8min. *varoma* Vel.1. Decorare con erba cipollina, formaggio grattugiato e, per rendere le uova ancora più cremose, aggiungere un cucchiaio di panna. P.S. Se le uova sono appena state tolte dal frigo, aumentare di qualche minutoil tempo di cottura.

13.1.4.25 Uova In Cocotte Con Spinaci

Ingredienti x 4: 200gr. di spinaci lavati e scolati, 40gr. di burro, 4 uova a temp ambiente, 50gr. di gruyere grattugiato, sale, pepe.
Procedimento: Inserire nel boccale 30gr. di burro, gli spinaci e il sale: 10min. 100° Vel.1 tenendo il misurino inclinato e mettere da parte. Inserire nel boccale 500gr. d'acqua: 6min. 100° Vel.1. Nel frattempo distribuire gli spinaci in 4 stampini d'alluminio imburrati. Cospargerli di gruyere, rompervi sopra le uova, salare e pepare. Disporre gli stampini nel varoma. Quando l'acqua bolle posizionarlo sul boccale: 8min. *varoma* Vel.1. Servire accompagnati da bastoncini di pane dorato in forno. P.S. La cottura può variare in funzione del peso e della temp delle uova.

13.1.4.26 Uova In Cocotte Con Funghi Trifolati

Ingredienti X 4: 300gr. di funghi champignon puliti, 50gr. d'olio, 2 cucchiai di prezzemolo tritato, 4 uova a temp ambiente, 10gr. di burro, uno spicchio d'aglio, sal, pepe.

Procedimento: Inserire nel boccale aglio e olio: 3min. 100° Vel.1 ed eliminare l'aglio. Posizionare la farfalla e aggiungere i funghi affettati, sale e pepe: 15min. 100° Vel.1 senza misurino. Se necessario addensare qualche minuto a *varoma* Vel.1. A fine cottura togliere i funghi, cospargerli con una parte di prezzemolo e mettere da parte. Senza lavare il boccale inserire 500gr. d'acqua: 6min. *varoma* Vel.1. Intanto distribuire i funghi in 4 stampini d'alluminio imburrati, rompervi sopra le uova e cospargere col prezzemolo rimasto. Disporli nel *varoma* e quando l'acqua bolle posizionarlo sul boccale: 8min. *varoma* Vel.1. Servire le uova negli stampini accompagnati da bastoncini di pane dorati in forno.

13.1.5 Pesci

13.1.5.1 Pot-Pourri Di Frutti Di Mare

Ingredienti: x 4: 4 filetti di platessa, 10\12 scampi con la testa, 8 gamberoni sgusciati, 20 cozze. **Per il ripieno:** 300gr. di spinaci freschi, uno scalogno, una noce di burro, 20gr. di parmigiano, sale, pepe. **Per la salsa:** 3 misurini del fondo di cottura del riso, un cucchiaio di maizena, un cucchiaino di curry, 100gr. di panna, succo di 1\2 limone, un cucchiaio di prezzemolo tritato. **Per il contorno:** 250gr. di riso integrale, sale. **Preparare il ripieno:** inserire nel boccale gli spinaci lavati con un pizzico di sale: 6min. 100° Vel.1. Scolarli e strizzarli bene. Inserire nel boccale dal foro del coperchio con lame in movimento Vel.6, lo scalogno: 5sec. Vel.6. Unite una noce di burro: 3min. 90° Vel.4. Aggiungere gli spinaci, parmigiano, pepe e sale: 5sec. Vel.4. Distribuire questo composto sui filetti di platessa divisi in due verticalmente facendo in modo che la pelle resti all'interno e fare degli involtini. Sistemarli in piedi ai lati del varoma. Al centro disporre i gamberoni, poi gli scampi e sopra le cozze ben pulite: chiudere il varoma. Mettere nel boccale 1 lt d'acqua, sale e posizionare il cestello col riso: 35min. *varoma* Vel.1. Dopo 15min. posizionare il *varoma* sul boccale e continuare la cottura. Al termine disporre il riso in un grande piatto riscaldato e mettere al centro i pesci. Mantenere in caldo e preparare la salsa: inserire nel boccale 3 misurini di fondo di cottura del riso e la maizena: 2min. 70° Vel.4. Unire panna e curry: unmin. 70° Vel.4. Aggiungere il succo di limone e il prezzemolo: Vel.4 per pochi sec. Irrorare riso e pesce con una prate di questa salsa e il resto servirla a prate in una salsiera. Per una preparazione meno calorica potete condire con una vinaigrette fatta con 50gr. d'olio, il succo di un limone e un cucchiaio di prezzemolo tritato.

13.1.5.2 Trote Con Patate, Verdure E Salsa Olandese

Ingredienti: x 4: 350gr. di patate, 350gr. di verdure fresche a piacere, 2 trote pulite, succo di un limone, sale, pepe. **Per la salsa olandese:** 1\2 misurino del liquido di cottura, 3 tuorli, 100gr. di burro morbido, succo di 1\2 limone, sale, pepe.
Procedimento: Lavare e sbucciare le patate, tagliarle a spicchi e porle nel cestello. Versare nel boccale 800gr. d''cqua con un cucchiaino di sale: 35min. *varoma* Vel.1. Intanto pulire e lavare le verdure, tagliarle a bastoncini e disporle nel varoma. Passare le trote dentro e fuori col succo di limone, salarle, peparle e disporle nel vassoio del varoma. Dopo 10min. posizionare il cestello con le patate nel boccale, il *varoma* sul coperchio e cuocere. Al termine disporre trote e verdure in un piatto da portata e tenerle al caldo. Tenere da prate 1\2 mis del liquido di cottura, sciacquare il boccale con acqua fredda e inserire tutti gli ingredienti per la salsa eccetto il burro: 5min. 70° Vel.2. Durante la cottura unire il burro a pezzetti. Al termine versare la salsa in una salsiera e servire subito.

13.1.5.3 Filetti Di Sogliola Ai Porri

Ingredienti: x 6: 600gr. di filetti di sogliola, 3 piccoli porri, 4 cucchiai di succo di limone, 750gr. di patate, sale, pepe. *Per la salsa:* 400gr. di brodo di cottura della sogliola, 125gr. di vino bianco, 100gr. di panna, 40gr. di farina, un cucchiaio di curry in polvere, un cucchiaio di succo di limone, sale, pepe. *Per decorare:* 4 cucchiai di mandorle a pezzi, una noce di burro, un cucchiaio di prezzemolo tritato.

Procedimento: Lavare e asciugare i filetti, spruzzarli con 3 cucchiai di succo di limone, salarli e peparli. Inserire nel boccale mandorle e burro: 5min. 100° Vel.1 e mettere da prate. Lavare i porri, tagliarli a metà diagonalmente in 3 lunghi pezzi, disporli nel varoma, salarli e spruzzarli leggermente con succo di limone. Fare degli involtini con i filetti, chiuderli con uno stuzzicadenti e metterli nel vassoio del varoma. Inserire nel boccale 700gr. d'acqua e posizionare il cestello con le patate affettate: 25min. *varoma* Vel.4. Dopo 10min. posizionare il *varoma* sul boccale e continuare la cottura. Al termine disporre in un piatto caldo gli involtini con le verdure. Preparare la salsa: lasciare nel boccale 400gr. del liquido di cottura aggiungendo acqua calda se necessario, posizionare la farfalla ed inserire tutti gli ingredienti della salsa: 8 min90° Vel.3. Versare la salsa sul pesce e le verdure, guarnire con le mandorle tostate e il prezzemolo e servire subito. N.B. Per una salsa meno calorica dimezzare la quantità di brodo e sostituire la panna col latte: 200gr. di brodo di cottura del pesce, 125gr. di vino bianco, 100gr. di latte, 40gr. di farina, un cucchiaino di curry, un cucchiaio di succo di limone, sale, pepe: 8min. 90° Vel.3, posizionando la farfalla.

13.1.5.4 Turbantini Di Sogliola

Ingredienti: x 6: 700gr. di filetti di sogliola o platessa, 2 zucchine medie, un peperone rosso, 12 champignon, 30gr. di burro, un piccolo porro, 60gr. di panna, un albume, olio, timo fresco, sale, pepe.

Procedimento: Ridurre le verdure in dadolata e disporne due terzi nel varoma. Ricavare dalle sogliole 12 filetti. Spianarli con un batticarne, asciugarli con carta assorbente e avvolgerli su sé stessi, in modo che la pelle stia all'interno. Disporli nel vassoio del varoma. Inserire nel boccale la rimanente polpa delle sogliole: 20sec. Vel.8. Aggiungere la panna e l'albume: 20sec. Vel.5 e mettere da prate. Inserire nel boccale burro e porro: 3min. 100° Vel.3, aggiungere la rimanente dadolata di verdure: 5min. 100° Vel.3. Terminata la cottura, pepare, unire il composto tenuto da prate e amalgamare con la spatola. Riempire i turbantini di sogliola. Inserire nel boccale un lt d'acqua: 10min. 100°vel.1. Posizionare il *varoma* completo sul boccale: 20min. *varoma* Vel.1. Terminata la cottura disporre i turbantini di sogliola in un piatto da portata contornati dalle verdure e cosparsi di timo.

Nel boccale si può contemporaneamente preparare questo sugo:

Ingredienti: 500gr. di passata di pomodoro, 4 filetti d'acciughe salate, uno spicchio d'aglio, 50gr. d'olio, sale, pepe nero, peperoncino.

Procedimento: Inserire nel boccale olio, aglio, acciughe e peperoncino: 3min. 100° Vel.1. Aggiungere il pomodoro, 1 mis d'acqua, sale, pepe: 15min. 100° Vel.1. A questo punto posizionare il *varoma* e procedere come per la ricetta precedentemente descritta.

13.1.5.5 Filetti Di Sogliola Al Vapore Di The

Ingredienti: 8 filetti di sogliola, 2 bustine di tè di Ceylon, 1 limone sbucciato, 1 scalogno, 1 porro, 3 rametti di prezzemolo, sale e pepe q.b. *Per la salsa:* 2 cucchiai di salsa di soya-3 cucchiaini di aceto di mele-olio q.b.-1 cucchiaino di semi di sesamo

Preparare la salsa. Nel boccale introdurre tutti gli **ingredienti:** 10 sec. vel. 8 e mettere da parte Inserire nel boccale 1 lt. di acqua e portare all'ebollizione: 10 min. 100°C vel. 1. Nel frattempo sfogliare un porro lavato e sistemare le foglie nel *Varoma* e sul vassoio del Varoma, in modo che formino un lettino. Tagliare a metà i filetti di sogliola salarli, peparli, adagiarli sopra le foglie di porro ricoprire con lo scalogno, il limone tagliato a fettine e il prezzemolo. Quando l'acqua bolle, posizionare nel boccale il cestello con le bustine di tè e posizionare il *Varoma* sul boccale: 10 min. temp. *Varoma* vel. 1 chiuso e 2 min. vel. 1 con il coperchio scostato Terminata la cottura, disporre in un piatto da portata. Servire i filetti di sogliola con le verdure e irrorare il tutto con la salsa.

13.1.5.6 Salmone Al Vapore Con Salsa Di Champignon

Ingredienti: 600gr. di filetto di salmone privato della pelle, succo di 1 limone, scorza grattugiata di 1/2 limone non trattato, sale e pepe q.b., 300gr. di champignons, 2 scalogni, 1 mis. di vino bianco secco, 120gr. di panna, 120gr. di formaggio fresco, 1 pizzico di noce moscata, 50gr. di olio di oliva extra vergine **Procedimento:** Togliere eventuali lische dal salmone e tagliarlo in otto fette. Salare, pepare e spruzzare con il succo di limone i filetti di salmone, metterli nella carta forno (bagnata e strizzata) chiudendo bene il cartoccio e disporli nel vassoio del *Varoma* Tagliare i funghi a fettine e disporli nel Varoma. Inserire nel boccale 500gr. di acqua: 6 min. 100°C vel. 1. Quando l'acqua bolle posizionare il *Varoma* completo e ben chiuso sul boccale e cuocere: 15min. temp. *Varoma* vel. 1. A metà cottura girare il cartoccio Al termine della cottura togliere il *Varoma* e tenerlo in caldo. Sciacquare il boccale ed inserire scalogno e olio: 3 min. 100°C vel. 3. Posizionare la farfalla ed aggiungere vino bianco, formaggio e metà dei funghi già cotti: 3min. 100° Vel.4. Unire scorza di limone, noce moscata, panna e i funghi rimasti, sale e pepe: 30sec. Vel.1. Disporre il salmone in un piatto da portata, irrorarlo con la salsina e…buon appetito! N.B. Un riso al vapore cotto nel cestello contemporaneamente alla cottura al *varoma* dei funghi e del salmone completa molto bene questo piatto che potrete guarnire con rucola tagliata a listarelle.

13.1.5.7 Gamberetti Con Pannocchiette Di Granoturco

Ingredienti: x 4: 300gr. di pannocchiette in vasetto, 2 gambi di sedano, 4 cipolline primavera, 1\2 cespo d'insalata belga, 300gr. di gamberetti sgusciati, un cucchiaio di scorza grattugiata di limone, un cucchiaio di succo di limone, qualche goccia di tabasco, sale. **Per la marinata:** uno spicchio d'aglio schiacciato, 3 cucchiai di sherry, 3 cucchiai di salsa di soia.

Procedimento: Pulire le verdure, togliere le pannocchiette dal vasetto, tagliarle a metà per il lungo, tagliare le cipolline a fettine sottili e il sedano e la belga in piccoli pezzetti. Mescolare aglio, sherry, salsa di soia in una ciotola e immergervi le pannocchiette, mescolare bene e lasciare a marinare coperto per 2 ore. Disporre ora cipolla, sedano, pannocchiette tolte dalla marinata (che va conservata) nel varoma, con sopra l'insalata belga. Posizionare i gamberetti nel vassoio e salarli. Inserire nel boccale 500gr. d'acqua: 6min. 100° Vel.1. Quando l'acqua bolle posizionare sul boccale il *varoma* ben chiuso e cuocere: 20min. *varoma* Vel.1. Al termine cospargere i gamberetti con la scorza di limone grattugiata. Disporre tutto in un piatto, condire con la marinata rimasta, il tabasco, il succo di limone e mescolare distribuendo con garbo le pannocchiette. Questo piatto è ottimo servito con riso al vapore.

13.1.5.8 Salmone Al Trancio Con Verdure

Ingredienti: 4 tranci di salmone da 150 gr l'uno, 1 carota, 2 coste di sedano, 1 cipolla rossa, 1 scalogno, 1/2 porro, 2 rametti di prezzemolo, 1 rametto di aneto, barbe verdi di un finocchio (facoltativo) olio extra vergine di oliva a piacere, sale e pepe q.b.

Procedimento: Tagliare le verdure, lavarle e metterle nel *varoma* e nel vassoio. Nel frattempo salare e pepare il salmone. Inserire nel boccale 1 lt. d'acqua e portare ad ebollizione: 10 min. 100° vel.1. Poi posizionare sul boccale il *varoma* completo e ben chiuso: 10 min. temp.*varoma* vel.1 Poi adagiare i tranci di salmone sulle verdure, cospargere il tutto con prezzemolo, aneto e barbe di finocchio e cuocere ancora 7 min. temp. *varoma* vel.1 Portare poi in tavola su un piatto da portata aggiustato di sale e pepe e servire con un filo di olio extra vergine. E' necessario che il tempo di cottura sia molto breve, per lasciare al salmone la sua morbidezza e l'umidità naturale. Contemporaneamente alla cottura delle verdure e del pesce, nel boccale potete cuocere un buon risotto ai frutti di mare.

13.1.5.9 Scaloppe Di Salmone In Salsa Di Senape

Ingredienti: 4 fette di salmone (400gr. c.a.), 400gr. di spinaci, 1 cucchiaio di cerfoglio o prezzemolo tritati, sale e pepe q.b. **Per la salsa:** 100gr. di vino bianco, 200gr. di panna fresca, 1 cucchiaio e 1/2 di succo di limone, 80gr. di burro, 3 cucchiai di senape-sale e pepe q.b.

Preparare la salsa. Inserire nel boccale il vino: 5 min. 100°C vel. 1. Unire panna, burro a pezzetti, senape e succo di limone: 30 sec. vel. 1. Salare, pepare e tenere la salsa in caldo in una salsiera. Senza lavare il boccale, inserire 600 gr d'acqua e portare ad ebollizione: 7 min. 100° C vel. 1 Lavare gli spinaci, asciugarli delicatamente con un panno, tagliarli a grosse strisce e disporli nel Varoma: 30 min. temp. *Varoma* vel. 1. Disporre nel vassoio le fette di salmone salate e pepate; dopo 10 minuti min. posizionarlo nel *Varoma* e continuare la cottura. Sistemare in 4 piatti un letto di spinaci, salarli leggermente, adagiarvi sopra le scaloppe di salmone e napparle con la salsa precedentemente preparata. Guarnire i piatti con il cerfoglio o il prezzemolo tritati e aggiungere a piacere una macinata di pepe

13.1.5.10 Fricassea Di Scampi

Ingredienti: x 4: 16 scampi giganti freschi, 2 finocchi, olio, sale, pepe. Per la salsa al limone: 30gr. di succo di limone, 40gr. d'olio, un cucchiaio di vermouth secco, 10 olive nere di Grecia snocciolate, sale, pepe.

Preparare la salsa al limone: inserire nel boccale dal foro del coperchio con lame in movimento Vel.4 le olive: 40sec. Vel.4. Posizionare la farfalla e inserire tutti gli altri ingredienti della salsa: 2min. Vel.3 e mettere da prate. Inserire ora nel boccale un lt d'acqua e portare ad ebollizione: 10min. 100° Vel.1. Lavare i finocchi, affettarli per il lungo e disporli sul fondo del varoma. Aprire a libro le code degli scampi e disporli sopra i finocchi: salare, pepare e spennellare con l'olio. Quando l'acqua bolle posizionare il varoma: 15min. *varoma* Vel.2. Al termine disporre scampi e finocchi in un piatto da portata, irrorarli con la salsa e servire subito.

Si può sostituire la salsa al limone con la salsa olandese delle "TROTE CON PATATE ".

13.1.5.11 Filetti Di Rombo Alle Verdure

Ingredienti: x 4: un rombo da cui ricavre 4 filetti(400\500 g), 4 foglie di cavolo bianco, 200gr. di verdure (carote, zucchine, sedano, rapa), succo e scorza grattugiata di un limone, 180gr. d'olio, un cucchiaio di prezzemolo tritato, sale, pepe.

Procedimento: Lavare, asciugare i filetti di rombo e metterli a marinare 30min. con 90gr. d'olio, sale, pepe e la scorza grattugiata di limone. Inserire nel boccale i 200gr. di verdure e tritarle grossolanamente: 5sec. Vel.3. Toglierle e metterle da prate. Inserire ora nel boccale 90gr. d'olio, il succo di limone, sale, pepe e prezzemolo tritato: 10sec. Vel.4 e mettere da prate. Portare ad ebollizione un lt d'acqua: 10min. 100° Vel.1. Intanto sistemare ogni filetto su una foglia di cavolo. Stendervi un po' di verdure tritate e arrotolare, legare e disporre gli involtini nel varoma. Quando l'acqua bolle posizionare il *varoma* sul boccale e cuocere: 20min. *varoma* Vel.1. Terminata la cottura trasferire gli involtini su un piatto da portata e servirli caldi, nappati con la salsa al limone tenuta da prate. Si può ottenere contemporaneamente un buonissimo brodo di pesce mettendo nel boccale con l'acqua le verdure avanzate e posizionando il cestello con i ritagli di rombo. E' ottimo con i tagliolini.

13.1.5.12 Cartocci Di Pesce Con Pomodoro

Ingredienti: x 4: 8 tranci di rana pescatrice (coda di rospo) pulito e senza spine, 4 pomodori perine, 2 piccole patate senza buccia, 1\2 cipolla rossa piccola di Tropea, una foglia d'alloro fresco, un cucchiaino di timo fresco, un mazzetto di rucola a striscioline, 2 peperoncini semipiccanti messicani (Jalapegno), olio, sale, pepe.

Procedimento: Inserire nel boccale un lt d'acqua e posizionare il cestello con el patate: 10min. 100°vel 2. Intanto disporre i pomodori nel *varoma* e quando l'acqua bolle posizionarlo sul boccale: 10min. *varoma* Vel.2. Terminata la cottura togliere le patate, sbucciarle, affettarle, salarle, profumarle con il timo e metterle da prate. Spellare i pomodori, strizzarli e inserirli nel boccale con sale, pepe, timo, cipolla e peperoncino: 15sec. Vel.3. Aggiungere le foglie d'alloro a listarelle: 10sec. Vel.1 e mettere da prate. Inserire nuovamente nel boccale un lt d'acqua: 30min. *varoma* Vel.1. Preparare 8 rettangoli di carta d'alluminio, posizionarli nel *varoma* e sul vassoio e spennellarli al centro con olio di semi. Disporre al centro di ogni rettangolo qualche fettina di patata, appoggiarvi un trancio di pesce salato e pepato, sollevare i lembi di ogni rettangolo formando tanti piccoli cestini e irrorare con la salsina preparata. Dopo 10min. posizionare il *varoma* e cuocere. Al termine togliere il coperchio del *varoma* e continuare la cottura 5min. *varoma* Vel.1. Servire il pesce nei cartoccini e guarnirlo con la rucola. Nel boccale si può cuocere contemporaneamente al pesce un buon sugo di pomodoro.

13.1.5.13 Filetti Di Persico Con Burro Al Salmone

Ingredienti (per 6 persone) 16 piccoli filetti di pesce persico, 100 gr.di salmone affumicato, 80 gr.di burro morbido, 1 albume, sale e pepe bianco macinato al momento q.b

Procedimento: Inserire nel boccale il salmone affumicato: 10 sec.vel.3. Unire il burro: 40 sec.vel.4, fino ad ottenere una crema omogenea e mettere da parte. Inserire ora nel boccale 1 lt.di acqua e portare ad ebollizione: 10 min.100°C vel.1. Nel frattempo salare e pepare i filetti di persico e tagliare 8 quadrati di carta da forno (20x20 cm.). Sopra ogni quadrato mettere un filetto di persico, spalmarlo con il burro al salmone, coprirlo con un secondo filetto e avvolgerlo nella carta avendo cura di sigillare ogni cartoccio con l'albume. Continuare così fino ad esaurimento degli ingredienti. Disporre i cartocci nel *Varoma* e, quando l'acqua bolle, posizionarlo sul boccale: 7 min. temp. *Varoma* vel.1. Terminato il tempo di cottura aprire parzialmente il coperchio e continuare la cottura per altri 5 min. Trasferire i cartocci ancora chiusi in piatti da portata precedentemente riscaldati e servirli subito. Accompagnare questo piatto con pomodorini, agretti o insalatine di stagione.

13.1.5.14 Spiedini Di Pesce Con Salsa Al Curry

Ingredienti: 300 gr.di filetti di pescatrice, 8 gamberoni, 4 grosse capesante già pulite, 1 cipollotto, 120 gr.di yogurt, 1 cucchiaio di panna fresca, 1/2 cucchiaino di maizena, 1 cucchiaino di curry forte, 1/2 cucchiaino di cumino pestato, 30 gr.di olio d'oliva, succo di 1/2 limone, sale, crescione, 12 pomodorini a ciliegia per guarnire **Preparazione:** Sistemare in una ciotola i gamberoni sgusciati, la pescatrice tagliata a dadini, le capesante, il cumino e il succo di limone. Mescolare e lasciare riposare in luogo fresco per 30 min.circa. Nel frattempo inserire nel boccale il cipollotto con 2 cucchiai d'olio: 3 min.100°C vel.3. Aggiungere curry, yogurt, maizena e sale: 5 min.80°C vel.2. Al termine aggiungere la panna: 30 sec.vel.1 e mettere da parte. Senza lavare il boccale inserire 500 gr.d'acqua: 7 min.100°C vel.1. Preparare 4 spiedini unti di olio e infilarvi una capasanta, 2 gamberoni e qualche dado di pescatrice e disporli nel vassoio del Varoma. Quando l'acqua bolle, posizionare il *Varoma* e cuocere: 5min. *varoma* Vel.1 e 3min. *varoma* Vel.1 con il coperchio socchiuso. Servire gli spiedini in piatti individuali con qualche foglia di crescione, con 3 pomodorini e la salsa a prate. Per trasformarlo in un piatto unico si possono raddoppiare le dosi e accompagnare gli spiedini con insalata mista e cocco fresco grattugiato o riso cotto al vapore.

13.1.5.15 Pesce Con Salsa Allo Zenzero

Ingredienti x 4: un dentice di 1 kg, uno spicchio d'aglio, 2 rametti di timo, olio, sale, pepe. Per la salsa allo zenzero: 4 pomodori medi spellati e a pezzi, una cipolla piccola, uno spicchio d'aglio, un mazzetto di basilico, un pezzo di zenzero grosso come un pollice, un limone 30gr. d'olio, sale, peperoncino in polvere.

Procedimento: Preparare la salsa: inserire nel boccale cipolla, aglio e olio: 3min. 100° Vel.4. Unire pomodori, sale, peperoncino e succo di limone: 5min. *varoma* Vel.1, senza misurino. Versare la salsa in un contenitore, aggiungere lo zenzero sbucciato e grattugiato e il basilico spezzettato. Aggiustare di sale e tenere la salsa in caldo in una salsiera. Senza lavare il boccale inserire un lt d'acqua: 10min. 100° Vel.1. Sciacquare il pesce già pulito sotto l'acqua corrente, asciugarlo all'interno e all'esterno, salarlo, peparlo dentro e fuori, riempirlo con il timo, lo spicchio d'aglio schiacciato, e infine disporlo leggermente unto nel varoma. Quando l'acqua bolle posizionare il varoma: 20min. *varoma* Vel.1 (Il pesce è cotto quando l'occhio è bianco e sporgente). Servire il dentice caldo con l'ottima salsina allo zenzero mantenuta tiepida.

13.1.5.16   Pescatrice Alle Spezie E Al Miele

Ingredienti: 800gr. di pescatrice (coda di rospo), 2 cucchiaini di miele, un grano di anice stellato, 1\2 cucchiaino di cumino, 1\4 di noce moscata, 6 grani di pepe nero, 6 grani di pepe bianco, un chiodo di garofano, un grappolo d'uva bianca, sale.

Procedimento: Inserire nel boccale 1, 250 lt d'acqua: 15min. 100° Vel.1. Pestare in un mortaio le spezie e metterli in una ciotola con 2 cucchiai di miele. Appoggiare la ciotola nel *varoma* e porlo sul boccale per pochi minuti, per far sciogliere il miele e amalgamare tutto. Intanto incidere la pescatrice lungo la spina dorsale e staccarla senza separare completamente il pesce dai due filetti. Spennellare l'interno dei filetto col composto di spezie, salare e legare bene con lo spago ricostruendo la forma originale del pesce. Con lo stesso composto spennellare anche l'esterno, adagiare il pesce su un foglio di carta forno, tagliare la cipolla a fettine sottili e disporla intorno al pesce con la metà degli acini d'uva sbucciati. Salare, chiudere bene il cartoccio e disporlo nel varoma. Quando l'acqua bolle posizionarlo sul boccale: 40min. *varoma* Vel.1. Ultimata la cottura, togliere il cartoccio e lasciarlo riposare qualche minuto. Posizionare nel boccale il cestello con i rimanenti acini d'uva spellati: 2min. 80° Vel.1. Aprire il cartoccio, togliere lo spago alla pescatrice, tagliarla a grosse fette, disporle in un piatto da portata con gli acini d'uva, le cipolle e servire. Si può servire contornato di patate a vapore cotte contemporaneamente nel cestello negli ultimi 25min. di cottura del pesce.

13.1.5.17   Terrine Di Sgombri E Cipolle

Ingredienti: 8 piccoli filetti di sgombro, un mazzo di cipollotti, un cucchiaio di aceto e vino bianco, succo di un limone, 10gr. di burro, sale, pepe. Per servire: pane nero, burro salato.

Procedimento: Affettare i cipollotti senza gettare la prate verde. Inserire nel boccale 1 lt d'acqua salata: 10min. 100° Vel.1. Imburrare le pareti di uno stampo d'alluminio che possa entrare nel varoma, sistemare a strati i cipollotti affettati e i filetti di sgombro fino ad esaurimanto degli ingredienti, salare e pepare. Disporre nel cestello la prate verde dei cipollotti e, quando l'acqua bolle, posizionare il cestello nel boccale: 1min. 100° Vel.3, scolarli subito e raffreddarli sotto il getto dell'acqua. Decorare i bordi e la superficie della terrina con le foglie più tenere dei cipollotti. Irrorare il tutto col succo di un limone e un cucchiaio d'aceto. Disporre la terrina nel *varoma* e porlo ben chiuso sul boccale: 10min. *varoma* Vel.1. Togliere il coperchio e continuare la cottura: 5min. *varoma* Vel.1. Servire la terrina calda con pane nero affettato e burro salato.

13.1.5.18   Capitone Con Alloro

Ingredienti: 1 kg di capitone, 30 foglie d'alloro fresco, succo di un limone, un limone a spicchi, sale.

Procedimento: Inserire nel boccale un lt d'acqua: 10min. 100° Vel.1. Intanto disporre metà dell'alloro sul fondo del *varoma* e adagiarvi il capitone tagliato a tocchetti e salato. Ricoprirlo con le restanti foglie d'alloro. Quando l'acqua bolle posizionare il *varoma* sul boccale e cuocere: 20min. *varoma* Vel.1. Terminata la cottura disporre il capitone in un piatto da portata, spruzzarlo col limone e servirlo guarnito con succo di limone.

13.1.5.19   Trancio Di Tonno Ai Peperoni

Ingredienti(per 6 persone): 800 gr.di tonno fresco in tranci alti tre dita, 3 peperoni, 1 mazzettino di basilico, 60 gr.di olive verdi, sale e pepe q.b., 90 gr.di olio extravergine di oliva.

Procedimento: Salare e pepare il tonno su tutti i lati, massaggiando il condimento sui tranci con la punta delle dita. Distribuire sul fondo del *Varoma* uno strato di foglie di basilico e disporvi il tonno. Nel vassoio sistemare i peperoni lavati, asciugati e tagliati a metà. Inserire nel boccale 1 lt.di acqua e portare all'ebollizione: 10 min.100°C vel.1. Posizionare il *Varoma* completo sul boccale: 20 min. temp.*Varoma* vel.1. Trascorsi 15 min. togliere il vassoio con i peperoni e continuare la cottura del tonno. Nel frattempo spellare i peperoni, svuotarli dai semi e tagliarli a pezzi. A cottura ultimata, togliere il Varoma, eliminare l'acqua di cottura dal boccale, conservandone due cucchiai. Unire i peperoni: 10 sec.vel.8. Aggiungere il sale e l'olio a filo, dal foro del coperchio con lame in movimento vel.7: 30 sec.vel.7. Versare un fondo di salsa in ogni piatto, disporre il tonno sulla salsa, guarnire con le olive, qualche foglia di basilico e servire

13.1.5.20   Tranci Di Tonno Marinato

Ingredienti: X 6: 2 tranci di tonno fresco da 400gr. l'uno, un mazzetto di basilico, un mazzetto di prezzemolo, 2 peperoncini secchi piccanti, 3 grossi cipollotti, 3 cucchiai di capperi fini sott'aceto, 2 chiodi di garofano, olio quanto basta per coprire il tonno, sale, pepe.

Procedimento: Inserire nel boccale 700gr. d'acqua: 8min. 100° Vel.1. Nel frattempo distribuire nel *varoma* metà del prezzemolo e basilico lavati, appoggiarvi sopra i tranci di tonno e coprire con le erbe rimaste. Quando l'acqua bolle posizionare il *varoma* sul boccale: 30min. Vel.1 varoma. Terminata la cottura lasciare raffreddare completamente il tonno, ripulirlo delle lische e sfogliarlo con le mani. Affettare sottilmente la prate bianca dei cipollotti e condirli con i chiodi di garofano pestati, sale e pepe. In una ciotola profonda mettere uno strato di cipollotti, uno di tonno, poi capperi e ancora cipollotti. Sopra il tutto versare l'olio mescolato col peperoncino sbriciolato. Sigillare il recipiente con pellicola trasparente e tenere in frigo per 2\3 giorni, prima di servirlo accompagnato da patate al vapore o pomodori freschi e insalata mista.

13.1.5.21   Merluzzo Al Vapore Con Salsa Aioli'

Ingredienti: 900gr. di filetto di merluzzo sotto sale, già ammollato e dissalato-2 uova-1 kg. di garusoli o murice già lessati (facoltativo)-3 rape-100gr. di fagiolini-2 carote piccole-3 cipollotti-3 piccole patate rosse-100gr. di cimette di cavolfiore-2 zucchine piccole

Per la salsa all'aglio: 1 tuorlo-1/2 patata lessata-180gr. di olio extra vergine di oliva- 6 piccoli spicchi di aglio-sale grosso

Preparare la salsa all'aglio. Inserire nel boccale gli spicchi di aglio con il sale grosso: 15 sec. vel. Turbo. Unire il tuorlo e la patata sbucciata ancora tiepida: 10 sec. vel. 6. Unire l'olio come per la maionese dal foro del coperchio sulle lame in movimento a vel. 4: 1 min. vel. 4. Esaurito l'olio unire alla salsa 1 cucchiaio di acqua bollente sempre sulle lame in movimento a vel. 4. Versare la salsa ottenuta in una salsiera e tenere da parte. Preparare il merluzzo. Inserire nel boccale 1 lt. di acqua: 10 min. 100°C vel. 1. Nel frattempo sistemare nel *Varoma* tutte le verdure a pezzettoni (rape, fagiolini carote, cipollotti, patate rosse, cavolfiori e zucchine) e cuocere: 30 min. temp. *Varoma* vel. 1. Disporre sul vassoio del *Varoma* il merluzzo a pezzi grossi. Trascorsi 10 min. di cottura delle verdure sistemare nel *Varoma* il vassoio con il merluzzo e proseguire la cottura. Al termine togliere il vassoio con il merluzzo, sistemare tra le verdure le uova per farle rassodare, rimettere il vassoio e cuocere ancora: 10 min. temp. *Varoma* vel. 1.Disporre in un piatto da portata il merluzzo e i garusoli contornati dalle verdure e dalle uova sode sgusciate e tagliate a metà. Servire con la salsa precedentemente preparata nella quale si intingeranno di volta in volta i vari ingredienti.

13.1.5.22 Insalata Di Merluzzo

Ingredienti: X 6: 2 filetti di merluzzo (ammollato e dissalato), un mazzetto di prezzemolo, un cetriolo, 2 avocado maturi, succo di 2 limoni verdi, 80gr. d'olio, sale, pepe.

Procedimento: Inserire nel boccale 500gr. d'acqua: 7min. 100° Vel.1. Distribuire 1\3 del prezzemolo sul fondo del *varoma* e adagiarvi il pesce asciutto e cospargerlo col prezzemolo rimasto, tenendone un po' per la vinaigrette. Quando l'acqua bolle, posizionare il varoma: 20min. *varoma* Vel.1. Lasciar riposare 5 minuti, poi togliere il merluzzo e diliscarlo. Sbucciare e tagliare a fette sottili cetrioli e avocado. Eliminare l'acqua di cottura e inserire nel boccale il succo dei limoni, prezzemolo e olio: 20sec. Vel.6. In un'insalatiera disporre merluzzo, cetrioli, avocado, aggiustare di sale e pepe e condire con la vinaigrette preparata. Servire questa insalata dal gusto molto particolare ben fredda.

13.1.5.23 Capesante Al Vapore

Dose per 4 persone: 12 grosse capesante fresche , 1 cipollotto (solo il verde) , 2 cucchiai di salsa di soia 1 pezzetto di zenzero fresco (grosso come un pollice) , 4 cucchiai di olio extra vergine di oliva.

Procedimento: Inserire nel boccale 500gr. di acqua: 6 min. 100° C vel. 1. Nel frattempo aprire le capesante con un coltellino, staccare il mollusco, togliere le barbe e la sacca nera. Sciacquare i molluschi in poca acqua salata e asciugarli con un panno. Lavare bene le 6 valve concave e sistemare tre molluschi in ogni conchiglia. Sistemare le 4 conchiglie con i molluschi nel *Varoma* e quando l'acqua bolle, posizionarlo sul boccale: 6 min. temp. *Varoma* vel. 3. Togliere il *Varoma* lasciandolo però chiuso ed eliminare l'acqua di cottura. Inserire nel boccale, dal foro del coperchio con lame in movimento vel. 6, la parte verde del cipollotto, aggiungere olio, salsa di soia e zenzero: 2 min. 40° C vel. 4. Versare nelle 2 conchiglie rimaste vuote la salsina. Servire una conchiglia con le capesante a persona e al centro sistemare le conchiglie con la salsa per intingere ogni mollusco. Consigli: per un pranzo completo si può contemporaneamente preparare un risotto ai frutti di mare nel boccale, ponendo poi il *Varoma* con i molluschi negli ultimi minuti di cottura e preparando per prima cosa la salsina.

13.1.5.24 Filetti Di Branzino Farciti

Dose per 4 persone 2 branzini (1 kg. circa) squamati e sfilettati, con la pelle - 1 filetto di trota salmonata (180gr. circa) - 1 ciuffo di prezzemolo - 1 scatola di mais precotto 1 uovo - 1/2 mis. di panna da cucina - 1/2 pomodoro maturo - 5 zucchine novelle - olio extra vergine di oliva a piacere - qualche filo di erba cipollina - 10 gocce di tabasco - sale e pepe q.b.

Procedimento: Inserire nel boccale la trota e il prezzemolo: 15 sec. vel. 4. Aggiungere a filo la panna: 10 sec. vel. 4. Aggiungere uovo, sale, pepe, tabasco e erba cipollina: 20 sec. vel. 4. Tagliare a cubetti 1/2 zucchino e la parte esterna del pomodoro. Amalgamare la dadolata alla farcia: 10 sec. vel. 4 e mettere da parte. Inserire nel boccale 1 litro di acqua e portarla all'ebollizione: 10 min. 100° C vel. 1. Sistemare su un foglio di pellicola da cucina un filetto di branzino. Coprirlo con metà della farcia. Sovrapporre l'altro filetto e avvolgere il tutto nella pellicola ben stretta. Ripetere lo stesso procedimento per gli altri due filetti. Sistemare i due pesci ricomposti nel Varoma. Nel vassoio distribuire il mais scolato dal suo liquido e le zucchine tagliate a fiammifero. Quando l'acqua bolle posizionare il *Varoma* sul boccale: 15 min. temp. *Varoma* vel. 1. Girare i pesci e terminare la cottura: 15 min. temp. *Varoma* vel. 1. Scartare il pesce e tagliarlo a fette di circa 3 cm. ciascuna. Sistemare le fette di branzino al centro di un piatto da portata e intorno distribuire il mais e le zucchine alternate tra loro. Condire con sale, pepe, olio extra vergine di oliva e servire. Sono veramente speciali.

13.1.5.25 Calamari Con Carciofi E Piselli

X 4: 800gr. di calamari freschi o surgelAti, 5 carciofi, 200gr. di pisellini freschi o surgelati, 100gr. olio, un mis vino bianco secco, uno spicchio d'aglio, prezzemolo tritato, peperoncino (facoltativo), sale, pepe.

Procedimento: Pulire i calamari e tagliarli ad anelli. Inserire nel boccal aglio e olio: 3min. 100° Vel.4. Posizionare la farfalla e inserire i calamari, salare e pepare: 5min. 100° Vel.1. Aggiungere il vino: 3min. 100° Vel.1. Unire un mis d'acqua: 25min. temp *varoma* Vel.1. Disporre nel *varoma* i cuori di carciofo o fettine, nel vassoio i piselli e dopo 5min. posizionarlo sul boccale. A fine cottura disporre calamari, carciofi e piselli in un piatto da portata e irrorarli col loro sughetto. Prima di servire cospargere con prezzemolo tritato. A piacere si possono sostituire i calamari con le seppie.

13.1.5.26   Tortino Di Bianchetti

Ingredienti: x 4: 500gr. di bianchetti, 2 uova, 2 cucchiai di farina, 50gr. di pecorino grattugiato, 1\2 spicchio d'aglio, 3 patate medie, sale, prezzemolo e peperoncino. Per il sugo: 700gr. di passata di pomodoro, 8\10 filetti d'acciughe o un po' di pasta d'acciughe, 80gr. d'olio, 2 spicchi d'aglio, 30gr. di pangrattato tostato, poco peperoncino, sale, pepe.
Procedimento: Lavare bene i bianchetti e lasciarli sgocciolare. Inserire nel boccale pecorino, prezzemolo aglio e peperoncino: 20sec. Vel.6. Aggiungere farina, uova, sale e pepe: 30sec. Vel.6. Versare il preparato ottenuto sui bianchetti e amalgamare bene delicatamente. Preparare il sugo: inserire nel boccale pulito olio, aglio, peperoncino, acciughe: 3min. 100° Vel.3. Aggiungere la passata e il sale: 10min. 100° Vel.1. Disporre il composto di bianchetti preparato sul vassoio del varoma, foderato con carta forno. Disporre nel *varoma* le patate a fettine. Quando ilsugo bolle, posizionare il *varoma* completo sul boccale: 30min. *varoma* Vel.1. Presentare il tortino contornato dalle patate. Usare il sugo per condire spaghetti che, a piacere, potranno essere cosparsi con un po' di pangrattato tostato.

13.1.5.27   Cozze E Riso Allo Zafferano

X 4: 300gr. di riso a grana lunga, 1, 2 kg di cozze già pulite, una stecca di cannella, una grossa presa di zafferano, 3 cipollotti, una testa d'aglio, un mazzo diprezzemolo, 2 lime o limoni, olio, sale, pepe.
Procedimento: Inserire nel boccale 900gr. d'acqua salata e posizionare il cestello: 7min. 100° Vel.1. Nel frattempo disporre sul fondo del *varoma* i ciuffi del prezzemolo, le cozze, i cipollotti tagliati a metà in lunghezza, l'aglio e la stecca di cannella. Inserire dal foro del coperchio il riso e lo zafferano nel cestello, posizionare il *varoma* sul boccale: 13min. *varoma* Vel.4. Sgranare il riso sul piatto da portata e decorarlo con le cozze gli aromi di cottura. Irrorare con un filo d'olio, spruzzare con succo di limone (o lime) e servire il piatto caldo o freddo a piacere con una macinata di pepe.

13.1.5.28   Cozze E Patate

Ingredienti: x 4: 1, 2 kg di cozze, 6 patate rosse piccole, 300gr. di pomodorini sardi, un mazzetto di basilico, 2 spicchi d'aglio, 2 scalogni, 2 rametti di prezzemolo, olio, sale, pepe.
Procedimento: Inserire nel boccale 800gr. d'acqua, aglio, scalogni, prezzemolo, sale e pepe. Posizionare il cestello con le patate tagliate a metà: 10min. 100° Vel.1. Disporre le cozze ben lavate nel varoma, salarle leggermente, aggiungere i pomodori incisi a croce e qualche rametto di basilico. Posizionare il *varoma* sul boccale e continuare la cottura: 20min. *varoma* Vel.3. A fine cottura lasciare nel boccale 2 misurini del liquido di cottura, aggiungere il prezzemolo rimasto, 2 cucchiai d'olio e pepe: 30sec. Vel.6. Disporre cozze e patate in un piatto da portata, irrorare con un po' di sughetto e servire col rimanente sugo a parte.

13.1.5.29   Gianchetti Con Verdure

Ingredienti: (per 4 persone) 500 gr.di gianchetti, 1 limone, olio, sale, pepe, prezzemolo, aglio facoltativo, 800 gr.di patate, 300 gr.di carotine.

Procedimento: Pulire i gianchetti, sgocciolarli bene, salarli, peparli e disporli nel vassoio del *Varoma* precedentemente foderato di carta stagnola. Nel *Varoma* disporre le carote a bastoncini. Tagliare le patate a tocchi. Inserire nel boccale 800 gr. di acqua, 20 gr. di sale e posizionare il cestello: 25 min. temp. *Varoma* vel. 2. Dopo

10 min. mettere le patate nel cestello, posizionare il *Varoma* sul boccale e completare la cottura. Al termine sistemare i gianchetti al centro di un piatto da portata e contornarli con le patate e le carotine. Irrorare con un filo d'olio, cospargere di prezzemolo, poco sale e pepe, spruzzare con il succo di limone i pesci e, a piacere, aggiungere l'aglio tritato.

13.1.5.30 Filetti Di Orata All'arancia Con Porri

Ingredienti: 500gr. di filetti di orata; 10 code di gamberoni; 50gr. di burro; 2 porri; 1 cipollotta; 200gr. di succo di arancia; 1 arancia; 1/2 min. di vermouth bianco; 2 cucchiai di olio; 1 cucchiaio di semi di finocchio; pepe macinato e sale q.b..

Procedimento: inserire nel boccale sale, pepe e semi di finocchio: 3" vel. Turbo e mettere da parte. Inserire ora b gliati a strisce e portare all'ebollizione: 5' 100° vel.

1. Nel frattempo disporre nel *Varoma* i filetti di orata, cospargerli con urro e cipolla: 3' 100° vel. 4. Unire vermouth, succo d'arancia, 200gr. di acqua e posizionare il cestello con i porri ta il trito di sale e aromi, irrorarli con l'olio e contornarli con le fettine d'arancia: distribuire i gamberoni nel vassoio. Coprire e posizionare il *VAroma* sul boccale: 15' temp. *Varoma* vel. 1. Terminata la cottura distribuire il pesce in un piatto da portata, contornarlo con le strisce di porro ed i gamberoni; irrorare con il fondo di cottura e guarnire con una julienne di scorza d'arancia.

13.1.5.31 Torta Di Pesce Spada

Ingredienti: X 4: 600\700gr. di pesce spada (4 fette), 15\20 pomodorini sodi e maturi, 130gr. di pane secco, 70gr. di parmigiano, 30gr. di pecorino, uno spicchio d'aglio, un cucchiaio abbondante di capperi dissalati, un ciuffo di prezzemolo, 90gr. d'olio, 3 filetti d'acciughe salate (facoltativi), sale, pepe. Per il sugo: 700gr. di passata di pomodoro, 60gr. d'olio, una cipolla media, 20gr. di olive verdi snocciolate, un cucchiaio di capperi dissalati, un gambo di sedano, sale, pepe.

Procedimento: Togliere la calotta superiore ai pomodorini, salarli e metterli capovolti a sgocciolare. Inserire nel boccale pane, formaggi, capperi, prezzemolo, aglio e acciughe: 30sec. Vel.8. Unire sale, pepe e 40gr. d'olio: 20sec. Vel.2 e mettere da parte. Preparare il sugo: sciacquare il boccale e inserire cipolla e sedano: 15sec. Vel.3. Unire olio, capperi e olive a fettine: 4min. 100° Vel.1. Aggiungere la passata di pomodoro, 1 misurino d'acqua, sale e pepe: 35min. varoma Vel.1. Nel frattempo farcire i pomodorini col composto tenuto da parte e disporli nel varoma; adagiarvi sopra le fette di pesce spada ben asciutte e unte con l'olio rimasto. Cospargerle col composto rimasto e aggiungere anche qualche fettina di pomodoro ricavata dalla calotta e qualche cappero. Dopo 15min. dall'inizio della cottura del sugo, posizionare il varoma sul boccale con i pomodori e il pesce e continuare la cottura per il tempo previsto. Adagiare il varoma su un piatto da portata, tenerlo al caldo e servirlo così, dopo un bel piatto di spaghetti conditi col sughetto preparato nel boccale.

13.1.5.32 Filetti Di Trota Salmonata

Ingredienti: x 4: 2 filetti di trota salmonata, 150gr. di ricotta magra, un cucchiaio d'olio, 150gr. di vino bianco, un azzetto di erbe profumate, crescione fresco, sale, pepe.

Procedimento: inserire nel boccale il mazzetto di erbe profumate e la ricotta: 30sec. Vel.7. Sui filetti di trota spalmare il composto ottenuto ed aggiungere sale e pepe. Posizionare i filetti nel *varoma* e cospargerli con l'olio. Inserire nel boccale 500gr. d'acqua e il vino bianco: 5min. 100° Vel.1. Posizionare il *varoma* sul boccale e cuocere: 10min. *varoma* Vel.1. In un piatto da portata presentare i filetti col crescione fresco e servire.

13.1.6 *Frutta e dolci*

13.1.6.1 Pere Helene

Ingredienti: x 6: 6 pere da 200gr. l'una, succo e scorza di un limone, 250gr. di zucchero, un chiodo di garofano, un pizzico di cannella. Per la salsa al cioccolato: 2 cucchiai di fecola, 20gr. di cacao amaro, un cucchiaio di zucchero, 150gr. di cioccolato fondente, 150gr. di latte o panna.

Procedimento: Inserire nel boccale 500gr. d'acqua, zucchero, scorza di limone, chiodo di garofano e cannella: 6min. *varoma* Vel.1. Nel frattempo sbucciare le pere, lasciando il picciolo, irrorarle con succo di limone e disporle in piedi nel varoma. Quando l'acqua bolle, posizionare il *varoma* sul boccale: 15min. *varoma* Vel.1. Terminata la cottura togliere le pere dal *varoma* e disporle in un piatto da portata. Togliere lo sciroppo rimasto nel boccale e metterlo da parte. Preparare la salsa: inserire nel boccale asciutto il cioccolato fondente: 3sec. Vel.turbo. Aggiungere tutti gli altri **ingredienti:** 7min. 80° Vel.2. Versare la salsa sulle pere e servirle fredde con una pallina di gelato alla vaniglia.
NOTE: Lo sciroppo di cottura rimasto, potete utilizzarlo come base per qualunque tipo di sorbetto.
Se le pere fossero più grosse, aumentate il tempo di cottura di una decina di minuti.

13.1.6.2 Mele Al Vapore Con Zabaione Calvados

Ingredienti: X 6: 4 mele Granny Smith, succo di 1\2 limone, Per lo zabaione: 2 uova e 2 tuorli, 120gr. di zucchero, 150gr. di vino bianco secco, 1\2 mis di calvados.

Procedimento: inserire nel boccale 400gr. d'acqua: 5min. 100° Vel.1. Nel frattempo sbucciare le mele: togliere il torsolo, affettarle, spruzzarle col succo di limone e disporle nel varoma. Quando l'acqua bolle posizionare il varoma: 12min. *varoma* Vel.1. Disporre le mele su un piatto da portata e lasciarle raffreddare. Eliminare l'acqua di cottura, posizionare la farfalla e inserire nel boccale tutti gli ingredienti per lo zabaione: 5min. 70° Vel.3. Versare lo zabaione sulle mele e servirle calde o, a piacere, fredde, dopo averle riposte per qualche tempo in frigo.
NOTA: Le mele Granny Smith sono mele verdi dal sapore acidulo, ma potete sostituirle con altre varietà. Il Calvados potrà essere sostituire da grappa alle pere o ad altri gusti di frutta e, a piacere, sostituire sia la grappa che il Calvados con due misurini di Sidro.

13.1.6.3 Mele Al Vapore Di Moscato

Ingredienti: x 4: 700gr. di mele, 300gr. di moscato, 50gr. di zucchero, 2 chiodi di garofano

Procedimento: Inserire nel boccale 200gr. d'acqua col moscato e i chiodi di garofano e portare ad ebollizione: 6min. 100° Vel.1. Sbucciare le mele, tagliarle in quarti, disporle nel *varoma* e cospargerle con lo zucchero. Quando il liquido bolle, posizionare il *varoma* e cuocere 12min. *varoma* Vel.1. Servirle bagnandole con pochissimo sciroppo di cottura.

13.1.6.4 Budino Di Ricotta Con Salsa Di Fragole

Ingredienti: x 6\8: 300gr. di ricotta, 100gr. di zucchero, 100gr. di mandorle spellate, 3-4 mandorle amare (facoltativo), 4 uova intere, 2 scorze di limone. Per la salsa: succo di 1\2 limone, 500gr. di fragole, 100gr. di zucchero, foglie di menta.
Inserire nel boccale zucchero, mandorle e scorza di limone: 1min. Vel.turbo. Unire la ricotta: 1min. Vel.4; aggiungere una alla volta le uova e lavorare ancora: 1min. Vel.4. Versare la crema in uno stampo da budino col foro centrale (diam 20 alt 7 cm), ben imburrato, coprirlo con la stagnola lasciando libero il centro e posizionarlo nel varoma. Inserire nel boccale 600gr. d'acqua: 7min. 100° Vel.2. Posizionare il varoma: 30min. *varoma* Vel.1. Togliere lo stampo, lasciarlo intiepidire e sformare in un piatto da portata. Eliminare l'acqua di cottura e inserire nel boccale 300gr. di fragole, lo zucchero e il succo del limone: 4min. 70° Vel.5. Prima di servire, disporre al centro le fragole rimaste, polverizzate di zucchero. Versare attorno la salsa e guarnire con foglie di menta.

Per la cottura si possono usare anche stampini monodose. La salsa può essere preparata anche con lamponi, frutti di bosco, kiwi, ecc...

13.1.6.5 Macedonia D'estate

Ingredienti: x 4: 3 albiccocche, 3 pesche, 50gr. di lamponi, 50gr. di zucchero, scorze di 2 limoni.

Inserire nel boccale 500gr. d'acqua, le scorze di limone e portare ad ebollizione: 6min. 100° Vel.1. Sbucciare le pesche e disporle con le albicocche nel varoma, dopo averle tagliate in quarti. Spolverizzarle con lo zucchero, coprire e quando l'acqua bolle posizionare sul boccale: 12min. *varoma* Vel.1. Terminata la cottura disporre la frutta cotta in coppette, unire i lamponi e bagnarla con pochissima acqua del fumetto. Servirla fredda con gelato alla vaniglia.

13.1.6.6 Macedonia Di Frutta Allo Spumante

Ingredienti: x 4: 700gr. di frutta mista, 50gr. di zucchero, 300gr. di spumante, un cucchiaino di cannella in polvere, 3 chiodi di garofano.

Inserire nel boccale 200gr. d'acqua, lo spumante, i chiodi di garofano e la cannella e portare ad ebollizione: 6min. 100° Vel.1. Sbucciare e tagliare in quarti la frutta e disporla a corona nel *varoma* spolverizzandola di zucchero. Quando l'acqua bolle, posizionare il *varoma* sul boccale e cuocere: 15min. *varoma* Vel.1. Servire la macedonia tiepida, bagnandola con pochissima acqua del fumetto di cottura.

13.1.6.7 Pudding Di Mele

Ingredienti: 150gr. di farina miscelata con lievito; 2 uova; 50gr. di latte; 80gr. di zucchero; 100gr. di burro morbido; 50gr. di uvetta bionda; 50gr. di cognac; 450gr. di mele renette; 2 cucchiai di miele; 1 cucchiaio di cannella; 50gr. di zucchero di canna.

Procedimento: mettere in ammollo l'uvetta nel cognac. **Procedimento:** Sbucciare le mele, tagliarle a fettine, disporle in un piatto, aggiungere le uvette, la cannella, e lo zucchero di canna. Mescolare il tutto. Inserire nel boccale farina, uova, latte, zucchero e burro: 1' portando lentamente da vel. 2 a vel. 4. Deve risultare un impasto compatto ma morbido. Imburrare uno stampo di alluminio (18 x 22 cm. alt. 6 cm), versa sul fondo il miele, poi uno strato di impasto, uno di mele, uno d'impasto ed infine ancora uno di mele. Chiudere lo stampo con carta forno e porlo nel Varoma. Inserire nel boccale 1 lt. e 1/2 di acua: 12' 100° vel. 1. Quando l'acqua bolle, posizionare il VAroma: 1 ora e 10' temp. VAroma, vel. 1. Terminata la cottura, lasciare raffreddare, sformare e servire.

13.1.6.8 Torta Di Mele Caramellata

Ingredienti: (per 6 persone) 800 gr.di mele renette, 1/2 mis.di fecola, 120 gr.di zucchero, succo di 1/2 limone, 2 cucchiai di panna, 1 mis.scarso di latte, 4 uova, 1 cucchiaino di cannella in polvere,
100 gr.di zucchero per il caramello.

Procedimento: Sbucciare le mele e tagliarle a pezzi tranne una, che va affettata e lasciata a macerare nel succo di limone. Inserire nel boccale 500 gr.di acqua: 6 min.100°C vel.1. Disporre nel *Varoma* le mele a pezzi e, quando l'acqua bolle, posizionare nel boccale il *Varoma* e cuocere: 8 min.temp.*Varoma* vel.1Eliminare l'acqua di cottura e inserire nel boccale le mele cotte, zucchero, fecola, cannella, panna e latte: 30 sec.vel.4. Aggiungere ora, dal foro del coperchio con lame in movimento vel.4, le uova: 30 sec.vel.4. Preparare il caramello sul fuoco e versarlo in uno stampo (diam.20 cm.alt.7 cm.). Distribuirlo bene sul fondo e sui lati. Disporre le fettine di mele, ricoprirle con il composto di mele, livellarlo bene, coprirlo con un foglio di alluminio e disporlo nel Varoma.
Inserire nel boccale 1 lt.di acqua: 10 min.100°C vel.1. Quando l'acqua bolle, posizionare il *Varoma* sul boccale e cuocere: 50 min.temp.*Varoma* vel.1. Lasciare raffreddare e sformare. Servire la torta così o accompagnata da crema inglese.

13.1.6.9 Pesche Con Purea Di More

Ingredienti: x 4: 4 pesche non troppo mature, 500gr. di more, 4 cucchiai di zucchero, panna per guarnire.

Procedimento: Sbucciare le pesche, tagliarle a metà e disporle nel varoma. Inserire nel boccale 400gr. d'acqua, disporre le more nel cestello, posizionarlo nel boccale e cuocere 5min. 100° Vel.1. Posizionare ora il *varoma* con le pesche sul boccale e continuare la cottura: 20min. *varoma* Vel.1. Mettere da prate il *varoma* con le pesche, eliminare l'acqua dal boccale e inserire le more con lo zucchero: 20sec. Vel.turbo. Lasciare raffreddare la purea di more e disporla sul fondo di 4 coppette. Mettere in ogni coppetta una pesca sulla purea e servirle fredde con fiocchetti di panna.

Si possono sostituire le pesche con pere williams e le more con ribes o lamponi, fragole, ecc.. aggiungendo un cucchiaino di zucchero in più.

13.1.6.10   Charlotte Di Pesche

Ingredienti: x 8: 5 pesche bianche, un pacco di savoiardi da 300 g, 6 cucchiai di zucchero, 100gr. di burro, salsa all'uva fragola (vedere tra le ricette delle "preparazioni di base")
Procedimento: Sbucciare e tagliare le pesche a spicchi. Inserire il burro nel boccale: 4min. 40° Vel.1 e metterlo da prate. Inserire nel boccale 1, 200 lt d'acqua e portare ad ebollizione: 12min. 100° Vel.1. Spennellare con un po' di burro fuso, uno stampo da charlotte e foderarlo con carta forno (il burro serve da collante tra la carta e lo stampo). Appoggiare sul fondo uno strato di pesche, cospargerle di zucchero e irrorarle con una prate del burro sciolto. Coprire con una prate di savoiardi sagomati a misura dello stampo. Procedere alternando le pesche col burro e lo zucchero ai biscotti e terminare con questi ultimi. Coprire con un foglio d'alluminio e sistemare lo stampo nel varoma. Quando l'acqua bolle, posizionare il *varoma* sul boccale e cuocere: 60min. 100° *varoma* Vel.1. Al termine lasciare raffreddare e sformare la charlotte in un piatto da portata. Servirla ben fredda con salsa all'uva fragola.

Come stampo si può utilizzare quelli d'alluminio usa e getta di forma ovale che si adatta perfettamente al varoma. Per arricchire questo pudding, tra le pesche e i biscotti, si può mettere uno strato di crema pasticcera.

13.1.6.11   Pudding Di Frutta Secca

Ingredienti: x 6: 100gr. di fichi secchi, 100gr. di datteri freschi, 60gr. di uvetta, 100gr. di farina, 80gr. di burro, 2 piccole uova, un cucchiaio di pangrattato, 25gr. di mandorle, un cucchiaio di rum, succo e scorza di 1\2 limone, 2 cucchiai di latte, un pizzico di sale, un cucchiaino scarso di lievito in polvere. Per servire: crema inglese, zenzero a piacere.
Procedimento: Inserire nel boccale, dal foro del coperchio, con lame in mov Vel.6, le mandorle: 20sec. Vel.6 e mettere da prate. Tagliare a pezzettini fichi e datteri e metterli con l'uvetta in una terrina e bagnarli col rum. Inserire nel boccale 1\2 lt d'acqua: 6min. 100° Vel.1. Nel frattempo disporre nel *varoma* la terrina con la frutta secca e, quando l'acqua bolle, posizionarlo sul boccale: 5min. *varoma* Vel.1. Spostare leggermente il coperchio del *varoma* e lasciar gonfiare la frutta secca ancora per 10min. *varoma* Vel.1. Infine unire alla frutta il burro, il succo e la scorza di limone grattugiata, mescolare bene e mettere tutto in una vaschetta domopak (cap. 1 lt). Raffreddare il boccale, posizionare la farfalla e inserire uova e sale: 40sec. Vel.3; aggiungere la farina mescolata al lievito, il pangrattato e le mandorle tritate e il latte: 20sec. Vel.1. Versare il composto ottenuto sopra la frutta, coprire con un foglio di carta forno e sistemare la vaschetta nel varoma. Inserire nel boccale 1, 200 lt d'acqua: 12min. 100° Vel.1. Posizionare il varoma: 60min. *varoma* Vel.1. Lasciare intiepidire il pudding, sformarlo e servirlo con crema inglese profumata con un cucchiaino di zenzero candito tritato.

13.1.6.12   Dolcetti Di Dattero

Ingredienti: x 4: 350gr. di datteri freschi, 60gr. di miele, 70gr. di pistacchi sgusciati, 180gr. di fiocchi d'avena precotti, 30gr. di sesamo, un cucchiaio e 1\2 d'acqua di rose per dolci, scorza di un'arancia non trattata, olio di arachidi.

Procedimento: Immergere i pistacchi in acqua bollente per 30min. e strofinarli tra le dita per eliminare bene tutte le pellicine. Farli asciugare, tritarli grossolanamente con 2\3 colpi di turbo e metterli da prate. Tritare finemente i datteri privati del nocciolo inserendoli nel boccale dal foro del coperchio con lame in mov Vel.6: 30sec. Vel.6. Unire l'acqua di rose: 15sec. Vel.3. Aggiungere miele, fiocchi d'avena e metà dei pistacchi tritati: 30sec. Vel.3, spatolando. Con le mani leggermente unte d'olio di arachidi formare dei dolcetti a forma di ciambelline e disporli, con la scorza d'arancia tagliata sottile, nel *varoma* leggermente unto. Senza sciacquare il boccale inserire 750gr. d'acqua: 8min. 100° Vel.7. Posizionare il *varoma* sul coperchio e cuocere: 12min. *varoma* Vel.2. Tostare i semi di sesamo in una padella antiaderente per 3min. circa, mescolando, facendo attenzione che non si scuriscano troppo e unirli ai piastacchi tenuti da prate. Servire i dolcetti dopo averli passati, ancora tiepidi, nel sesamo e nei pistacchi rimasti. Sono più buoni se gustati il giorno dopo.

13.1.6.13 Fichi Con Salsa Di Fragoline Selvatiche

Ingredienti: x 6: 16 fichi maturi e sodi, 200gr. di fragoline di bosco, 2 cucchiai di zucchero, un foglio di colla di pesce, un cucchiaio di creme de fraise (liquore di fragole selvatiche).

Procedimento: Mettere a bagno la colla di pesce in un bicchier d'acqua fredda. Scolarla, strizzarla bene e inserirla nel boccale con fragole, zucchero e liquore: 20sec. Vel.4 e 1min. Vel.turbo. Togliere e mettere da parte. Inserire nel boccale 1 lt d'acqua: 12min. 100° Vel.1. Nel frattempo lavare i fichi, asciugarli e adagiarli in un contenitore di pirex o d'alluminio a bordi alti che entri nel varoma, irrorarli con la salsa precedentemente preparata e coprire il tutto con un foglio d'alluminio sigillando bene il contenitore. Quando l'acqua bolle, posizionare il *varoma* sul boccale: 30min. *varoma* Vel.1. Terminata la cottura, lasciarlo intiepidire e riporre in frigo fino al giorno dopo. E' un ottimo dessert.

In mancanza di fragoline selvatiche e di creme de fraise, la salsina della ricetta può essere sostituita con la seguente: 100gr. di zucchero, 200gr. di fragole, succo di 1\2 limone: 4min. 80° Vel.4. A piacere potete anche sostituire il limone con 1\2 mis di grappa o cognac.

CARTOCCI DI FRUTTA ALLE SPEZIE

Ingredienti: x 4: 2 banane, 4 fichi secchi, 2 pere decana, un cucchiaino di succo di limone, un baccello di cardamomo, 1\2 cucchiaino di cannella, un cucchiaio di zucchero, 2 cucchiai di liquore all'amaretto, 4 Palline di gelato al cocco.

Procedimento: Preparare 4 quadrati di carta speciale per dolci, bagnata e strizzata o carta forno. In una ciotola porre le banane sbucciate e tagliate a rondelle spesse e le pere sbucciate, affettate non troppo finemente. Bagnare la frutta col succo di limone, spolverizzarla di zucchero, aromatizzarla con la cannella e i semi di cardamomo pestati (si ottengono rompendo l'involucro del cardamomo): mescolare e lasaciar riposare tutto per 30 m. Distribuire 1\4 della preparazione in ogni cartoccio. Porre al centro di ognuno un fico secco inciso a croce, spruzzare col liquore all'amaretto, chiudere bene i cartocci e disporli nel varoma. Inserire nel boccale 1 lt d'acqua: 10min. 100° Vel.1. Quando l'acqua bolle posizionare il varoma: 10min. *varoma* Vel.1. A questo punto togliere il coperchio del varoma, aprire leggermente i cartocci e continuare la cottura per 3 minuti. Mettere un cartoccio su ogni piatto, aprirlo, mettere al centro una pallina di gelato appena tolto dal freezer e servire subito.

13.1.6.14   Composta Di Albicocche

Ingredienti: x 6: 350gr. di albicocche secche, 80gr. di zucchero, una bustina di tè nero, un cucchiaio di acqua di fiori d'arancio. Per servire: yogurt greco o gelato di vaniglia, mandorle tritate 8facoltative)

Procedimento: Versare nel boccale un lt d'acqua: 10min. 100° Vel.1. Preparare nel frattempo un'abbondante tazza di tè nero. Disporre le albicocche in un contenitore d'alluminio che possa essere messo nel varoma, irrorarle col tè, e quando l'acqua bolle, posizionarlo sul boccale: 30min. *varoma* Vel.1. Scolare le albicocche. Togliere l'acqua dal boccale, inserire zucchero e albicocche: 20sec. Vel.5 spatolando. Lasciare raffreddare, incorporare l'acqua di fiori d'arancio: 10sec. Vel.4. Sistemare la composta in coppette individuali e lasciarle raffreddare in frigo per qualche ora. Servirle con yogurt greco o con del gelato alla vaniglia spolverizzato di mandorle tritate.

13.1.6.15   Clafoutis Di Lamponi

Ingredienti: x 4: 300gr. di latte, 2 cucchiai di panna fresca, 2 uova e 2 tuorli, 50gr. di maizena, 150gr. di zucchero, una bustina di vanillina, 400gr. di lamponi freschi o surgelati, 20gr. di burro.

Procedimento: Inserire nel boccale uova e tuor li, 120gr. di zucchero, maizena e vanillina: 10sec. Vel.5. Aggiungere dal foro del coperchio can lame in movimento Vel.5, panna e latte: 10sec. Vel.5 e mettere da prate il composto ottenuto. Inserire ora nel boccale un lt d'acqua: 10min. 100° Vel.1. Nel frattempo ungere con poco burro piccoli ramequins individuali d'alluminio o porcellana, da porre internamente al varoma; disporvi i lamponi, versarvi sopra il composto tenuto da prate e porli nel varoma. Quando l'acqua bolle posizionare il *varoma* sul boccale e cuocere: 40min. *varoma* Vel.1. Al termine togliere i ramequins, spolverizzare la superficie con lo zucchero rimasto e servirli caldi o tiepidi.
Si può servire caldo accompagnato da gelato alla vaniglia o alla panna.
Contemporaneamente alla cottura di questo dessert nel boccale si può preparare una marmellata.

13.1.6.16   Budino Di Semolino Con Canditi

Ingredienti: x 6: 500gr. di latte, una stecca di vaniglia, 100gr. di semolino, 2 tuorli, 3 albumi montati a neve, 70gr. di zucchero, 40gr. di burro, 50gr. di nocciole tritate, 50gr. di frutta candita (arancia, limone, cedro), 10 cm di angelica, sale, una dose di salsa di frutta a piacere (vedi ricetta in "preparazioni di base")

Procedimento: inserire nel boccale il latte e la stecca di vaniglia incisa su due lati: 5min. 100° Vel.1. Togliere la vaniglia. Unire il semolino dal foro del coperchio con lame in movimento Vel.2: 3min. 100° Vel.2. Aggiungere sale, zucchero e burro: 10sec. Vel.2-3. Incorporare tuorli, nocciole, canditi: 10sec. Vel.4. Inserire gli albumi a neve e con la spatola mescolare delicatamente. Imburrare uno stampo d'alluminio e versarvi la preparazione, battendo lo stampino sul piano per colmare i vuoti. Inserire un lt d'acqua nel boccale e portare ad ebollizione: 10min. 100° Vel.1. Sistemare lo stampo nel *varoma* e quando l'acqua bolle posizionarlo ben chiuso sul boccale: 30min. *varoma* Vel.1. Quando sarà freddo sformare il budino in un piatto da portata e cospargerlo di salsa di frutta. Decorare con nocciole e angelica tagliata a bastoncini finissimi.

13.1.6.17   Budini Di Semola Alle Arance Amare

Ingredienti: x 6: 50gr. di semolino, 50gr. di cioccolato fondente, 20gr. di uvetta, 300gr. di latte, un uovo, 20gr. di zucchero, 15gr. di burro, 100gr. di gelatina di arance amare.
Procedimento: Inserire il latte nel boccale: 4min. 100° Vel.1. Aggiungere dal foro del coperchio con lame in movimento Vel.2 il semolino a pioggia: 7min. 80° Vel.2. Aggiungere il cioccolato a pezzi, lo zucchero e l'uvetta: 20sec. Vel.1. Versare la crema in una ciotola, lasciarla intiepidire e aggiungere un tuorlo mescolando energicamente. Nel boccale perfettamente pulito posizionare la farfalla e inserire l'albume: 2min. Vel.2\3. Aggiungere delicatamente l'albume montato a neve alla crema. Inserire nel boccale 500gr. d'acqua: 5min. 100° Vel.1. Pennellare 6 stampini in alluminio col burro, riempirli con la crema tenuta da parte, chiuderli ermeticamente con un dischetto d'alluminio e disporli nel varoma. Quando l'acqua bolle posizionare il *varoma* sul boccale: 20min. *varoma* Vel.1. Diluire la gelatina di arance con 4 cucchiai d'acqua in una salsiera e riscaldarla ponendola sopra al *varoma* negli ultimi minuti di cottura. Sformare i budini e servirli ancora caldi con la salsa di arance.

13.1.6.18   Budino Dolce Alla Carota

Ingredienti: X 6: 600gr. di carote, 200gr. di panna fresca, 50gr. di zucchero, un cucchiaino di miele, un baccello di cardamomo, una bustina di zafferano, 1\2 cucchiaino di cannella, 2 uova, 15gr. di burro per imburrare lo stampo, 2 cucchiai di mandorle sfilettate.
Procedimento: Tagliare le carote a rondelle e disporle nel varoma. Inserire nel boccale un lt d'acqua: 30min. *varoma* Vel.1. Dopo 10 minuti posizionare il *varoma* sul boccale e continuare la cottura. Al termine lasciare raffreddare le carote e inserirle nel boccale: 1min. Vel.5. Unire panna, zafferano, miele, zucchero, uova, cannella e cardamomo: unmin. Vel.7. Versare il composto in uno stampo d'alluminio da 1 lt circa, precedentemente imburrato e coprirlo con carta forno. Inserite 1 lt d'acqua nel boccale: 30min. *varoma* Vel.1. Dopo 10 minuti disporre lo stampo nel varoma, posizionarlo sul boccale e continuare la cottura. Terminata la cottura, lasciar raffreddare il budino in frigorifero per 2\3 ore. Sformarlo, cospargerlo di mandorle e servirlo. Si presenta ancora meglio se preparato in ramequin individuali di porcellana.

13.1.6.19   Germknodel (Canederli)

Ingredienti: x 4: 160gr. di farina, 40gr. di latte, 15gr. di lievito di birra, un uovo (50 g), 10gr. di zucchero, 20gr. di burro, 3 prugne snocciolate, un cucchiaio d'olio di semi di mais, sale. Per la copertura: 40gr. di semi di papavero, 20gr. di zucchero, 100gr. di zucchero.

Procedimento: inserire nel boccale zucchero e 20gr. di semi di papavero: 30sec. Vel.turbo e mettere da parte. Inserire ora lievito, 30gr. di farina e latte: un minuto 40° Vel.3. Aggiungere la rimanente farina, l'uovo, lo zucchero tenuto da parte, il burro e il sale: un minuto e 1\2 Vel.spiga. Con l'impasto ottenuto formare 8 palline e inserire all'interno di ognuna 1\3 di ogni prugna; disporle nel *varoma* unto d'olio facendo attenzione a lasciare libere le fessure. Lasciare lievitare in luogo tiepido per 30min. circa. Lavare il boccale e inserire 600gr. d'acqua: 8min. 100° Vel.1. Posizionare il varoma: 30min. *varoma* Vel.1. Mentre cuociono i canederli posizionare sul coperchio del *varoma* un piatto da portata col burro. Terminata la cottura disporre i canederli nel piatto da portata, rigirarli nel burro fuso, cospargerli con i semi di papavero rimasti, lo zucchero e servirli caldi. I semi di papavero possono essere sostituiti con cannella in polvere.

13.1.6.20   Cremini Al Mapo

Ingredienti: X 4: 300gr. di succo di mapo (6 mapo circa), un cucchiaio di maizena, 140gr. di zucchero, 2 uova, 4 cucchiai di panna fresca, Per guarnire: un cestino di ribes o lamponi, 100gr. di panna montata fresca.
Procedimento: inserire nel boccale il succo di mapo e lo zucchero: 3min. 80° Vel.1 e mettere da parte. Inserire ora nel boccale, dal foro del coperchio con lame in movimento Vel.4, uova, maizena e il succo caldo di mapo: 3min. 80° Vel.4. Quando la crema si addenserà leggermente, incorporare la panna: 1min. Vel.4. Versare la crema in 4 coppette resistenti al calore, coprirle con carta d'alluminio e metterle nel varoma. Inserire nel boccale un lt d'acqua: 10min. 100° Vel.1. Quando l'acqua bolle posizionare il *varoma* sul coperchio e cuocere 30 minuti *varoma* Vel.1. Terminata la cottura lasciare intiepidire le coppette, poi metterle in frigo per almeno 3 ore. Decorare i cremini con il ribes o i lamponi e servirli accompagnati da panna montata fresca. Questi cremini si possono preparare anche con altri agrumi, come arance, pompelmi o mandarini.

13.1.6.21   Flan Delle Antille All'arancia

Ingredienti: 300 gr.di panna, 100 gr.di latte, 100 gr.di succo d'arancia, 150 gr.di zucchero, 60 gr.di farina di noce di cocco, scorza di 1/2 arancia non trattata (solo la parte gialla), 3 uova intere, 2-3 cucchiai di marmellata d'arancia. Per la guarnizione: panna montata, 1 arancia.
Procedimento: Inserire nel boccale zucchero e scorza d'arancia: 1 min.vel.turbo. Unire le uova intere: 2 min.vel.4. Aggiungere panna, latte, succo d'arancia: 1 min.vel.4. Unire la farina di cocco; 30 sec.vel.6. Imburrare uno stampo ad anello col foro, mettere sul fondo la marmellata e versare la preparazione. Mettere nel boccale 600 gr.di acqua: 7 min.100°C vel.2. Posizionare il *Varoma* e cuocere: 30 min.temp.*Varoma* vel.2. Togliere lo stampo, lasciarlo raffreddare e sformarlo in un piatto di portata. Guarnire tutto attorno con mezze fette d'arancia, la scorza a filetti, e mettere al centro la panna montata. E' un dolce molto delicato, buono e semplice da realizzare.

13.1.6.22   Budino Di Amaretti

Ingredienti: (per 6 persone) 500 gr.di arance non trattate, 100 gr.di amaretti secchi, 150 gr.di zucchero, 2 uova. Per guarnire: panna montata
Procedimento: Lavare le arance, disporle in un pentolino coperte d'acqua fredda e farle bollire per 5 min. Nel frattempo, inserire nel boccale gli amaretti: 8 sec.da vel.4 a vel.Turbo e metterli da parte.
Inserire ora nel boccale le arance scolate, tagliate a metà e private dei semi: 10 sec.vel.6 e 10 sec.vel.9. Aggiungere gli amaretti, 100 gr.di zucchero e le uova: 20 sec.vel.6. Con lo zucchero rimasto e 1 cucchiaino d'acqua fare il caramello, metterlo in uno stampo d'alluminio o in stampini individuali facendolo aderire bene alle pareti. Versare il composto di arance e mettere lo stampo nel Varoma. Senza lavare il boccale, inserire 1 lt.di acqua: 10 min.100°C vel.1. Quando l'acqua bolle, posizionare il *Varoma* sul boccale e cuocere: 60 min.temp.*Varoma* vel.1. Servire il budino accompagnato da panna montata oppure da panna acida o yogurt greco.

13.1.6.23 Terrina Fondente Di Cioccolato

Ingredienti: x 6: 300gr. di cioccolato fondente, 250gr. di burro, una tazzina di caffè ristretto, 100gr. di zucchero, 50gr. di farina, 100gr. di nocciole, 6 uova.

Procedimento: inserire nel boccale dal foro del coperchio con lame in movimento Vel.5 il cioccolato e 50gr. di nocciole: 10sec. Vel.5. Unire la tazzina di caffè: 4min. 40° Vel.1. Lasciare raffreddare per 2 minuti e aggiungere il burro a pezzetti e lo zucchero: 2min. Vel.3. Unire dal foro del coperchio con lame in movimento Vel.3 le uova una ad una e la farina a pioggia: 20min. 60° Vel.4. Versare il composto e le nocciole avanzate in uno stampo da plum cake. Portare ad ebollizione un lt d'acqua nel boccale: 12min. 100° Vel.1, quindi posizionare il *varoma* con lo stampo inserito e cuocere: 60min. *varoma* Vel.1. Lasciare intiepidire il dolce, sformarlo, tagliarlo a fette e servirlo con crema inglese o salse di frutta.

13.1.6.24 Creme Caramel

Ingredienti (per 4 persone) 250 gr.di latte, 1 uovo intero, 2 tuorli, 120 gr.di zucchero, 1 pizzico di vaniglia (facoltativo)

Procedimento: Versare in un pentolino 70 gr.di zucchero con un cucchiaino di acqua e farlo caramellare su fuoco basso fino al caratteristico colore biondo. Versare il caramello in 4 stampini da crème caramel, inclinarli velocemente in tutti i sensi per distribuire il caramello sulle pareti e immergerli un attimo in acqua fredda per farlo aderire alle pareti. Versare nel boccale il rimanente zucchero e tutti gli altri **ingredienti:** 40 sec.vel.4. Versare il composto negli stampini e disporli nel Varoma. Sciacquare il boccale e inserire 1/2 lt.di acqua: 6 min.100°C vel.1. Quando l'acqua bolle posizionare il *Varoma* ben chiuso e cuocere: 30 min.temp.*Varoma* vel.1. Togliere il *Varoma* dal boccale e lasciare intiepidire. Mettere poi gli stampini in frigorifero per un paio d'ore. Si servono capovolti in piattini individuali

13.1.7 Cucina esotica

13.1.7.1 Cous Cous D'agnello (Africa)

Ingredienti: x 6: una dose di cous cous (vedi ricetta nelle preparazioni di base), 800gr. di carrè d'agnello già tagliato, 12 cipolline, 400gr. di ceci lessati, 200gr. di polpa di pomodoro, 1\2 cucchiaino di harissa (pasta di peperoncino), 150gr. di foglie di verza tagliate a listarelle, 150gr. di carote tagliate a bastoncini, 2 chiodi di garofano, 100gr. d'olio, pepe, peperoncino e sale.

Procedimento: Inserire nel boccale 2 cipolline e 60gr. d'olio: 3min. 100° Vel.4. Posizionare la farfalla, unire la polpa di pomodoro, 700gr. d'acqua, ceci, peperoncino, harissa e sale: 10min. 100° Vel.1. Nel frattempo disporre nel *varoma* le costolette unte nel rimanente olio, salate e pepate. Disporre sopra l'agnello el cipolline salate e i chiodi di garofano. Nel vassoio disporre le carote e le verze separate. Quando l'acqua bolle posizionare il *varoma* sul boccale: 35min. *varoma* Vel.1. Dopo 15min. aggiungere 2 misurini d'acqua calda nel boccale e terminare la cottura. Mettere ora l'agnello e le verdure in una pirofila; il brodo con i ceci in una zuppiera, aggiustare di sale e tenere in caldo. Senza lavare il boccale preparare il cous cous. Al termine disporre il cous cous in un grande piatto da portata, mettere al centro l'agnello con intorno le verdure, alternando i colori. Irrorare con un mestolo di brodo e ceci; il rimanente presentarlo a parte lasciando che ogni commnesale si serva a piacere.

13.1.7.2 Agnello Al Vapore (Africa)

Ingredienti: x 6: 1 kg di polpa d'agnello (coscia), 6 patate medie, cumino in polvere a piacere, sale, pepe.

Procedimento: Tagliare a dadi la carne, condirla con sale, pepe, cumino, massaggiando bene i pezzi con le mani, quindi disporla nel varoma. Inserire nel boccale 1 lt d'acqua: 12min. 100° Vel.1. Nel frattempo pelare, lavare e tagliare in 4 le patate e disporle nel vassoio del varoma. Quando l'acqua bolle posizionare il *varoma* completo sul boccale: 55 minuti *varoma* Vel.1. Terminata la cottura disporre l'agnello al centro di un piatto da portata contornato dalle patate e servire.

13.1.7.3 Cous Cous Di Pollo Uvetta E Ceci (Africa)

Ingredienti: x 6: un pollo intero senza pelle tagliato a pezzetti, 300gr. di ceci lessati, 100gr. di uvette secche, una bustina e 1\2 di zafferano, un cucchiaino di cumino, 3 grosse cipolle, 250gr. di cous cous (vedi ricetta nelle preparazioni di base), 3 cucchiai d'olio, sale, pepe.

Procedimento: Preparare il cous cous e mettere da parte. Salare e pepare il pollo, insaporirlo con metà del cumino. Affettare finemente le cipolle, metterne un terzo sul fondo del varoma, appoggiarvi sopra il pollo, cospargerlo di uvetta e coprire con un altro terzo delle cipolle. Inserire nel boccale 1, 200 gr d'acqua, sciogliervi lo zafferano e il cumino rimasto, aggiungere sale e pepe, le ultime cipolle, i ceci scolati e portare ad ebollizione: 10min. 100° Vel.1. Posizionare il *varoma* completo sul boccale e cuocere: 60min. *varoma* Vel.1. Dopo 30 minuti posizionare nel *varoma* il vassoio col cus cus e continuare la cottura. Al termine disporre il cous cous in un piatto da portata formando un cono con la fontana al centro. Sistemarvi il pollo con le cipolle e le uvette. Bagnare col brodo e i ceci a cui si sarà aggiunto l'olio crudo. E' un piatto gustoso e piacevole da servire caldo col resto del brodo a parte.

13.1.7.4 Pesce Al Cartoccio (Africa)

Ingredienti: x 4: 2 orate da 400gr. l'una, una cipolla, uno spicchio d'aglio, un peperoncino piccante, un ciuffetto di prezzemolo, scorza di un limone verde, noce moscata grattugiata, 2 cucchiai d'olio, sale, pepe, 4 rettangoli di foglie di banana o carta forno.

Procedimento: Inserire nel boccale cipolla, aglio, peperoncino e prezzemolo: 10sec. Vel.5. Aggiungere scorza di limone, noce moscata, sale e pepe: 10sec. Vel.5 e mettere da parte. Senza lavare il boccale inserire un litro d'acqua e portare ad ebollizione: 10min. 100° Vel.1. Disporre un'orata già pulita e asciugata su un rettangolo di carta forno (o foglie di banana) leggermente unta, cospargerla internamente col trito aromatico, chiudere bene la carta forno formando un cartoccio e ripetere l'operazione con l'altra orata. Disporre i due cartocci nel *varoma* e quando l'acqua bolle, posizionarlo sul boccale e cuocere: 30min. *varoma* Vel.1. Servire il pesce nel suo cartoccio ancora caldo.

NOTE. Se volete potete preparare nel boccale contemporaneamente alla cottura del pesce un buon sugo per condire gli spaghetti. Se invece preferite un piatto unico, contemporaneamente al pesce, potete cuocere nel vassoio del *varoma* delle patate o altre verdure a scelta. Se utilizzate foglie di banano sarà necessario legare i cartocci con rafia o spago da cucina.

13.1.7.5 Cous Cous Dolce Con Frutta Secca (Africa)

Ingredienti: x 6: 300gr. di cous cous precotto, 50gr. di datteri, 3 fichi secchi, 50gr. di albicocche secche, 60gr. di uvetta secca, 2 cucchiai di pistacchi sgusciati e pelati, 2 cucchiai di mandorle pelate, un bicchiere di vin santo o zibibbo, 100gr. di miele, scorza di 1\2 arancia grattugiata, un pizzico di zenzero in polvere, 1\2 cucchiaino di cannella in polvere, 2 cucchiai d'olio di arachidi.

Procedimento: Inserire nel boccale pistacchi e mandorle e tritarle grossolanamente: 2sec. Vel.turbo e mettere da parte. Inserire ora datteri, albicocche e fichi secchi: 6sec. Vel.5 e mettere in una terrina con vino e uvetta per 5 minuti. Introdurre nel boccale 600gr. d'acqua: 8min. 100° Vel.1. Nel frattempo mettere il cous cous in una terrina, coprirlo con una tazza d'acqua per 5 minuti e infine sistemarlo nel varoma. Strizzare bene la frutta, conservando il liquido di macerazione, e diporla nel vassoio del varoma. Quando l'acqua bolle posizionare il *varoma* sul boccale: 10min. *varoma* Vel.1. A cottura ultimata disporre la frutta, il cous cous, i pistacchi e le mandorle tritate in una zuppiera, unire l'olio e sgranare bene con una forchetta il cous cous. Inserire nel boccale miele, scorza d'arancia, zenzero, cannella e il vino di macerazione: 5min. 70° Vel.1. Versare il tutto sopra il cous cous e la frutta, amalgamare delicatamente e servire.

13.1.7.6 Bao-Tzu – Panini Ripieni Al Vapore (Cina)

Ingredienti: x 30 pezzi (10 persone): Per l'impasto: 170gr. d'acqua, 20gr. di zucchero, un pizzico di sale, una bustina di lievito secco istantaneo, 350gr. di farina. Per il ripieno: 200gr. di funghi cinesi o Plerotus, 150gr. di maiale magro macinato, 200gr. di cavolo cinese o radicchio milanese (verde), 20gr. di salsa di soia o sesamo, 10gr. di sale, pepe.

Procedimento: Inserire nel boccale, acqua, lievito e zucchero: 1min. 50° Vel.1. Aggiungere farina e sale: 40sec. Vel.5. Lasciare lievitare l'impasto in un contenitore coperto e precedentemente unto fino al raddoppio del volume. Inserire ora nel boccale carne, sale, zucchero, salsa di soia e pepe: 20sec. Vel.2. Togliere la carne dal boccale e, senza lavarlo, posizionare la farfalla e inserire il radicchio a listarelle, sale, pepe e olio di sesamo: 3min. *varoma* Vel.1 senza misurino. Aggiungere i funghi tagliati a tocchetti: 2min. *varoma* Vel.1 senza misurino. Verificare che il liquido sia stato assorbito, aggiungere la carne e amalgamare: 30sec. Vel.1 spatolando. Prendere con le mani unte l'impasto lievitato e sgonfiarlo con la spatola. Dividerlo in 30 porzioni e da queste formare dei dischetti di 5 cm di diametro. Collocare su ogni dischetto un po' di ripieno e formate un fagottino. Inserire nel boccale 500gr. d'acqua: 10min. *varoma* Vel.1. Nel frattempo ungere il *varoma* e il vassoio di olio di semi e collocarvi i panini avendo cura di non posizionarli troppo vicini per evitare che si attacchino (eventualmente cuocerli in due volte). Quando l'acqua bolle posizionare il *varoma* e cuocere: 20min. *varoma* Vel.1. Servirli caldi accompagnati da salsa di soia. Sono molto buoni. Durante la cottura dei panini nel boccale è possibile cuocere contemporaneamente una minestra.

13.1.7.7 Ravioli Cinesi Al Pesce (Cina)

Ingredienti: X 6: Per l'impasto: 200gr. di farina, 1\4 di cubetto di lievito di birra, 150gr. d'acqua. Per il ripieno: 300gr. di gamberetti sgusciati, 80gr. d'olio di semi, un cucchiaino di dado vegetale bimby, 3 fettine sottili di zenzero fresco, 2 cucchiai di vino bianco, un cucchiaino di sale, alcune foglie di verza

Procedimento: Preparare l'impasto: inserire nel boccale acqua e lievito: 15sec. Vel.2. Unire la farina: 30sec. Vel.4 e 1min. Vel.spiga. Mettere l'impasto in una ciotola, coprirlo e lasciarlo lievitare fino a che raddoppia il volume. Preparare il ripieno: inserire nel boccale lo zenzero: 3sec. Vel.turbo. Aggiungere gamberetti, vino, sale, olio e dado: 30sec. Vel.3 e mettere da parte il ripieno ottenuto. Quando l'impasto è lievitato, fare dei rotoli di pasta, tagliarli a tocchetti (30 circa) della dimensione di una noce e stenderli in dischetti (diam 8 cm circa) e dello spessore di una sfoglia per tagliatelle. Inserire nel boccale 500gr. d'acqua: 8min. 100° Vel.1. Nel frattempo confezionare i ravioli mettendo su ogni dischetto di pasta un cucchiaino di ripieno e richiuderli a raviolo in piedi. Disporre una prate dei ravioli ottenuti nel *varoma* e una parte nel vassoio dopo averli foderati con le foglie di verza. Quando l'acqua bolle, posizionare il *varoma* completo sul boccale e cuocere: 15min. *varoma* Vel.1. Servire i ravioli con salsa di soia o salsa cinese agrodolce. Se aggiungete all'acqua nel boccale un pezzetto di sedano, carota e cipolla, otterrete un buon brodo vegetale per risotti.

13.1.7.8 Ravioli Cinesi Alla Carne (Cina)

Ingredienti: x 6: per l'impasto: una dose di pasta per ravioli cinesi (vedi ricetta precedente). Per il ripieno: 300gr. di salsiccia, 60gr. di verza, 30gr. di porro, 2 cucchiai di vino bianco, 2 cucchiaini di olio di sesamo, 3 cucchiai d'olio di semi, un cucchiaino di dado di carne bimby, alcune foglie di verza, piselli surgelati per decorare.

Procedimento: Preparare l'impasto e i dischetti di pasta seguendo le indicazioni della ricetta precedente. Preparare il ripieno: Inserire nel boccale verza e porro: 15sec. Vel.4. Aggiungere la salsiccia spellata, vino, dado, olio di sesamo e olio di semi: 20sec. Vel.3 e mettere da parte. Inserire nel boccale 500gr. d'acqua: 8min. 100° Vel.1. Nel frattempo confezionare i ravioli mettendo un cucchiaino di ripieno su ogni dischetto di pasta e chiuderli a fagottino posizionando su ognuno un pisello. Foderare *varoma* e vassoio con le foglie di verza e disporre sui due piani i ravioli. Quando l''cqua bolle posizionare il *varoma* sul boccale: 15min. *varoma* Vel.1. Servire i ravioli caldi con salsa di soia o salsa agrodolce cinese.

13.1.7.9 Pacchetti Di Riso In Foglia Di Loto (Cina)

Ingredienti: X 6: 200gr. di riso cinese, 300gr. di gamberetti grigi freschi, 2 cucchiai di salsa di soia (Shoyu), 2 cucchiai di olio di sesamo, 200gr. di pollo lesso o arrosto a pezzetti, un cipollotto, 10 foglie secche di loto, sale, pepe.

Procedimento: Mettere a bagno in acqua calda le foglie di loto per 30min. circa per ammorbidirle. Inserire nel boccale 500gr. d'acqua e sale: 6min. 100° Vel.1. Nel frattempo lavare bene i gamberetti e metterli nel cestello. Quando l'acqua bolle posizionare il cestello nel boccale e cuocere: 3min. *varoma* Vel.1. Togliere i gamberetti e metterli da parte. Aggiungere nel boccale 500gr. d'acqua: 5min. 100° Vel.1. Mettere il riso nel cestello, sciacquarlo e quando l'acqua bolle posizionare il cestello nel boccale: 5min. 100° Vel.1. Al termine trasferire il riso dal cestello al *varoma* e continuare la cottura: 5min. *varoma* Vel.1. Nel frattempo sgusciare i gamberetti e metterli in una ciotola col pollo e il cipollotto affettato. Aggiungere il riso e condire con pepe, sale, olio e salsa di soia. Sciacquare le foglie di loto, dividerle a metà, fare dei coni, introdurre in ognuno un po' di ripieno, legarli con lo spago da cucina e disporli nel varoma. Inserire nel boccale 1 lt d'acqua e portarla ad ebollizione: 10min. 100° Vel.1. Posizionare il *varoma* sul coperchio: 25min. *varoma* Vel.1. Terminata la cottura disporre i pacchetti di riso in un piatto da portata e aprirli al momento di servire.

13.1.7.10 Pollo Al Vapore In Crosta Di Riso (Cina)

Ingredienti: x 6: 1 kg di pollo tagliato a pezzi molto piccoli, 2 fette di zenzero fresco tritato, un albume sbattuto, 200gr. di riso, 300gr. di fave fresche sbucciate, sale, pepe. Per la salsa: un cucchiaio d'olio, 2 cucchiai di salsa di soia, 3 cucchiai d'acqua di cottura, un cucchiaino di dado bimby, un cucchiaio di aceto di riso, un cucchiaio e mezzo di sherry, un cucchiaio di erba cipollina tritata, 2 spicchi d'aglio schiacciati.

Procedimento: inserire il riso nel boccale: 10sec. Vel.turbo. Tostare la semola di riso ottenuta: 10min. temp *varoma* Vel.2 senza misurino e mettere da parte. Salare, pepare e distribuire lo zenzero sul pollo. Lasciare riposare 10 minuti. pAssare ogni pezzo di pollo nell'albume e poi nella semola tostata. Portare ad ebollizione 1 lt d'acqua: 10min. 100° Vel.1. Disporre il pollo nel vassoio del *varoma* e nel *varoma* le fave. Quando l'acqua bolle posizionare il *varoma* sul boccale e cuocere: 30min. *varoma* Vel.1. Conservare 3 cucchiai dell'acqua di cottura rimasta nel boccale ed eliminare l'eccedenza. Inserire nel boccale tutti gli ingredienti per la salsa: 30sec. 100° Vel.4. Disporre il pollo al centro di un piatto da portata, guarnirlo con le fave, condirlo con la salsina e servire. E' veramente buono. Potete sostituire le fave con una macedonia di verdure a vostro gusto.

13.1.7.11 Pesce Allo Zenzero (Cina)

Ingredienti: X 4: un dentice o un'orata da 800gr. circa, 1 cucchiaio e mezzo di zenzero grattugiato, sale, pepe. Per il condimento: un cipollotto, 3 fettine di zenzero fresco grattugiato, 4 funghi cinesi (shitake), un cucchiaio di sherry secco, 2 cucchiai e mezzo di salsa di soia (shoyu), 1\2 misurino d'olio e.v., 200gr. d'acqua, un cucchiaio di maizena.

Procedimento: Pulire e lavare il pesce dentro e fuori e asciugarlo bene con carta da cucina. Condirlo all'interno con sale, pepe e zenzero, disporlo nel *varoma* e lasciarlo risposare al fresco per 30 minuti. Mettere a bagno i funghi cinesi. Inserire nel boccale olio e cipollotto: 2min. 100° Vel.3. Scolare i funghi, strizzarli con le mani e scartare i gambi. Sbucciare un pezzetto di zenzero e tagliarne 3 fettine. Aggiungere nel boccale funghi e zenzero: 5sec. Vel.3 e 2min. 100° Vel.1. Unire salsa di soia, sherry, acqua e maizena: 20min. *varoma* Vel.1. Dopo 6 minuti posizionare sul boccale il *varoma* col pesce e ultimare la cottura. Al termine disporre il pesce in un piatto da portata preriscaldato e servirlo accompagnato dalla salsina.E' eccezionale.

I funghi shitake e lo shoyu si trovano in tutti i negozi di alimenti naturali e in molte erboristerie. Lo zenzero fresco si trova nei negozi di primizie, di alimenti naturali e spesso nei supermercati.

13.1.7.12 Quingzheng Yu (Cina)

Ingredienti: X 4: un'orata di 1 kg (o spigola o trota), 500gr. di funghi champignons, 100gr. di prosciutto cotto, 3 cipollotti, 3 fettine di zenzero fresco, 2 cucchiai di vino di riso o sherry, un cucchiaio di olio di arachidi o mais, 2 cucchiai di salsa di soia, 250gr. di riso (tipo maratelli), sale.

Procedimento: Squamare, eviscerare, lavare e asciugare il pesce. Affettare gli champignon, tagliare a listarelle il prosciutto e a rondelle i cipollotti. Praticare sulla superficie del pesce dei tagli obliqui, salarlo uniformemente e sistemare all'interno lo zenzero. Miscelare in una ciotola salsa di soia, vino o sherry e olio di semi e spruzzare bene il pesce sia all'interno che all'esterno. Disporre sul fondo del *varoma* metà della verdure, il prosciutto, salare e adagiarvi il pesce. Ricoprire con le verdure rimaste. Nel frattempo inserire nel boccale 1 lt d"cqua salata e posizionare il cestello: 10min. 100° Vel.1. Quando l'acqua bolle, posizionare il *varoma* sul coperchio e cuocere: 20min. *varoma* Vel.1. Togliere il varoma, inserire il riso dal foro del coperchio e riprendere la cottura: 15min. *varoma* Vel.1. Servire l'orata accompagnata dal riso cotto a vapore.

Pur raggiungendo lo stesso peso, la cottura di due pesci anziché uno, prolunga di qualche minuto i tempi di cottura. Si può sostituire allo zenzero fresco la scorza di 1\2 limone grattugiata.

13.1.7.13 Nasi Goreng (Indonesia)

Ingredienti: 250gr. di riso, 200gr. di gamberetti sgusciati, 150gr. di lonza di maiale, 3 foglie di verza, 4 cipollotti puliti, 2 uova, 90gr. d'olio di mais, 2 cucchiai di ketchup, uno spicchio d'aglio, un ciuffo di prezzemolo tritato, un pezzo di peperoncino, 3 cucchiai di brodo, salsa di soia, sale, pepe, zenzero in polvere.

Procedimento: Inserite nel boccale un cipollotto: 5sec. Vel.4. Aggiungete 1\2 misurino d'acqua e il sale: 10min. 100° Vel.1 tenendo il misurino inclinato. Unite uova, pepe e un pizzico di zenzero: 10sec. Vel.5. Versate il composto nel vassoio del *varoma* foderato con carta d'alluminio unta con un cucchiaio d'olio di mais. Nel boccale pulito mettete 750gr. d'acqua salata: 10min. 100° Vel.1. Inserite il cestello col riso e posizionate il varoma: 5min. temp *varoma* Vel.4 e 10 minuti *varoma* Vel.1. A cottura ultimata passate il riso sotto l'acqua fredda e mettetelo da parte. Staccate la frittatina aiutandovi con la spatola; arrotolatela e tagliatela a listarelle. Togliete l'acqua dal boccale, inserite i 3 cipollotti rimasti: 5sec. Vel.4. Aggiungete l'olio e l'aglio: 3min. 100° Vel.1. Togliete l'aglio e aggiungete sale, pepe, peperoncino tritato e il ketchup: 1min. 100° Vel.1. Posizionate la farfalla e unite i gamberetti: 2min. 100° Vel.1. Togliete i gamberetti dal loro sugo e metteli da parte. nel sugo rimasto rosolate la verza e la lonza a listarelle sottili, aggiungendo anche un cucchiaio di salsa di soia: 10min. 100° Vel.1. Trasferite il tutto dal boccale in una padella capiente a fuoco medio sul gas. Aggiungete il riso e tostate mettendo, se necessario, 3 cucchiai di brodo. Completate la preparazione con la frittatina, i gamberetti e il prezzemolo. Regolate di sale e pepe e servite con salsa di soia. E' un ottimo piatto unico e si presenta molto bene.

13.1.7.14 Cartocci D'agnello (Armenia)

Ingredienti: X 4: 1, 300 kg d'agnello, 2 spicchi d'aglio, un pomodoro maturo, una cipolla, 100gr. di vino bianco secco, 90gr. d'olio, succo di 1 limone, 100gr. di formaggio feta, 1\2 cucchiaino di cannella in polvere, 1\2 cucchiaino di origano, 20gr. di burro, 20gr. di pepe nero, sale.

Procedimento: Scegliere preferibilmente la spalla d'agnello, disossarla e tagliarla a dadini di uguale dimensione. Sbucciare la cipolla e affettarla. Mettere il tutto in una ciotola ed aggiungere l'aglio tagliato a fettine, olio, succo di limone, vino bianco, cannella, origano, sale, pepe. Amalgamare bene e lasciare marinare per 4 ore a temperatura ambiente o anche più in frigorifero. Inserire nel boccale 1, 500 lt d'acqua: 15min. 100° Vel.1. Nel frattempo disporre 4 quadrati di carta forno di 40x40 e metterli sul piano di lavoro. Scolare l'agnello con tutti gli ingredienti, suddividerlo nei cartocci e completare con pomodoro, formaggio e qualche fiocchetto di burro. Bagnare con qualche cucchiaio della marinata. Chiudere bene i cartocci, adagiarli nel *varoma* e quando l'acqua bolle posizionarlo sul boccale: 60min. *varoma* Vel.1. Trascorso il tempo, aggiungere, se necessario, acqua nel boccale e continuare ancora: 30min. *varoma* Vel.1. Dieci minuti prima del termine praticare 5 o 6 fori per cartoccio con uno stuzzicadenti e ultimare la cottura. Porre direttamente il cartoccio in piatti individuali, aprirli in tavola e servirli con un contorno di verdure al vapore.

13.1.7.15 Crema Di Uova Ai Petti Di Pollo (Giappone)

Ingredienti: X 4: 4 gamberoni, 500gr. di petto di pollo a dadini, un cucchiaino di sakè, un cucchiaino di salsa di soia, 4 cucchiaini di zenzero grattugiato, un cucchiaino di dado vegetale bimby, 4 uova, 12 noci, sale.

Procedimento: Insaporire il pollo con sale, salsa di soia, sakè e porlo in una vaschetta d'alluminio da 1 lt imburrata. Tagliare i gamberoni a pezzetti, riservare la prate terminale, e unirli al pollo. Inserire nel boccale uova, zenzero, 6 noci e il dado: 20sec. Vel.4, versare tutto nella vaschetta col pollo e mescolare. Inserire nel boccale 500gr. d'acqua: 6min. 100° Vel.1. Quando l'acqua bolle, posizionare il *varoma* con la vaschetta sul boccale e cuocere: 20min. *varoma* Vel.1. Togliere la vaschetta, guarnire con i gherigli delle noci rimaste, le code dei gamberoni tenute da prate e servire.
NOTE: Le più indicate sono le noci di Ginko (nei negozi di alimentari giapponesi).

13.1.7.16 Pollo In Salsa Di Sesamo (Giappone)

Ingredienti: X 6: un pollo medio, un cucchiaio di sherry, un cucchiaio d'olio di mais, 2 cipollotti, 4 fettine di zenzero fresco, un cucchiaio di semi di sesamo, sale, pepe. Per la salsa: un cucchiaio di semi di sesamo, 2 cucchiai di pepe cinese, 1\2 cucchiaino di pasta di sesamo (tahine), 2 spicchi d'aglio, 1\2 cucchiaino di zucchero, 4 cucchai d'olio di mais, 1\2 cucchiaio d'olio di sesamo, 3 cucchiai di salsa di chili dolce, 1\2 cucchiaino di salsa di soia, 2 cucchiai di sherry, 1\4 di cucchiaino di sale.

Procedimento: Preparare la salsa: inserire nel boccale i semi di sesamo e il pepe cinese: 30sec. Vel.da 1 a turbo. Aggiungere tutti gli ingredienti per la salsa: 30sec. Vel.3 e mettere da parte in una salsiera. Tagliare il pollo in piccoli pezzi e condirlo con sale e pepe. Sistemarlo nel *varoma* distribuendo sopra e sotto il pollo, lo zenzero e i cipollotti a fettine sottili. Irrorare con lo sherry e l'olio. Portare ad ebollizione 1 lt d'acqua: 10min. 100° Vel.1. Quando l'acqua bolle pèosizionare il *varoma* e cuocere: 45min. *varoma* Vel.1. Nel frattempo tostare i semi di sesamo in una padella antiaderente. Terminata la cottura disossare il pollo, tagliarlo a bastoncini, sistemarlo nel piatto da portata e napparlo con 2 cucchiai di salsa e guarnirlo col sesamo tostato. Servire il pollo accompagnandolo con crostini di pane fritto e la salsa. E' un piatto ottimo per chi ama i sapori forti e contrastanti.

13.1.7.17 Seitan All'orientale (Giappone)

Ingredienti: x 6: 300gr. di seitan (vedi ricetta nelle preparazioni di base), una grossa cipolla, 1\2 mis d'olio di sesamo (o olio e.v.), un misurino di uvetta, 1\2 misurino di mandorle spellate, 200gr. di panna fresca, 200gr. di acqua di cottura del seitan o acqua naturale, un cucchiaio di salsa di soia (Shoyu), 3 cucchiai di curry in polvere, sale, pepe.

Procedimento: preparare il seitan come da ricetta. Tagliarlo a striscioline, cospargerlo con il curry e lasciarlo riposare. Mettere in ammollo l'uvetta in acqua tiepida. Inserire nel boccale olio e cipolla: 3min. 100° Vel.3. Posizionare la farfalla nel boccale e introdurre il seitan: 5min. 100° Vel.1. Aggiungere la panna, l'acqua di cottura del seitan, shoyu, uvetta ammollata e strizzata, mandorle, sale e pepe: 15min. *varoma* Vel.1. Servire con riso a vapore o couscous.

NOTE: il seitan, nel caso non si volesase preparare in casa, si trova in tutti i negozi di alimneti naturali nei quali sono reperibili anche lo shoyu e l'olio di sesamo.

13.1.7.18 Uova Al Vapore (Thailandia)

Ingredienti: X 4: 3 uova, 400gr. di brodo vegetale, un cucchiaino di pastra d'acciughe, 1\2 cucchiaino di succo di limone o lime, qualche rametto di coriandolo fresco o prezzemolo, uno spicchio d'aglio, 2 cucchiai d'olio, un cipollotto. Per la salsa di limone: 4 peperoncini, 1\2 misurino di succo di limone, 2 cucchiai d'acqua, 2 cucchiaini di pasta d'acciughe.

Procedimento: preparare la salsa: inserire nel boccale, dal foro del coperchio con lame in movimento Vel.6 i peperoncini: 10sec. Vel.turbo. Aggiungere il succo di limone e la pasta d'acciughe e due cucchiai d'acqua: 5sec. Vel.6. Mettere da parte la salsa e sciacquare il boccale. Inserire ora nel boccale, dal foro del coperchio con lame in movimento Vel.5, prezzemolo o coriandolo, aglio e cipollotto: 10sec. Vel.5. Riunire con la spatola gli ingredienti sul fondo del boccale e aggiungere l'olio: 2min. 100° Vel.3. Unire brodo, uova, pasta d'acciughe e limone: 5sec. Vel.6. Versare la preparazione in uno stampo d'alluminio e metterlo nel varoma. Senza lavare il boccale inserire un litro d'acqua: 10min. 100° Vel.1. Quando l'acqua bolle posizionare il *varoma* sul boccale e cuocere: 20min. *varoma* Vel.1. Servire le uova, nello stesso recipiente in cui sono state preparate, accompagnate dalla salsa di limone. Possono anche essere servite fredde.

13.1.7.19 Peperoni Farciti (Thailandia)

Ingredienti: X 4: 12 peperoni lunghi non troppo grossi, 125gr. di carne di maiale magra macinata, 125gr. di gamberetti freschi sgusciati, 2 spicchi d'aglio, un cucchiaino di semi di coriandolo, 1\2 cucchiaino di pasta d'acciughe diluita in un cucchiaino d'acqua, un cucchiaino e 1\2 di maizena. Per la rete d'uovo: 2 uova, un cucchiaino di farina, olio, sale. Per la salsa al lime: 4 peperoncini verdi piccanti, 1\2 misurino di succo di lime o limone, 2 cucchiaini di pasta d'acciughe.

Procedimento: Inserire nel boccale, dal foro del coperchio con lame in movimento Vel.8, l'aglio e i semi di coriandolo: 10sec. Vel.8. Riunire il trito con la spatola in fondo al boccale e aggiungere i gamberetti: 5sec. Vel.6. Aggiungere tutti gli altri ingredienti tranne i peperoni: 20sec. Vel.3 e mettere da parte. Versare nel boccale 500gr. d'acqua: 7min. 100° Vel.1. Nel frattempo incidere i peperoni, svuotarli dai semi, riempirli con la farcia e richiuderli. Disporre i peperoni nel *varoma* e cuocere: 20\30 minuti (a seconda della grandezza dei peperoni) temp *varoma* Vel.1. Togliere il *varoma* e lasciar raffreddare completamente. Preparare la rete d'uovo: sciacquare il boccale e inserire uova, farina e sale: 10sec. Vel.6. Scaldare un cucchiaio d'olio in una padella antiaderente, immergere le dita nell'uovo e poi lasciare cadere a filo la pastella che rimarrà attaccata sulla padella calda, ottenendo così una rete sottile di uovo cotto. Sistemare un peperone al centro della rete, avvolgergliela attorno e metterlo nel piatto da portata; proseguire con i restanti peperoni. Preparare la salsa al lime: inserire nel boccale tutti gli **ingredienti:** 20sec. Vel.4 e portare lentamente a turbo per altri 30 secondi. Servire i peperoni a temperatura ambiente irrorati con la salsa. E' una preparazione veramente raffinata.

NOTE: Si possono utilizzare anche peperoni gialli o rossi più grandi, considerandone uno a testa, ma si presentano meglio quelli piccoli.

13.1.7.20   Pollo Al Curry (India)

Ingredienti: X 6: un pollo, 4 cipolle, 50gr. di uvetta bionda, 100gr. di yogurt, un cucchiaio di maizena, un limone verde, 2 cucchiai di curry in polvere, un cucchiaio d'olio, sale, pepe.

Procedimento: Togliere la pelle al pollo. Tagliarlo a pezzi piccoli, salarlo e peparlo. Emulsionare un cucchiaino di curry con l'olio e con lo stesso massaggiare il pollo, irrorarlo con succo di limone e lasciarlo marinare per 30 minuti. Affettare finemente le cipolle e distribuirne metà nel varoma; disporvi sopra il pollo, cospargerlo con le uvette e coprirlo con le cipolle rimaste. Mettere nel boccale 600gr. d'acqua: 10min. 100° Vel.1. Posizionare il *varoma* sul boccale e cuocere: 30min. *varoma* Vel.1. Togliere il *varoma* col pollo e tenerlo al caldo. Lasciare nel boccale un misurino d'acqua di cottura, aggiungere yogurt, maizena, il curry rimasto, sale e pepe: 4min. 80° Vel.4. Trasferire il pollo con le cipolle in un piatto da portata, condirlo con la salsa e servirlo ben caldo.

14 Contorni

14.1.1.1 Modifica Pure' (Vera)

Per il pure di patate ci vuole la farfalla perché altrimenti le lame che gira a contatto con le patate le fanno diventare collose, infatti su ogni rivista ho sempre letto di non frullare le patate. Io comunque lo faccio sempre cosi, con una piccola modifica al libro base (che mi ha consigliato la mia dimostratrice). 900 gr patate a pezzi 500 latte 50 burro 50 parmigiano e sale. Posizionare la farfalla inserire le patate il latte e cuoci per 20/25min. temp 100 Vel.1 al termine unisci il parmigiano il burro e amalgama per poco meno di 1 minuto Vel.3. Viene liscio proprio come piace a te
!!! Inoltre se durante la cottura bolle troppo abbassa la temp a 90 e poi rialza. Inoltre puoi anche aggiungere un pochino di latte in piu se ti piace più morbido e puoi anche dimezzare la dose, sempre aggiungendo un po di latte in piu.

14.1.1.2 Patate

Tagliate a pezzi cuociono 30 minuti nel varoma, mentre nel cestello bastano 15 minuti e nel *varoma* ci si può cucinare qualcos'altro, per esempio il polpettone.

14.1.1.3 Polpettine Di Patate

lessare le patate(300gr), introdurle nel Bimby –10 secondi vel.4- Aggiungere (pane grat.+prezz. e aglio-eseguito in precedenza come da ricetta bimby)-2 uova- sale- noce moscata-2 cucchiai di parmigiano o pecorino grattugiato- amalgamare il tutto per 10 secondi- velocità 3-4. Formare delle palline-passarle nel pane grat. E friggerle in olio bollente. E'un ottimo contorno! Questo composto si può spalmare anche in un rettangolo di pasta sfoglia, metterci delle fette di prosciutto cotto, farne un rotolo e cuocerlo in forno per 20 minuti.

14.1.1.4 "Pizza" Di Patate (Annarita)

Dopo aver preparato il purè, aggiungete 2 uova, una treccia battuta tritata precedentemente ed un po' di prosciutto. Oliare una teglia, cospargerla di pane grattato e versarvi sopra il composto. Mettere altro pan grattato ed olio ed infornare.

14.1.1.5 Cipolline In Agrodolce (Mary)

Ingredienti: 500 g. cipolline pulite, 50gr. scarsi di acqua, 50gr. olio, 20gr. zucchero, metà misurino di aceto, sale.
Preparazione Posizionare la farfalla e inserire le cipolle con olio acqua e sale 15min. Vel.1. 100°. Aggiungere aceto, zucchero 5min. 100° Vel.1.

14.1.1.6 Cipolline In Agrodolce

Ingredienti: 250gr. di cipolline sbucciate, 30gr. di burro morbido, 30gr. di pancetta, 2 cucchiai d'aceto, 2 cucchiai di zucchero, sale
Mettete le cipolline a bagno in acqua fredda. Inserite nel boccale la pancetta: 15 sec Vel.6. Unite il burro: 3min. 100° Vel.4. Posizionate la farfalla e unite lo zucchero, aceto, sale e le cipolline scolate: 40min. 100° Vel.1.

14.1.1.7 Cipolle Ripiene

Ingredienti: (per 4 persone) 4 grosse cipolle (1 kg.circa), 50 gr.di burro morbido, 150 gr.di polpa di manzo tritata, 1 mis.di parmigiano grattugiato, 1 uovo, pangrattato, sale, pepe e grappa q.b.

Preparazione Pulire e lessare le cipolle intere in acqua bollente e salata per 15min. Quando le cipolle si saranno raffreddate, tagliarle a metà orizzontalmente, togliere il centro a ciascuna di esse e inserirlo nel boccale: 10 sec.vel.4. Unire 30 gr.di burro: 3 min.100°C vel.2. Aggiungere carne e sale: 5 min.90°C vel.1. Lasciare raffreddare nel boccale poi unire uovo, parmigiano e pepe: 20 sec.vel.1. Amalgamare con la spatola, controllare il sale e riempire con il composto le mezze cipolle. Distribuire su ogni cipolla una spolverata di pangrattato ed un fiocchetto di burro; spruzzare con la grappa. Disporre le cipolle in una teglia imburrata e cuocere in forno preriscaldato a 180°C per 40 min.circa. Le cipolle ripiene sono ottime sia calde che fredde.

14.1.1.8 Peperonata (Fulvia)

Ingredienti: Tagliare a velo mezza cipolla metterla nel boccale con circa 30 gr di olio far andare 4min. a 100° V1 poi posizionare la farfalla, un peperone tagliato a tocchi, mezzo bicchiere di passata di pomodoro, un cucchiaio di aceto di mele, sale e pepe chiudere e far andare per 15min. a 100° V 1 aggiungere un pugno di olive verdi e terminare la cottura per 5min. a *Varoma* V1.

14.1.1.9 Peperoni Capperi E Acciughe (Marinella)

Ingredienti: 3 Peperoni, 1 cucchiaio di capperi, 4/5 filetti di acciuga sott'olio, 40gr. Di olio, un pizzico di sale, 1 spicchio d'aglio.
Preparazione Inserisco nel boccale i filetti d'acciuga, l'olio ed i capperi e soffriggo x 3min. a temp. 100 Vel.4. Dispongo poi la farfalla e verso i peperoni tagliati in pezzi non troppo piccoli, aggiungo lo spicchio d'aglio ed il pizzico di sale, cuoccio il tutto a temp. *Varoma* per 25 minuti, Vel.2. Travaso poi i peperoni (che dovranno essere un po' croccanti) in un contenitore, tolgo lo spicchio d'aglio e verso sugli stessi il sugo di cottura. Ottimi caldi e freddi.

14.1.1.10 Peperonata In Agrod-Olce Al Tonno

Ingredienti 700gr. di peperoni, un misurino d'olio, mezzo misurino d'aceto di mele, una punta di zucchero, 160gr. di tonno, prezzemolo e aglio.
Preparazione Inserite la farfalla, poi unite i peperoni, l'olio, l'aceto il sale e lozucchero: 15min. 100° Vel.1. Cuocete altri 5min. a temp varoma. Versate in una pirofila i peperoni trattenendo nel boccale il liquido di cottura e inserite aglio e prezzemolo: 5 sec Vel.5. Aggiungete il tonno: 4 sec Vel.2. Versate questo composto sui peperoni.

14.1.1.11 Peperonata (Vera)

Presa da un libro delle dimostratrici: Ingredienti 600 peperoni rossi gialli e verdi, 500 polpa di pomodoro 40 olio 1 spicchio di aglio 1 cipolla sale q.b.
Preparazione Inserire la cipolla e l'aglio nel boccale e trita pochi sec. Vel.5. Aggiungi l'olio e soffriggi 2min. 100 Vel.4 posiziona la farfalla e aggiungi i peperoni tagliati a quadratini, i pomodori il sale e cuoci 30min. 100 Vel.1.

14.1.1.12 Sformato Di Cavolfiore (Sabrina)

Ingredienti 1 dose di besciamella – 250 gr ricotta – 1 cavolfiore da circa 1 Kg. – curry – sale.
Preparazione Cuocere il cavolfiore nel *Varoma* per 20 m. Preparare una dose di besciamella secondo la ricetta base. Aggiungere la ricotta, un pizzico di curry e sale q.b. e amalgamare a Vel.3, poi inserire nel boccale il cavolfiore a pezzetti e amalgamare a Vel.3 spatolando. Versare il composto in una pirofila imburrata e far gratinare in forno per 20 min.

14.1.1.13 Cavolfiore Al Gratin (Rivista 1998)

Ingredienti 1 cavolfiore, ½ litro d'acqua, sale q.b. Per la besciamella: 250gr. Di latte, 1 mis. Scarso di farina, 50gr. Di burro, 1 pizzico di sale, una grattuggiata di noce moscata.

Preparazione Aprite il cavolfiore separando i singoli ciuffi e disponetelo nel Varoma. Inserite nel boccale l'acqua e un pizzico di sale e cuocete 20min. temp. *Varoma* Vel.2. Togliete l'acqua dal boccale e preparate la besciamella come da ricetta base. Ungete una teglia con un po' di burro, disponete i cavolfiori sul fondo, copriteli con la besciamella e fate gratinare. In forno a 180° per 15 min.

14.1.1.14 Involtini Di Verza (Rivista 1999)

Ingredienti: 600gr. Di verza, 500gr. Di patate, 80gr. Di parmigiano, 2 uova, 30gr. Di pangrattato, 40gr. Di burro, 1 ciuffo di prezzemolo, sale e pepe q.b.

Procedimento: lessate le patate e pelatele, inseritele nel boccale 40 sec. Vel.6, unite le uova, metà parmigiano, il pangrattato, il prezzemolo tritato, il sale e il pepe e amalgamate il tutto per 1min. Vel.6. Staccate le foglie più larghe della verza e sbollentatele (devono essere ammorbidite e non cotte), asciugatele con un canovaccio, allargate ogni foglia e mettete al centro di ognuna due cucchiaiate di ripieno, arrotolate ogni foglia e, premendo, ripiegate i bordi in modo da ottenere degli involtini. Imburrate una pirofila, allineatevi gli involtini e cospargeteli con il rimanente parmigiano. Infornate a 180° per 25 min.

14.1.1.15 Cavoli Affogati

Ingredienti 800gr. di cavolfiore a pezzetti, 4 acciughe, 80gr. di pecorino a pezzetti, 4 cipolline medie fresche, 80gr. d'olio, 2 misurini di vino rosso, 1 lt d'acqua, pepe, sale

Preparazione Mondate il cavolfiore e tagliatelo a fettine sottili. Inserite nel boccale pecorino, acciughe, cipolline, pepe e sale. 10 sec Vel.2. Togliete e mettete da prate. Lasciate riposare 10 minuti. Inserite l'acqua nel boccale 10min. 100° vel1. Disponete i cavolfiori nel *varoma* e posizionatelo sul boccale 45min. temp *varoma* Vel.3. A metà cottura aggiungete il vino e alla fine l'olio. A piacere sostituire i cavolfiori con i broccoletti.

14.1.1.16 Carciofi In Salsa Champignon (Telenad)

Ingredienti 4 carciofi freschi, 4/5 funghi champignon, 2 misurini latte, 2 misurini acqua, 15gr. burro, filo d'olio, 1 tuorlo, 1 cucchiaio farina, parmigiano, sale, pepe e prezzemolo tritato 1 spicchio d'aglio schiacciato

Preparazione Pulire i carciofi e metterli a bagno in acqua acidulata con succo di limone (è davvero necessario? Io l'ho letto da qualche prate…). A boccale aperto fare il giro del fondo con un filo d'olio, metterci aglio e prezzemolo Vel.1 90° 2min. poi con lame in mov. Vel.4 mettere i funghi abbassare Vel.1 90° 3min. poi inserire latte e acqua Vel.2 a *Varoma* per 30min. Posizionare il *Varoma* con i carciofi leggermente aperti a fiore. Poi togliete il *Varoma* e lasciate chiuso, intanto scaldate il forno e preparate la besciamella (liquida): aprite il boccale e raccogliete dalle pareti, sale e pepate, chiudete e con lame in mov. Aggiungere tuorlo, burro e farina Vel.2 90° 5min. Intanto aprite *Varoma* e posizionate i carciofi aperti a fiore in una pirofila poi versateci sopra tutta la besciamella riempiendoli, spolverare con parmigiano e pepe e gratinare in forno per 10/15 min.

14.1.1.17 Champignons Ripieni (Schede Bimby)

Ingredienti 700gr. di champignons, 200gr. di Philadelphia, una scatoletta di tonno da 80 g, un cucchiaio di parmigiano, pangrattato, sale, pepe.

Preparazione Lavate i funghi, staccate i gambi e metteteli su un canovaccio ad asciugare. Disponete le cappelle dei funghi su una teglia, infornate a 180° per 10 minuti fino a farle asciugare. Inserite nel boccale i gambi: 20 sec Vel.6. Con la spatola mettete il composto sul fondo del boccale, aggiungete il Philadelphia, tonno e parmigiano, sale e pepe: 20 sec Vel.5. Col composto ottenuto farcite le cappelle dei funghi, cospargete con pangrattato e fiocchetti di burro. Gratinate in forno per 15 minuti.

14.1.1.18   Carciofi Con Piselli

Ingredienti 400gr. di piselli freschi o 450 di surgelati, 4 carciofi, 40gr. di pancetta magra, 40gr. d'olio, un pezzetto di cipolla, qualche foglia di lattuga romana, 300gr. d'acqua, dado bimby, succo di un limone, sale, pepe

Preparazione Mondate i carciofi togliendo le foglie dure, tagliateli a spicchi e immergeteli in acqua acidulata con succo di limone. Inserite nel boccale pancetta e cipolla 3 colpi a Vel.turbo. Aggiungete l'olio 2min. 100° vel4. Posizionate la farfalla e aggiungete i carciofi a spicchi 3min. 100° Vel.2. Unite i piselli, lattuga, acqua e dado 20min. 100° Vel.2. Aggiustate di sale e pepe e servite.

14.1.1.19   Carciofi In Agrodolce

Ingredienti 300gr. di cuori di carciofi, 2 carote, una costa di sedano, uno spicchio d'aglio, un cucchiaio di capperi, uno spicchio di cipolla, 100gr. di olive verdi snocciolate, 50gr. d'aceto, 90gr. d'olio, 1 piz di zucchero, sale.

Preparazione Mondate i carciofi e tagliateli a spicchi. Inserite nel boccale carote, sedano, cipolla e aglio: 10 sec Vel.4. Raccogliete tutto sul fondo del boccale e unite l'olio: 5min. 100° Vel.1. Posizionate la farfalla e aggiungete i carciofi, le olive, i capperi e sale: 20min. 100° Vel.3. 5 minuti prima del termine della cottura unite, dal foro del coperchio, aceto e zucchero.

14.1.1.20   Carciofi Con Capperi E Olive (Gio)

Ingredienti 6 carciofi romaneschi, 100 gr di olive nere, 35 gr di capperi sottosale 1 spicchio di aglio, prezzemolo olio e sale. Inserire olive denocciolate, capperi, aglio e prezzemolo con lame in movimento a Vel.5 per pochi sec. **Preparazione** Condire con il composto i carciofi aggiungere sale e pepe e versare nel varoma, posizionarlo sul boccale e cuocere per 20/30min. Al termine aggiungere olio a piacere.

14.1.1.21   Melanzane Sott'olio (Rivista Bimby)

Ingredienti: 1\2 kg di melanzane, 4 misurini d'aceto, olio, aglio, peperoncino, origano, un barattolo.

Preparazione Pelate le melanzane, tagliatele a fettine sottili e sistematele in uno scolapasta formando vari strati. Cospargete ogni strato di sale grosso. Lasciatele a spurgare per 4 ore, sistemandovi sopra un peso. Sistemate le melanzane nel cestello. Inserite nel boccale 4 misurini d'acqua e l'aceto: 3min. 100° Vel.4. Lasciate scolare le melanzane per un'ora rimettendole nello scolapasta e tenendole pressate col peso. Sul fondo del barattolo inserite uno strato d'olio, uno strato di melanzane e uno strato d'aglio, peperoncino e origano. Ripetete gli strati fino ad esaurimento delle melanzane. Chiudete il barattolo dopo aver ricoperto il contenuto d'olio.

14.1.1.22   Melanzane Alla Parmigiana (Non Fritte) (Elena)

Ingredienti x 2: 2 melanzane tonde, 30\40gr. di parmigiano, sugo di pomodoro, olio, acqua, aglio e basilico.

Preparazione Mettete nel boccale aglio a pezzetti, basilico, sugo di pomodoro e acqua q.b. per permettere 20 minuti di *varoma* e avere alla fine il sugo di pomodoro per la parmigiana, che dev'essere denso: 20 minuti, temp varoma, Vel.1. Nel frattempo pelate le melanzane col pelapatate e affettatele a fette spesse un dito, pennellate ogni fetta con un misto di 2 cucchiaini d'olio (o più), 2 spicchi d'aglio schiacciati, sale e acqua q.b. posizionate le melanzane nel *varoma* e fate andare per il tempo rimanente (dovrebbe essere ca 15 minuti). Una volta cotte componete così la pirofila: uno strato di pomodoro, uno di melanzane, parmigiano, olio (facoltativo), melanzane, pomodoro, parmigiano, olio, ecc.. Infornate a 180° per 45 minuti.

14.1.1.23   Melanzane Alla Parmigiana (Dietetiche – Sara)

Ingredienti due melanzane tonde - mozzarella circa 200 - parmigiano 100g - basilico fresco in buona quantità - passata di pomodoro 1 bottiglia - 1 costa sedano - 1 carota - 1/2 cipolla - 2 spicchi d'aglio - olio sale e pepe

Preparazione Tagliare le melanzane a fette cospargerle di sale e metterle in uno scolapasta per far si che l'acqua di vegetazione esca. Inserire nel boccale la mozzarella e dare 2 colpi di turbo e mettere da parte. Inserire carota, sedano, aglio, cipolla e basilico e dare 3 colpi di turbo. Mettere ½ mis. di acqua e 30gr. di olio 5min. 90° Vel.2. Aggiungere la passata di pomodoro e il sale 15min. 100° Vel.2. Nel frattempo dopo aver passato la salagione alle melanzane asciugarle e passarle alla griglia, o anche sulla padella di ghisa e metterle da parte. Nella teglia foderata di carta da forno bagnata e strizzata mettere prima un mestolo di sugo, le melanzane ancora sugo, parmigliano come se piovesse, mozzarella tritata col Bimby ed ancora le melanzane e così via fino alla fine degli ingredienti finendo con mozzarella e parmigiano. infornare a 220° finchè non fa una bella crosticina.

14.1.1.24 Involtini Di Melanzane (Mia)

Ingredienti: melanzane grigliate, 8 pomodori pieni e maturi, una mozzarella piccola, 4 cucchiai di pangrattato, un cucchiaio di basilico tritato con uno spicchio d'aglio, 2 cucchiai di parmigiano.

Preparazione Pelate i pomodori dopo averli scottati in acqua bollente per qualche minuto, togliete i semi e schiacciate bene la polpa con una forchetta. Mescolatela al trito d'aglio e basilico, al pangrattato e alla mozzarella a dadini, Mettete il composto al centro di ogni fetta, arrtolatela e fisssatela con uno stecchino. Mettete gli involtini in una pirofila unta d'olio, cospargeteli di parmigiano e ricoprite con un foglio d'alluminio. Infornate a 180° per 20 minuti. Ovviamente tutti i triti li fai con Bimby…!

14.1.1.25 Asparagi Con Salsa Bolzanina (Trentino)

Ingredienti: (per 6 persone) 1 kg.di punte di asparagi, 1 /2 lt.di acqua, 6 uova sode, ½ mis.di aceto, 90 gr.di olio, succo di 1 limone, 1 cucchiaio di senape, 1 mazzetto di erba cipollina, sale e pepe q.b

Preparazione Inserire nel boccale l'acqua: 40 min.temp.*Varoma* vel.1. Disporre gli asparagi nel *Varoma* e posizionarlo sul boccale dopo 10min. Terminata la cottura disporre gli asparagi in un piatto da portata e lasciarli raffreddare. Inserire nel boccale gli albumi sodi: 20 sec.vel.4 e metterli da prate. Tagliare finemente con una forbice l'erba cipollina e unirla agli albumi. Inserire nel boccale tuorli sodi, olio, aceto, senape, succo di limone, sale e pepe: 4 min.vel.3. Unire gli albumi e l'erba cipollina tenuta da prate e amalgamare delicatamente: 1 min.vel.2. Versare la salsa sugli asparagi e servire.

14.1.1.26 Involtini Di Melanzane (Liliana Vr)

Ingredienti: Grigli le melanzane, le riempi con un formaggio a piacere: ricotta oppure scamorza affumicata che è molto più saporita e si scioglie un po'. Arrotoli e ricopri con speck tagliato un po' spesso (non troppo). Rimetti sulla griglia pochissimimin. in modo da far sciogliere il formaggio ma senza bruciare lo speck.

14.1.1.27 Ceci In Zimino (Donata)

Ingredienti x 6\8: 2 scatole di ceci lessati, 100gr. di cipolla, 40gr. d'olio, 8 cubetti di spinaci surgelati, 200gr. di polpa di pomodoro, parmigiano, sale.

Preparazione Inserite nel boccale olio e cipolla: 3min. 100° Vel.3. Aggiungete gli spinaci: 10min. 100° Vel.1. Mettete la farfalla e unite la polpa di pomodoro: 10min. 100° Vel.1. Unite i ceci scolati e salate: 10min. 100° Vel.1. Servite spolverizzati di parmigiano.

14.1.1.28 Carote In Insalata (Sito Americano)

Ingredienti: 500g di carote+1\2 mis di olio d'oliva+ il succo di 1 limone+ sale e pepe+ prezzemolo tritato+ qualche goccia di Tabasco (facoltativo): 30 sec Vel.3-4 spatolando.

14.1.1.29 Carote Nel Boccale (Anna To)

Ingredienti: Questa sera ho provato comunque a far cuocere le carote nel boccale in modo semplice, olio aglio soffritti (3' 100° Vel.1), poi carote a tocchetti, prezzemolo e un po' di sale (15-18' 100° vel.1). Ho controllato spesso se ci fosse bisogno di brodo, ma non ce n'è stato bisogno, ho usato la farfalla e tutto è andato a posto.

14.1.1.30 Carote Alla Luganega

Ingredienti 400gr. di carote pulite, 150gr. di luganega, 30gr. di burro morbido, 100gr. d'acqua, un cucchiaino di dado bimby, sale, pepe.
Preparazione Affettate le carote a rondelle non troppo sottili. Mettete nel boccale burro e luganega: 5min. 100° Vel.2 e mettete da prate. Posizionate la farfalla, inserite carote, acqua e dado: 10min. 100° Vel.1. Aggiungete la luganega rosolata, sale, pepe: 5min. 100° Vel.1. Servite subito. Sono ottime servite anche come condimento per un riso in bianco.

14.1.1.31 Finocchi Gratinati (Elena)

Ingredienti: Mia ricetta adattata al Bimby: **Dosi per 2/3 porzioni**, 500gr. Finocchi (2 Finocchi grossi), Prosciutto crudo a dadini ca. 60gr. (mezza fetta), 1 cipolla grossa, 2 cucchiai colmi di farina, 300gr. Latte P.S., Parmigiano, olio e sale **Preparazione** Mettere acqua nel boccale, sfogliare i carciofi e metterli nel *Varoma* Vel.1 20/25min. temp. *Varoma* Poi svuotare il boccale mettere la cipolla e tritarla, mettere il prosciutto a dadini, e con un po' d'olio Vel.1 per 3min. a 90°, dopo mettere la farina e con lame in movimento Vel.1 mettere il latte (3 misurini = 300 g) poi cuocere 7min. Vel.2/3 temp. 90° senza tappo. Preparare un pirofila iniziando con besciamella – finocchi – besciamella – parmigiano ecc.. coprire con stagnola e mettere in forno 30/45min. temp. 180°.

14.1.1.32 Fagioli In Salsa

Ingredienti: (x 6): 400gr. di fagioli freschi lessati (o in scatola), 4 acciughe, un cucchiaio di prezzemolo tritato, 2 spicchi d'aglio, 3 cucchiai d'olio, 3 cucchiai d'aceto, sale, pepe.
Preparazione Mettete nel boccale aglio e olio: 5min. 100° Vel.2. Togliete l'aglio e mettete acciughe, prezzemolo, aceto, sale, pepe: 5min. 80° Vel.2. Versate i fagioli in una terrina e conditeli con la salsa. Lasciateli riposare coperti per almeno 10 minuti prima di servirli.

14.1.1.33 Fagioli All'uccelletto (Rivista)

Ingredienti 400gr. Di fagioli cannellini già lessati (o lenticchie), 2 spicchi d'aglio, 5 foglie di salvia, 100gr. Di salsa di pomodoro (1 mis.), ½ mis. Di vino, ½ mis. Abbondante d'olio, 1 mis. D'acqua, sale e pepe q.b.
Esecuzione: Inserire dal foro del coperchio con lame in movimento a Vel.4, la salvia e l'aglio. Fermate l'apparecchio e riunite il composto con la spatola sul fondo del boccale. Aggiungete l'olio: 3min. 100° Vel.1. Aggiungete il vino e cuocete 2min. 100° Vel.1 senza il misurino affinché il vino evapori. Inserite la salsa di pomodoro, un mis. D'acqua, il sale e il pepe e cuocete 2min. 100° Vel.1. Versate i fagioli lessati o lenticchie, mescolate con la spatola e lasciate in autocottura per almeno 10min.

14.1.1.34 Pure' Di Fave Ed Erbette (Nella)

Ingredienti 400g di fave bianche (da tenere in ammollo per una notte), 400g di acqua, 1gambo di sedano, 1 cucchiaino di sale grosso, 1 cipolla bianca, 400g di erbette.
Procedimento: Fave+acqua+sedano+cipolla+sale: 30'temp.*Varoma* vel.1 e contemporaneamente cuocere le erbette nel Varoma. Poi 30"vel.7 per fare il purè con le fave cotte. Sistemare il purè e le erbette in un piatto ovale e condirle con ottimo olio pugliese.

14.1.1.35 Scorzonera All'acciuga

Ingredienti: (per **8 persone**) 500 gr.di scorzonera (radici amare), 1 lt.di acqua salata e acidulata, 2 acciughe lavate e diliscate, 40 gr.di olio, 1 cucchiaio di capperi, 2 cucchiai di aceto bianco, sale q.b

Preparazione Pelare la scorzonera e tagliare a fettine la prate tenera tralasciando quella centrale più legnosa. Inserire nel boccale acqua e sale, posizionare il cestello con la scorzonera e cuocere: 20 min.100°C vel.1. Scolare, disporre la scorzonera su un piatto da portata e tenerla al caldo. Inserire nel boccale olio e acciughe: 3 min.90°C vel.4. Unire capperi e aceto: 1 min.vel.1. Versare questa salsa sulla scorzonera e servirla tiepida.

14.1.1.36 Peperoni E Melanzane Ripieni (Elena)

Ingredienti: per **2 persone** 1 melanzana, 1 peperone rosso, passata di pomodoro 2 bicchieri, 1 cipolla, 1 fetta pecorino, un pezzetto parmigiano, 2 fette biscottate (o pangrattato), origano.

Preparazione Mettere nel boccale 350gr. acqua e impostare 25min. *Varoma* Vel.1, pulire il peperone e la melanzana, tagliarli a metà per il lungo e posizionarli nel *Varoma* (devono starci ca. 20min. pieni). Togliere *Varoma* svuotare boccale poi tritare la cipolla e soffriggere con appena un filo d'olio 3min. Vel.1, nel frattempo aprire *Varoma* scavare la polpa centrale delle melanzane ed inserire con lame in mov. Vel.4, lasciare insaporire altri 2min. (accendere il forno a temp. 200°) poi aggiungere la passata di pomodoro altri 5min. Vel.1 Varoma, poi aggiungere con lame in mov. Vel.4 le fette biscottate, pecorino e parmigiano, insaporire con un po' di origano, e lasciare altri 2min. temp. 100°, mettere un po' d'acqua in una pirofila posizionare i peperoni e le melanzane e riempirli con il ripieno, filo d'olio e mettere in forno per altri 15-20min.

14.1.1.37 Pomodori Ripieni

Ingredienti: (per **4 persone**) 4 pomodori maturi grandi, 40 gr.di pane raffermo, 1 ciuffo di prezzemolo, 1 piccolo spicchio di aglio, 2 uova intere, 20 gr.di olio di oliva, sale e pepe q.b.

Preparazione Dopo avere lavato e asciugato i pomodori, togliere delicatamente i semi. Salarli e metterli capovolti in un piatto.
Introdurre nel boccale pane, aglio e prezzemolo: 50 sec.da vel.2 a vel.Turbo. Aggiungere uova, sale, pepe, olio e l'acqua persa dai pomodori: 10 sec.vel.4. Suddividere il composto ottenuto nei mezzi pomodori, disporli in una teglia e irrorarli con un filo di olio. Cuocere in forno preriscaldato a 180°C per 45min. Bagnare i pomodori col sugo di cottura e servirli, a piacere, caldi o freddi.

14.1.1.38 Pomodori Ripieni (Riviste 2000)

Ingredienti: 400gr. di riso, 10 grossi pomodori (estivi, da riempire), una melanzana, 10 olive nere snocciolate, uno spicchio d'aglio, 150gr. di provola affumicata, un cucchiaio di basilico tritato.

Preparazione Mettete nel boccale un litro d'acqua: 8min. 100° Vel.1. Versate il riso: 14min. 100° Vel.1. Scolatelo, raffreddatelo e tenetelo da prate. Dopo aver ben lavato i pomodori, tagliate la calotta superiore, svuotateli della polpa, tenendola a prate, salateli e capovolgeteli per far scolare l'acqua. Tagliate a dadini la melanzana. Mettete nel boccale un misurino d'olio, l'aglio e la melanzana: 6min. 100° Vel.1, aggiungete la polpa dei pomodori, un po' di basilico tritato e sale: 10min. 100° Vel.2. Unitelo al riso amalgamando bene insieme alla provola a dadini, alle olive tagliate a metà e al resto del basilico. Riempite i pomodori e metteteli in una pirofila a cuocere in forno per 15 minuti a 180°. Serviteli tiepidi.

14.1.1.39 Verdure Ripiene Senza Carne (Paola V)

Ingredienti: per **10 cipolle ed altrettante zucchine**; 200gr. Prosciutto, 200 gr.mortadella, 3 uova, maggiorana, grana gratt.q.b., sale, pepe a piacere.

Preparazione Faccio bollire in acqua salata le cipolle e le zucc.per 10 min.circa.Poi le scolo, le taglio a metà, le svuoto e tengo da prate il ricavato per il ripieno.Trito il grana, il prosciutto e la mortadella, li amalgamo alle uova alla maggiorana ed al ricavato delle verdure messo da prate, aggiusto di sale e pepe.A questo punto ungo una teglia, vi dispongo le verdure, le riempio con il composto, le cospargo di pangrattato e di fiocchetti di burro.Cuociono in forno a 180°per 30/40 minuti.

14.1.1.40 Cake Al Verde (Mia Adattata)

Ingredienti 250 ml di yogurt intero denso, 7 uova, 360gr. di farina, 2 cucchiaini di lievito in polvere per torte salate, 75gr. di burro fuso, 250gr. di piselli, 200gr. di fagiolini, 200gr. di prosciutto cotto affumicato a dadini piccoli, 2 spicchi d'aglio tritati con un cucchiaio raso di pepe verde fresco, 2 cucchiai di parmigiano, 30gr. di zucchero di canna, sale.

Preparazione Scottate le verdure per 10 minuti nel Varoma. Scolatele, asciugatele e tagliate a pezzetti i fagiolini. Mescolatele in una ciotola con aglio e pepe tritati, col formaggio e un pizzico di sale. Mettete nel boccale yogurt e zucchero: 20 sec Vel.4, unite dal foro del coperchio con lame in movimento sempre a Vel.4 le uova prima sbattute in un piatto: 10 sec Vel.4. Versate sempre con lame in movimento Vel.4 il burro, portate a Vel.6 e inserite dal foro la farina setacciata col lievito e un pizzico di sale: 30 sec Vel.6. Unite le verdure e il prosciutto: 20 sec Vel.1 per amalgamare il tutto. Imburrate e infarinate uno stampo da plum-cake e versateci il composto. Fate cuocere in forno già caldo a 180° per 45\50 minuti.

14.1.1.41 Terrina Di Verdura

Ingredienti: (x 10) 500gr. di spinaci lessati, 400gr. di zucchine, 2 carote grosse, uno scalogno, 2 albumi, 200gr. di prosciutto cotto affumicato, mezzo misurino di brodo, 20gr. di parmigiano, 50gr. di pangrattato, 50gr. d'olio, una noce di burro, alloro, noce moscata, sale, pepe

Preparazione Tagliate le carote a listarelle sottili e mettetele nel varoma. Inserite nel boccale olio, scalogno, alloro e sale: 3min. 100° Vel.4. Unite le zucchine a rondelle, il brodo e posizionate il *varoma* con le carote: 15min. temp *varoma* Vel.1. A fine cottura unite nel boccale gli spinaci: 2min. 100° Vel.2 e lasciate intiepidire. Aggiungete ora prosciutto e parmigiano, noce moscata, pepe e albumi: 15 sec Vel.5, spatolando. Unite il pangrattato: 20 sec Vel.3. Stendete 1\3 del composto sul fondo di una terrina imburrata (24x12) e allineate sopra nel senso della lunghezza, metà delle carote a listarelle. Fate un secondo strato di composto, uno di carote e terminate col composto. Coprite con un foglio di carta da forno imburrato e cuocete a bagnomaria in forno preriscaldato a 200° per 45 minuti. Fate intiepidire, sformate e servite con fonduta oppure lasciate in frigo per 12 ore e servite con maionese.

14.1.1.42 Minispiedini Con Verdure Al Vapore

Ingredienti: carne mista tipo salsiccia e tacchino circa 400 gr, verdure miste circa 350gr.

Preparazione Formare dei piccoli spiedini con gli stuzzicadenti e depositarli nel *Varoma* sopra la griglia, tagliare a fettine tutte le verdure e stenderle sul Varoma. Nel boccale inserire circa 1 litro d'acqua e puntare 35 minuti a temp. *Varoma* velocità ½.

14.1.1.43 Tortino Di Verdure

Ingredienti: (x 8) 8 carciofi, succo di un limone, uno spicchio d'aglio, 20gr. di burro morbido, 10gr. d'olio, 250gr. di cagliata (prescinsoea), 4 uova, un misurino di parmigiano, 2 rametti di maggiorana, 2 ciuffi di prezzemolo, 20gr. di pangrattato, sale, pepe.

Procedimento Pulite i carciofi, dividete ciascuno in 8 spicchi e lasciateli a bagno in acqua e limone. Inserite nel boccale prezzemolo e maggiorana: 20 sec Vel.turbo e mettete da prate. Mettete burro, aglio e olio: 3min. 100° Vel.2. Aggiungete dal foro del coperchio con lame in movimento Vel.1 carciofi, acqua, sale e pepe: 20min. 100° Vel.1. Unite cagliata, uova, il trito preparato e il parmigiano: 5 sec Vel.3. Versate il composto in una tortiera unta di 28 cm e cosparsa di pangrattato, livellate bene la superficie e irrorate con un filo d'olio. Cuocete in forno caldo a 200° per 30 minuti.

14.1.1.44 Fantasia Di Verdure

Ingredienti 700g patate, 300gr. piselli(anche surgelati), 300g dunghi porcini freschi o surgelati, 2 carote, 2 pomkodorini maturi, 1 cucchiaiocolmo di prezzemolo tritato, un pezzetto di cipolla, 1 spicchio d'aglio, 30gr. di burro 20gr. di olio, 7oog di acqua sale e pepe.

Procedimento: Mettere nel boccale l'acquae una presa di sale grosso 6' 1oo° Vel.1. Pelate lavate e tagliate a pezzi le patate. Raschiate le carote, tagliatele a bastoncini e mettete il tutto nel varoma. Quando l'acqua bolle inserite il cestello con i piselli e posizionate il *varoma* 25' temp *varoma* Vel.3-4. Durante la cottura salate la verdura nel varoma. Terminata la cottura tenete le verdure coperte; svuotate il boccale, inserite la cipolla l'aglio l'olio e il burro3' 100° Vel.4. Aggiungete i funghi i pomodori strizzati dai semi e tagliati a pezzi saleepepe 8' 100° vel1. Aggiungete il prezzemolo e i piselli, mescolate con la spatola e cuocete 3' 100° Vel.1. Terminata la cottura travasate le verdure cotte a vapore nel boccale e mescolate con la spatola, aggiustate di sale, coprite, lasciate insaporire il tutto qualche minuto a Bimby spento prima di servire. Non l'ho ancora sperimentata, ma sembra così invitante, ed è anche leggera.

14.1.1.45 Tortino Di Cipolle (Mia Adattata)

Ingredienti x 4: 4 uova, 500gr. di cipolle, 200gr. di pane raffermo, 60gr. di burro, 3 cucchiai di parmigiano, 40gr. d'olio, latte, noce moscata, pancetta a dadini e affettati misti a piacere.

Procedimento Fate ammorbidire il pane nel latte. Tritate tutti i salumi che avete a disposizione e metteteli da prate. Mettete nel boccale le uova, il formaggio, la noce moscata, sale e pepe: 10 sec Vel.5. Mettete da prate. Affettate le cipolle e stufatele con 40gr. d'olio e poco sale per 10min. 100° Vel.1. Mescolate le cipolle, il pane strizzato, 40gr. di burro fuso freddo, la pancetta, i salumi tritati e il composto di uova: 30 sec Vel.2-3. Ungete una pirofila tonda col restante burro e versate il composto. Cuocete in forno caldo a 190° per 30 minuti, fino a quando si sarà formata una crosticina dorata.

14.1.1.46 Cipolline In Agrodolce (Pina)

Ingredienti: inserisci nel boccale 50 gr d'olio, 1 spicchio d'aglio e un chiodo di garofano: 3' 100° Vel.¾. Posiziona la farfalla, 500gr. Di cipolline, sale e pepe q.b., 50gr.di aceto e 20 gr.di zucchero. Cuoci 20' 100° vel.1.

14.1.1.47 Lenticchie Con Cipolla Rossa (Puglia) (Nella)

Corso di cucina di Cecilia Vacca. Mettere 300gr. di lenticchie per 2 ore a bagno, sgocciolare e mettere nel boccale con 1200gr. di acqua: 30' 100° vel.1. A metà tempo diminuire la temperatura a 80°. Aggiungere sale q.b. Nel frattempo pulire 2 cipolle rosse di Tropea, affettarle e metterle in una coppa con acqua per 20°. A cottura ultimata, sistemare le lenticchie in una coppa, condirle con ottimo e saporito olio d'oliva e coprirle con le cipolle sgocciolate e pangrattato

14.1.1.48 Verza All'indonesiana (Riviste 2000)

Ingredienti: 400gr. di lonza di maiale, un cavolo verza, uno spicchio d'aglio, pepe, sale, 2 uova, una cipolla, 100gr. d'olio.

Procedimento Sfogliate la verza, lavatela e tagliatela a listarelle e portatela a mezza cottura in una pentola con acqua salata. Scolatela e ponetela in una terrina. Tagliate la carne a cubetti e tenetela da prate. Inserite cipolla, olio e aglio nel boccale: 3min. 100° Vel.4, mettete la farfalla, unite la carne, salate, pepate: 10min. 100°vel 1. Aggiungete la verza, un misurino d'acqua: 20min. 100° Vel.1. In una terrina sbattete le uova quel tanto che basta per unire i tuorli agli albumi. A fine cottura versate il contenuto nella terrina di portata amalgamando tutto velocemente.

14.1.1.49   Crudità Di Carote Al Tonno (Rosanna To)

Ingredienti: 600gr. di carote, 100gr. di tonno, succo di ½ limone, 1 uovo, 1 cucchiaio di senape, 1 pizzico di sale e pepe.

Procedimento: inserire tonno, senape, uovo, sale, pepe, succo di limone e 1 mis. d'olio nel boccale. Introdurre il cestello e chiudere con il coperchio. Frullare a Vel.5 per 20 sec. Versare a filo dal foro del coperchio con il mis. inserito altri 2 mis d'olio aumentando la Vel.a 8 per 30 sec. Versare in una salsiera e tenere da parte. Raschiare le carote, lavarle e tagliarle a pezzi di 5/6 cm. Metterle nel boccale (non c'è bisogno di lavarlo) tritare a Vel.3 per 10-15 sec. Presentare le carote in un piatto con la salsa al centro.

14.1.1.50   Tortino All'uovo, Patate E Funghi (Schede 2000)

Ingredienti: X 4: 5 uova, 150gr. di patate a dadini, 200gr. di champignon puliti e affettati, uno spicchio d'aglio, 2 ciuffetti di prezzemolo, 1\2 misurino di latte, 1\2 misurino d'olio, un cucchiaio di farina, un misurino di parmigiano, sale.

Procedimento Friggete i dadini di patate in una padella, fateli asciugar esu un foglio di carta assorbente con un trito di rosmarino, aglio e sale. Mettete da prate. Buttate dall'alto nel boccale il prezzemolo: 5 sec Vel.7, poi mettete da prate. Senza lavare il boccale inserite a Vel.7 l'aglio, fermate e aggiungete l'olio: 3min. 100° Vel.3. Trifolate i funghi come da ricettario base e versate la preparazione in un colino e lasciate intiepidire. Mettete ora nel boccale le uova, la farina, il parmigiano, sale e mescolate: 30 sec Vel.5. Aggiungete le patate e i funghi trifolati, mescolate delicatamente con la spatola e versate il composto nel vassoio del *varoma* foderato di carta forno. Potete aggiungere anche patate e carote a fettine. Salate e pepate nel varoma. Intanto nel boccale potete preparare il brodo o semplicemente mettere 1 lt d'acqua: 30min. *varoma* Vel.2. Questo tortino si può servire come antipasto freddo tagliato a losanghe o caldo, come secondo piatto, a pezzettoni.

14.1.1.51   Patate Strascicate (Rivista 2000)

Ingredienti: 500gr. di patate, 500gr. di cipolle, 2 spicchi d'aglio, un pezzo di peperoncino, 60gr. d'olio, sale, pepe.

Procedimento Pelate e tagliate a tocchetti le patate. Passatele sotto l'acqua corrente e mettetele nel cestello. Inserite il cestello nel boccale dopo aver messo un litro d'acqua e un pizzico di sale: 15min. 100° Vel.1. Nel boccale pulito tritate le cipolle: Vel.4-6 con lame in movimento. Inserite la farfalla. Unite l'olio, l'aglio e le patate insaporite con una presa di sale e una spolverata di pepe macinato al momento. Aggiungete il peperoncino e cuocete 10min. 100° Vel.1. Versate in un piatto da portata preriscaldato e servite.

14.1.1.52   Asparagi Con Zabaione Salato (Riviste 2000)

Ingredienti: 500gr. di asparagi freschi, 4 tuorli, sale, un bicchiere di vino bianco secco, 40gr. di burro.

Procedimento Spezzettate ogni asparago con le due mani tenendolo per le estremità, il punto in cui si rompe naturalmente divide la prate tenera da quella fibrosa. Dopo averli lavati disponeteli nel varoma. Nel boccale mettete un lt d'acqua e sale, meglio ancora sarebbe preparare nel boccale il dado vegetale contemporaneamente alla cottura degli asparagi. Nell'una o nell'altra maniera cuocete 30min. *varoma* Vel.2. Terminata la cottura togliete il *varoma* e lasciatelo chiuso. Terminate di preparare il dado vegetale. Liberate il boccale, sciacquatelo e preparate uno zabaione con tuorli, burro, vino e sale: 5min. 70° Vel.4. Disponete gli asparagi su un piatto da portata e serviteli con lo zabaione salato.

14.1.1.53 Piccolo Flan Di Verza Con Fonduta (Riviste 2000)

Ingredienti: il flan: 400gr. di cavolo verza, una cipolla, 1\2 di panna, 30gr. di burro, 3 uova, basilico, alloro, prezzemolo. **Per la fonduta**: 100gr. di fontina, 20gr. di maizena, 2 misurini di latte, pepe bianco.

Procedimento Pulite la verza, eliminate le foglie esterne più dure e il torsolo, lavatela e sgocciolatela. Nel boccale inserite burro e cipolla: 3min. 100° Vel.4, le foglie della verza e tritatele 10 sec Vel.5 spatolando. Insaporitela con sale, pepe e una foglia d'alloro. Fate stufare le verze 20min. 100° Vel.1 aggiungendo, se necessario, poco brodo, poi fate raffreddare. Togliete ora l'alloro e frullate le verze con qualche foglia di basilico e una manciata di prezzemolo, la panna e le uova: 10 sec Vel.5. Imburrate delle formine da timballo, riempitele con l'impasto e cuocetele a bagnomaria in forno a 170° per un'ora. Servite in piattini individuali cospargendo con la fonduta. Per la fonduta: inserite nel boccale la fontina: 4 sec Vel.5, unite il latte, la maizena e il pepe bianco: 4min. 80° Vel.4.

14.1.1.54 Sformato Di Fagiolini E Patate (Riviste 2000)

Ingredienti: 600gr. di patate gialle, 500gr. di fagiolini teneri, 100gr. di prosciutto cotto, 100gr. di Asiago, 2 uova, 2 scalogni (o uno spicchio d'aglio e una cipollina), 40gr. di burro, 20gr. d'olio, maggiorana, 3 cucchiai di pangrattato, un lt d'acqua, sale, pepe.

Procedimento Inserite nel boccale la farfalla: mettete l'acqua e mezzo cucchiaino di sale grosso: 8min. a *varoma* Vel.1. Mondate i fagiolini e lavateli. Sbucciate le patate e tagliatele a fette alte. Quando l'acqua bolle aggiungete i fagiolini nel boccale. Nel *varoma* mettete le patate, insapoirite con sale e magigorana: 20min. *varoma* Vel.1. Terminata la cottura scolate i fagiolini e tenete le patate nel varoma. Inserite nel boccale lo scalogno con lame in movimento a Vel.5. Spegnete e aggiungete 20gr. di burro e 20gr. d'olio: 7min. 90° Vel.1. Aggiungete i fagiolini, meno una piccola prate che servirà per guarnire, e rosolate per 2min. 90° Vel.1. Unite le uova e mescolate con la spatola. Imburrate uno stampo a ciambella di 22 cm di diametro e spolverizzatelo con pangrattato. Adagiate sul fondo dello stampo metà delle fette di patate. Aggiungete il composto di fagiolini, l'asiago a fette e coprite tutto col prosciutto. Mettete le altre patate, spolverizzate con parmigiano e riccioli di burro. Infornate a 200° per 20\25 minuti e dorate qualche minuto sotto il grill. Lasciate riposare qualche minuto, sformate tenendo la prate con le patate in superficie. Inserite i cornetti al centro e servite.

14.1.1.55 Verdure Al Varoma (Miriam)

Ingredienti: Le faccio così. Taglio a dadini due patate due carote due zucchine e le cipolle a pezzi grossi. Riempio a metà il boccale di acqua (o di minestrone) e metto sopra il *varoma* con dentro disposte tutte le verdure (Sopra quelle che cuociono più in fretta) Dopo una ventina di minuti a Vel.1 temperatura *varoma* controllo le cotture. Quando sono cotte passo le verdure in un contenitore, asciugo molto bene il boccale e inserisco un mazzetto di prezzemolo (solo foglie) 3-4 foglie di salvia, 4 grissini rubatà o un panino secco tagliato a pezzetti per 30 sec a Vel.turbo. Il composto ottenuto lo verso sulle verdure e finisco con un filo d'olio.

14.1.1.56 Patate Salmonate (Rivista 2000)

Ingredienti: 400gr. di salmone affettato sottilmente (come per carpaccio), 4 patate medie, 2 rametti di maggiorana, un'acciuga, timo e basilico, mezzo spicchio d'aglio, prezzemolo tritato, un pizzico di peperoncino, sale, 50gr. d'olio.

Procedimento Sbucciate e lavate le patate, affettatele sottilmente e mettetele man mano in acqua fredda. Inserite nel boccale 700gr. d'acqua salata, sistemate le patate nel *varoma* e cuocete 10 minuti a temp varoma. Sistematele in un piatto da portata e conditele con olio e sale, adagiatevi poi sopra le fette di salmone. Nel boccale inserite le erbe aromatiche lavate e asciugate, l'acciuga, l'olio, il succo di un limone, l'aglio, il peperoncino, sale: 20 sec da Vel.3 a 9. Versate questa emulsione sulle patate e salmone decorate con fettine di limone e qualche fogliolina di prezzemolo. Fate riposare in frigo e toglietele 10 minuti prima di servire.

14.1.1.57   Patate Povere (Da Un Sito Spagnolo)

Ingredienti: una cipolla, 800gr. di patate, 100gr. d'olio
Procedimento Scaldare l'olio: 3min. 100° Vel.1, aggiungere la cipolla: 5 sec Vel.4 e cuocere 5min. 100° Vel.1. Posizionare la farfalla e aggiungere dall'alto, senza fermare l'apparecchio, le patate affettate: 20min. 100° Vel.1.

14.1.1.58   Peperonata (Ilaria)

Ingredienti: Soffriggo una cipolla o uno scalogno con un po' di olio e poca acqua per 3min. Vel.4 temp. 100°. Aggiungo 500gr. di passata di pomodoro, 3 peperoni a listarelle, 1 dado vegetale e 2 bicchieri d'acqua. Cuocio per 20min. a Vel.1 temp. 90° misurino inclinato e poi altri 5/6min. a temp. *Varoma* senza misurino. Se è ancora liquida cuoci fino a 10min. Volendo aggiungi delle patate a dadini.

14.1.1.59   Cavolini Alla Luxembourg (Annamaria Cs)

Ingredienti.1/2 Kg.cavolini di Bruxelles - 200 g. pomodori pelati - 60 g.burro - 100 g.prosciutto cotto - 1/4 latte 50 g. parmigiano - 30 g. farina - pangrattato - limone - noce moscata - sale e pepe.
Procedimento Pulire i cavolini privandoli dalle foglie esterne e immergerli in acqua acidulata con succo di limone e lessarli 15 m.vel.1 temp.100.Preparare una besciamella seguendo il libro base ma dimezzando le dosi.ungere una pirofila e adagiarvi i cavolini coprirli con le fette di prosciutto e coprire il tutto con la besciamella. Schiacciare con una forchetta i pomodori pelati e salarli leggermente. Distribuire la salsa sulla besciamella, spelverizzare di parmigiano e pangrattato, completare con fiocchetti di burro e infornare per gratinare.Io li faccio spesso e li facevo anche prima senza bimby.

14.1.1.60   Zucchine Ripiene

Ingredienti: per 6 persone. Tagliare 800gr. di zucchine a pezzi di 7 cm poi a metà nel senso della lunghezza e scavare un po'conservando la polpa tolta. Scottare le barchette ottenute in acqua salata per 2'. Inserire nel boccale 1/2 mis di olio+1ci pollina: 3'100°vel.3. Unire la polpa delle zucchine: 5'100°vel.3. Dal foro a vel.4 inserire un ciuffo di prezzemolo, 1 spicchio di aglio, 50g di prosciutto cotto, 1/2 mis di parmigiano grattugiato 1 cucchiaio di pangrattato e 1 uovo. Lavorare spatolando 5" vel.4. Unire 150g di carne trita, sale e pepe: 5"vel.6 spatolando. Riempire le zucchine con il ripieno, disporle in una pirofila unta e cuocerle in forno caldo a 180° per 30' circa. **NOTA** con lo stesso ripieno si possono riempire peperoni o melanzane.

14.1.1.61   Caponata Di Carciofi E Patate Al Varoma (Esecuzione Di Anna Maria Tenzone)

Ingredienti: 500gr. di cuori di carciofo, 400gr. di polpa pronta di pomodoro, 1 cipolla, 1 cuore di sedano, 100gr. di olive nere, 30gr. di capperi, 30gr. di pinoli, 1\2 mis. Di olio, 1\2 mis. Di aceto, 500gr. di patate pasta gialla, sale, pepe e zucchero q. b.
Esecuzione: Inserire nel boccale cipolla e sedano e tritare per 10 sec. a Vel.3-4. Aggiungere le olive, i capperi e l'olio: 3min. 100° Vel.1. Inserire la farfalla e aggiungere i carciofi tagliati a spicchi ed i pomodori. Aggiungere l'aceto, il sale, zucchero e pepe e cuocere per 20min. *VAROMA* Vel.1. Disporre sul boccale il *varoma* con le patate tagliate a fettine sottili. Presentate la caponatina di carciofi guarnita con i pinoli ed il prezzemolo, adagiata sulle patate cotte a varoma.

14.1.1.62 Caponata Siciliana (Da Adattare)

Ingredienti: 4 melanzane Tunisine (per intenderci quelle ovali nere) 200 gr di olive verdi, 50 gr di capperi di Pantelleria (quelli salati), 2 grossi gambi di sedano, 1 mestolo di salsa di pomodoro, 2 grosse cipolle tagliate a fette sottili, 1 bicchiere di aceto, 1 cucchiaio di zucchero, qualche foglia di basilico, olio **Procedimento:** Tagliata a dadetti le melanzane e mettetele in una ciotola con acqua salata per 2 ore circa. Pulite il sedano e sbollentatelo in acqua salata per 5min. Mettete in una ciotola i capperi con acqua calda per togliere il sale e scolateli dopo qualche minuto. In una grossa padella mettete la cipolla con un po' d'olio, assieme ai capperi ed alle olive tagliate a pezzetti. Aggiungete la salsa se l'avete pronta, oppure pelate quattro pomodori maturi, privateli dei semi e tagliateli a pezzetti. Mescolate con una paletta di legno e spegnete il fuoco quando si sarà formata una salsetta densa. In un'altra padella fate friggere le melanzane strizzate accuratamente. Nello stesso olio fate friggere i gambi di sedano tagliati a tocchetti. Mettete le melanzane ed i sedani fritti nella padella con la salsa, mescolate bene e fate amalgamare i sapori per 5 minuti sul fuoco basso. Cospargere con lo zucchero, versare l'aceto e dopo qualche minuto spegnete il fuoco e coprire con il coperchio. La caponata è più buona fredda, servita in una ciotola di terracotta e guarnita con foglie di basilico.

14.1.1.63 Crocchette Di Patate (Chiara Lo)

Ingredienti: ho cotto le patate nel microonde, le ho messe nel bimby con 1 cucchiaio di parmigiano grattuggiato, poco sale 1 uovo e 1 cucchiaio di pan grattato. Ho frullato (vel 3 o 4, a occhio) risulta un po' colloso. Quando sono fredde o tiepide fai delle palline o cilindretti come preferisci e passale nel pan grattato e friggi in olio.

14.1.1.64 Pure' Ai Tre Ortaggi (Patrizia)

Ingredienti: un sedano rapa, 2 finocchi, una patata, 2 cucchiai di parmigiano, 30g di burro, 3dl di latte, noce moscata, sale, pepe.
Procedimento: Pelare il sedano rapa e la patata, pulire i finocchi, lavare e tagliare il tutto a pezzetti. Mettere nel boccale il burro, un pò di sale, noce moscata, 2 min.100° vel.1. Unire gli ortaggi, il latte tiepido, 20min. 100° vel.1. Attendere qualche minuto, portare lentamente a Vel.4 30sec. Trasferire il purè sul piatto da portata, cospargerlo con le barbe dei finocchi tritate, il parmigiano e il pepe.

14.1.1.65 Carote All'aceto Balsamico (Allen)

Ingredienti: 250gr. di carote a tocchetti 1 cucchiaio di aceto balsamico 1 cucchiaio di buon olio d'oliva 4 rametti di prezzemolo sale e pepe
Procedimento: Mettere tutti gli ingredienti assieme e spatolando per tenere le carote sulle lame portare gradualmente la velocità a 4 per 30". Servire

14.1.1.66 Caponata Di Carciofi (Gina)

Ingredienti: 1 cipollina, 1 cuore di sedano, 30 gr di capperi, 30 gr di pinoli, 100 gr di olive verdi, 500 gr di carciofi puliti e tagliati a fettine, 400 gr di pomodori pelati, ½ mis di aceto, 2 cucch di zucchero, sale **Procedimento:** Inserire nel boccale la cipollina e il cuore di sedano: 5 sec Vel.4. Fare il soffritto con 50 gr di olio 3min. 100° Vel.1. Posizionare la farfalla, aggiungere i pinoli, le olive, i capperi, i carciofi e i pelati: 20min. *Varoma* Vel.1. Alla fine della cottura regolare il sale, poi unire l'aceto, lo zucchero e far sfumare per 2min. *Varoma* Vel.1

14.1.1.67 Pure' Di Carote

Ingredienti: 600 g. carote, 2 cucchiai di panna da cucina, 450 g. acqua, sale, pepe noce moscata a piacere, un trito di prezzemolo o cerfoglio

Procedimento: Adattata da 'la mia cucina con bimby' mod. 3300. Inserire nel boccale le carote a pezzi e tritarle grossolanamente con qualche colpo tasto turbo. Trasferirle nel cestello, mettere nel boccale l'acqua con il sale, e cuocere per 25min. 100° Vel.4. Al termine della cottura, dopo aver verificato che le carote siano ben cotte, buttare via l'acqua inserire la farfalla e mettere le carote nel boccale aggiungere panna sale pepe e montare per 25 sec. Vel.2/3. servire cosparso di prezzemolo tritato o cerfoglio.

14.1.1.68   Sformatini Di Melanzana (Voi Noi Bimby...)

Ingredienti 700gr. di melanzane, 350gr. di pelati, 50gr. di cipolla, 40gr. di parmigiano, 30gr. di latte, 50gr. di olio di oliva, 50gr. di burro, qualche foglia di basilico, sale e pepe q.b., 3 fette di pancarrè, 2 uova, 1 pizzico di origano.

Preparazione Sbucciate le melanzane, tagliate 6 fette rotonde e le rimanenti a dadini. Mettetele tutte in un colapasta, salatele e lasciate che scolino. Bagnate il pancarrè nel latte, fate soffriggere nel boccale la cipolla con 30gr. di olio: 3min. 100° vel.1. Lavate sotto l'acqua corrente le melanzane a dadini, strizzatele, aggiungetele al soffritto e insaporite: 4min. 100° Vel.1. Unite sale, pepe, origano e il pancarrè ben strizzato. Frullate tutto: 20 sec., Vel.5-6. Aggiungete le uova, il parmigiano e amalgamate: 20 sec., Vel.3. Mettete da parte. In una padella antiaderente friggete con il rimanente olio le melanzane a fette e sgocciolatele su carta assorbente; imburrate e riempite con il composto preparato 6 stampini da sformato (o stampini per crème caramel), quindi coprite il fondo di ogni stampino con una delle fette di melanzana. Sistemate gli stampi nel Varoma, versate nel boccale 500gr. di acqua con un pizzico di sale, posizionate il *Varoma* e cuocete: 30min. temp. *Varoma* Vel.1. Mettete da parte gli sformatini. A boccale pulito, preparate la salsa di pomodori; sciogliete il burro: 3min. 90° Vel.1, unite la dadolata di pomodoro, sale, pepe e lasciate cuocere: 10min. 100° Vel.1. Sformate dagli stampi gli sformatini adagiandoli su un piatto da portata, contornate con la salsa preparata e decorate con foglie di basilico

14.1.1.69   Carote Alla Panna (Voi Noi Bimby...)

Ingredienti 500gr. di carote, 60gr. di burro, 1 confezione piccola di panna, 1 pizzico di cannella in polvere, prezzemolo tritato, sale q.b.

Preparazione Raschiate e lavate bene le carote. Inserite nel boccale 400gr. di acqua e 1 pizzico di sale. Adagiate le carote nel *Varoma* e cuocete 20min. temp. *Varoma* Vel.3. A cottura ultimata tagliate le carote a rondelle non troppo sottili. Nel boccale vuoto inserite il burro: 3min. 100° Vel.1. Inserite la farfalla sulle lame, aggiungete la panna, le carote e il sale: 5min. 100° Vel.1. A fine cottura adagiate le carote in una pirofila, aromatizzate con una spolverata di cannella e cospargete con una manciata di prezzemolo finemente tritato.

14.1.1.70   Crema Di Carote

Ingredienti: 500gr. di carote, 1 cipolla, 2 spicchi d'aglio, olio, prezzemolo tritato, 1 mis. di acqua, sale q.b.

Procedimento: Pulite e tagliate a rondelle le carote. Inserite nel boccale aglio e cipolla affettati e l'olio e fate soffriggere 3min. 100° Vel.1. Aggiungete le carote e continuate la cottura 5min. 100° Vel.1. Unite l'acqua e cuocete ancora 15min. 100° Vel.1. Infine omogeneizzate il tutto a Vel.Turbo per 20 sec. Aggiungete il prezzemolo tritato e aggiustate di sale. La crema di carote è ottima come contorno

14.1.1.71   Carciofi Ripieni A Varoma (Voi Noi Bimby...)

Dose per 4 persone: 6-7 carciofi, 40gr. di parmigiano, 30gr. di pecorino, 1 uovo, 1 spicchio di aglio, 50gr. di olio, 1 mazzolino di prezzemolo, 500gr. di acqua, 1 limone, sale e pepe q.b. .

Preparazione Pulite bene i carciofi, tenendo solo la parte più tenera; tagliatene una parte di punta e praticate un taglio a croce sul fondo. Metteteli a bagno in acqua acidula (con l'aggiunta di limone) per circa 30min. Nel boccale grattugiate i formaggi: 30 sec. Vel.Turbo e tenete da parte. Grattugiate il prezzemolo e l'aglio: 10 sec. Vel.5 con lame in movimento, poi unitelo ai formaggi. Amalgamate l'uovo, il prezzemolo e i formaggi nel boccale: 20 sec. Vel.3-4. Riempite i carciofi con questo composto, aprendoli bene per facilitare l'inserimento del ripieno. Adagiateli nel *Varoma* e irrorateli con metà dell'olio. Nel boccale versate l'acqua, il sale e una fetta di limone; posizionate il *Varoma* e cuocete: 40min. circa, temp. Varoma, Vel.1. Condite i carciofi con il rimanente olio di oliva e serviteli caldi.

14.1.1.72 Finocchi Al Gratin

Dose per 4 persone: 3 finocchi (1 kg. circa), 100gr. di prosciutto cotto, 150gr. di fontina, 3 uova, 150gr. di panna fresca, 30gr. di burro, 30gr. di olio di oliva, 1 scalogno, noce moscata, sale, 800gr. di acqua

Preparazione Mondate i finocchi, tagliateli a spicchi piuttosto alti, lavateli accuratamente e sistemateli nel Varoma. Mettete nel boccale 800gr. di acqua: 7min. temp. *Varoma* Vel.1. Posizionate il *Varoma* sul coperchio, salate e cuocete 20min. temp. *Varoma* Vel.1-2. Terminata la cottura imburrate una pirofila e sistematevi i finocchi. Svuotate il boccale e fate un soffritto con lo scalogno e l'olio: 3min. 100° Vel.4. Insaporite i finocchi con il soffritto. Inserite nel boccale il prosciutto e la fontina: due colpi di Turbo. Aggiungete la panna, le uova, il sale e la noce moscata: 5 sec. Vel.3. Versate il composto sui finocchi e gratinate in forno caldo a 200° per una decina di minuti.

14.1.1.73 Purè Di Patate Con Carote Gratinate

Ingredienti 500gr. di patate, 450gr. di carote, 40gr. di grana grattugiato, 50gr. di burro, 1 uovo, 2 cucchiai di panna acida, 1/2 cucchiaino di senape in polvere, sale e pepe q.b

Preparazione Pelate le patate, lavatele e tagliatele in 4 spicchi ciascuna. Spuntate e pelate le carote, lavatele e tagliatele a pezzi. Inserite nel boccale 400gr. di acqua e 1 pizzico di sale. Disponete patate e carote nel *Varoma* e cuocete: 25min. temp. *Varoma* Vel.3. A fine cottura buttate l'acqua e inserite nel boccale la metà del burro, la panna acida e la senape e mescolate 3 sec. Vel.4. Aggiungete le carote, le patate e l'uovo e fate amalgamare il tutto 2min. Vel.4. Travasate il tutto in una pirofila leggermente imburrata, cospargete con il grana grattugiato e il burro rimasto e fate gratinare a grill oppure in forno caldo per qualche minuto fino a doratura. Servite caldo

14.1.1.74 Patate Salmonate

Ingredienti 400gr. di salmone (tagliato sottilissimo per carpaccio), 4 patate medie, 2 rametti di maggiorana, 1 acciuga, timo e basilico, mezzo spicchio di aglio, prezzemolo tritato, 1 pizzico di peperoncino piccante, sale q.b., 50gr. di olio di oliva extravergine, succo di 1 limone.

Preparazione Sbucciate e lavate le patate, tagliatele a fette sottilissime, mentre le tagliate mettetele direttamente in acqua fredda per evitare che anneriscano. Inserite nel boccale 700gr. di acqua con un pizzico di slae, mettete le patate nel cestello e cuocere per 10min. 100°. Sistematele in un piatto di portata e conditele con olio e sale e adagiatevi sopra le fette di salmone. Nel boccale inserite le erbe aromatiche, lavate e asciugate, l'acciuga, l'olio, il succo di limone, l'aglio, il peperoncino e sale: 20 sec. da Vel.3 a 9. Versate questa emulsione sulle patate e salmone, decorate con fettine di limone e qualche foglia di przzemolo. Fate riposare in frigorifero e toglietele 10 minuti prima di servire in tavola.

14.1.1.75 Palline Di Broccoli Gratinate

Ingredienti 800gr. di broccoletti, 1/2 mis. di olio di oliva, 1 spicchio d'aglio, 1 uovo intero, 20gr. di parmigiano grattugiato, sale e pepe q.b.. Per la besciamella: 500gr. di latte, 50gr. di farina, 30gr. di burro, 1/2 cucchiaino di sale, 1 pizzico di noce moscata.

Preparazione Mondate elavate i broccoletti; inserite nel boccale 1 litro di acqua e sale. Portate ad ebollizione: 8min. 100° Vel.1. Inserite i broccoletti e fateli lessare 15min. 100° Vel.1. Scolateli bene. Inserite nel boccale l'olio e l'aglio e fate soffriggere 3min. 100° Vel.1. Aggiungete i broccoletti, salate e paepate e cuocete 10min. 100° Vel.1. Sbattete leggermente l'uovo con il parmigiano ed inseritelo nel boccale: mescolate 10 sec. Vel.6. Raccogliete il composto con il mestolino e formate tante palline che disporrete su un piatto da forno. Preparate la besciamella inserendo tutti gli ingredienti nel boccale: 7min. 90° Vel.4. Versate la besciamella sulle palline e gratinatele in forno già caldo a 200° per almeno 25 minuti.

14.1.1.76 Insalata Saporita Di Finocchi E Champignons

Ingredienti: per 4 persone: 2 finocchi (600gr. circa), 300gr. di champignons, 1 limone, 1 cucchiaino di senape dolce, salsa Worcester, 3 cucchiai di olio, 2 cucchiai di brandy, sale e pepe.

Procedimento: Pulite i funghi e lasciateli a bagno con acqua e il succo di 1/2 limone. Mondate i finocchi, tagliateli a rondelle partendo dalla base e lavateli. Immergeteli poi in una ciotola con acqua e l'altra metà del limone. Mettete nel boccale 700gr. di acqua: 7min. temp. *Varoma* Vel.2. Aggiungete i finocchi scolati nel *Varoma* e posizionatelo sul coperchio; salate leggermente e cuocete per 10min. temp. *Varoma* Vel.2. Tagliate i funghi a fettine sottili e metteteli nel vassoio; sistemate il vassoio nel *Varoma* e cuocete il tutto per circa 7min. temp. *Varoma* Vel.2. Terminata la cottura travasate le verdure su un piatto da portata, sistemando al centro i funghi e tutt'intorno i finocchi. Svuotate il boccale. Mettete l'olio, il brandy, un pizzico di sale, la senape e una spruzzata di Worcester: Vel.3 per 5 sec. Condite le verdure con la salsa e servite a piacere con ua macinata di pepe. NOTA: Questa insalata è ottima anche servita fredda con spicchi di uova sode o come contorno al carpaccio

14.1.1.77 Funghi Ripieni

ingredienti. 500gr. di champignon grandi 1 uovo 1 fetta di pane raffermo o una rosetta 40gr. di parmigiano 10gr. di funghi porcini secchi 1 spicchio di aglio qualche foglia di basilici un cucchiaio di prezzemolo tritato 50 gr di olio di oliva sale e pepe q.b.

Preparazione Pulire i funghi e scavare le cappelle conservando i gambi. Nel boccale ben asciutto preparare il gratin, con pane, parmigiano, funghi secchi, basilico, aglio, prezzemolo, gambi dei funghi, 20gr. d'olio, sale e pepe: 40 sec. vel.6/7. Aggiungere l'uovo: 15 sec. Vel.3/4. e amalgamare bene. Riempire con questo composto le cappelle e sistemarle nel varoma. Cuocere 20min. a *varoma* Vel.1. (questa riceta è stata fatta ponendo il *varoma* sull'arrosto al marsala, posizionandolo ovviamente dopo 20 minuti dall'inizio della cottura della carne)

14.1.1.78 Patate Novelle Al Pecorino

ingredienti X 6: 24 patate novelle piccole, anche surgelate, 100gr. di pecorino sardo grattugiato, 10 olive nere di Gaeta snocciolate, 2 cucchiai di capperi, un cucchiaio di foglie di timo fresche, due cucchiaini di origano secco, 10 foglie di basilico, un cipollotto (facoltativo), succo di 1\2 limone, 80gr. d'olio, pepe nero macinato fresco.

Procedimento: Lavare le patate, se fresche, e metterle nel varoma. Inserire nel boccale capperi, olive, basilico e timo: 10 sec Vel.4. Aggiungere succo di limone, origano, olio e pepe: 10 sec Vel.5 e mettere da prate. Senza lavare il boccale mettere un litro d'acqua e portare ad ebollizione: 10min. 100° Vel.1. Quando l'acqua bolle posizionare il varoma: 25min. *varoma* Vel.1. A cottura ultimata tagliare in 4 le patate e sistemarle in un piatto da portata, ricoprirle col pecorino, condirle con la salsina preparata, pepe macinato fresco e servire con i filetti di merluzzo, o altro pesce, cotti contemporaneamente nel vassoio del Varoma.

14.1.1.79 Cipolle Al Ripieno Di Zucchine (Calen 2003)

Ingredienti: 10 cipolle bianche, 4 zucchine medie, 100 gr di prosciutto crudo in una sola fetta, 50 gr di parmigiano gratt, 1 uovo, 1 mazzolino di prezzemolo, 1 di maggiorana, 1 cucchiaio di pane gratt.

Procedimento: pulire e lavare le cipolle, metterle nel Varoma. Inserire nel boccale 1 litro di acqua e sale: 8' 100° vel1. Posizionare il *Varoma* con le cipolle e cuocere 10' temp. *Varoma* vel1. Lasciar raffreddare le cipolle. Pulire il boccale e inserire le zucchine, tritare: 20" Vel.5 e 20" Vel.3. Togliere il composto ottenuto e strizzarlo con un canovaccio per togliere l'acqua. Rimatterlo nel boccale e aggiungere il formaggio, il pane e le erbe aromatiche: 30" Vel.5-7. Unire il prosciutto tagliato a dadini piccoli e l'uovo, amalgamare: 10" Vel.3. Sfogliare delicatamente le cipolle (oppure tagliate a metà) togliere il ciore e riepirlo con il composto. Metterle in una pirofila o teglia, oliata e cuocere in forno caldo a 180-200° per circa 15-20min. Servire le cipolle ripiene sia calde che fredde, irrorate con olio extrav e una spolverata di parmigiano.

14.1.1.80 Tortino Di Patate (Sara)

Ingredienti: 500g patate - latte p.s. quanto basta - burro 50g - 50g parmigiano/grana - 2 tuorli d'uovo. una presa di noce moscata – sale

Procedimento: Nel boccale mettere acqua fino a copertura del gruppo coltelli 7min. 100° Vel.1. Mondare le patate e tagliarle a rondelle, metterle nel Varoma. Quando l'acqua bolle, posizionare il *Varoma* 20 min.temperatura *Varoma* Vel.2. Togliere l'acqua, inserire il burro 1min. 50° Vel.1. Aggiungere le patate 3 min.100° Vel.3. Aggiungere ½ mis. di latte, i due tuorli d'uovo, il parmigiano e la noce moscata proseguire la lavorazione ancora per 2 minuti. Quando è tutto amalgamato versarlo in una teglia foderata di carta da forno bagnata e strizzata oppure unta di burro e spolverata di pangrattato. Livellare bene il composto e infornare a grill finchè sopra non scurisce. Va servito caldo servendosi di un cucchiaio.

14.1.1.81 Cestini Di Ceci E Cicoria (Calen 2003)

Ingredienti: 2 cespi di cicoria (catalogna), 300 gr di ceci sgocciolati, 2-3 cucchiai del loro liquido, 1 spicchio d'aglio, prezzemolo q.b., 50 gr di parmigiano, 3 acciughe, 20 gr di olio extravergine d'oliva, per il soffritto, 20 gr di olio extrav d'oliva, 1 pezzetto di peperoncino, 9 pomodorini ciliegia

Procedimento: pulire la cicoria, spuntarla nel gambo e lavarla. inserire nel boccale il parmigiano e il prezzemolo: 20 " da Vel.3 a turbo. aggiungere i ceci, l'olio, il liquido di governo e il sale: Vel.3-8 spatolando e mettere da parte. Senza lavare il boccale inserire l'olio, le acciughe, l'aglio e il peperoncino: 2' a 100° Vel.3. Aggiungere 100 gr di acqua e posizionare il *varoma* con la cicoria adagiata senza romperla e cuocere 15' a *Varoma* vel2. Formare dei cestini usando 4 foglie di cicoria (si otterranno 9 cestini) e sistemare nel centro la purea di ceci e decorare con i pomodorini. Oliare una pirofila e sistemarvi i cestini di cicoria. irrorare con il sughetto, spolverizare a piacere il parmigiano, pane grattuggiato e gratinare in forno per pochi minuti.

14.1.1.82 Tortino Di Carote

Ingredienti 400 g. carote, 400 g. zucchine, 150 g. formaggio (emmenthal o fontina), 12 fettine pancetta tesa, 2 uova, 4 cucchiai parmigiano, scalogno, 30 g. burro, noce moscata, 50 g. latte, sale, pepe

preparazione inserire le carote a pezzi nel cestello e le zucchine sempre e pezzi nel varoma, mettere acqua nel boccale a coprire le lame. sistemare il cestello nel boccale chiuderlo e mettervi sopra il *varoma* cuocere per 15min. Vel.4 temp. varoma. Togliere il tutto e mettere nel boccale 30 g. di burro e le verdure farle stufare 5min. 90° vel.1 quindi unire il parmigiano, le uova, sale pepe e noce moscata, mescolare qualche secondo a Vel.1. Sistemare il composto in 6 stampini imburrati sistemare la pancetta(2 fettine incrociate in ogni stampino), riempiteli con il composto di verdure e infornateli a 180° per 40min. Intanto soffriggere con il di burro 1 scalogno 3min. Vel.3 100°, unire il formaggio e il latte e sciogliere per 20 sec. 40° Vel.3.

14.1.1.83   Bietole Con Patate

Ingredienti: Olio, aglio, un bel mazzetto di bietola, tre patate medie, dado, un bicchiere di acqua, tre cucchiai di aceto balsamico.

Procedimento: Inserire nel boccale l'olio (quanto normalmente uno ne usa per fare un soffritto) e uno o due spicchi di aglio (a seconda dei gusti). Fare soffriggere per 5 minuti Vel.1 temp. 100°. Togliere l'aglio, posizionare la farfalla ed aggiungere, alternando, la bietolina e le patate tagliate a tocchetti non troppo piccoli. Versarci un bicchere (di carta) di acqua, un pò di dado e fare cuocere per 25 minuti circa a temp. 100° Vel.1 (io verifico la cottura assaggiando, ci potrebbe volere più tempo). A fine cottura aggiungerci l'aceto balsamico e mantecare per un minuto circa.

14.1.1.84   Zucchinee Ripiene Con Patate (Sara)

ricetta tramandata da 2 generazioni presa a suo tempo da un ottimo libro di cucina

Ingredienti 7 Zucchine – sale – pepe – olio ex. v. d'oliva – una scatola grande di tonno al naturale anche sott'olio va bene purché sia sgocciolato (scatola da 160g lordo e 112g sgocciolato) – pomodoro sammarzano maturo spellato e nettato dei semi e dell'acqua di vegetazione (oppure anche un pomodoro pelato nel barattolo) – 3 uova – noce moscata – prezzemolo – pangrattato qb – parmigiano a piacere – un cucchiaio di panna da cucina

Procedimento Tagliare a metà le zucchine per il senso della lunghezza e scavarle con un cucchiaino evitando di scavarle anche sulle estremità. Tenere da parte l'interno di 3 zucchine – disporre le zucchine in una larga teglia con carta da forno senza sovrapporle salarle e bagnarle con un filo d'olio. Nel Bimby mettere il tonno il sammarzano l'interno delle zucchine messe da parte, la panna, sale pepe noce moscata il prezzemolo il parmigiano mandare per 2min a Vel.progressiva da 1 a 4 quindi aggiungere pangrattato ma non troppo perché il ripieno deve rimanere non troppo sodo miscelare di nuovo a Vel.3 finché non ha un aspetto abbastanza omogeneo. Si è può anche provare con un po' di pane raffermo bagnato e strizzato nel latte probabilmente viene meglio. Quindi versare un cucchiaio di ripieno in ogni zucchina livellandolo. Quando il ripieno è terminato infornare nel 2° ripiano (partendo dal basso) del forno caldo a 180° finché le zucchine, punzecchiate con uno stecchino, non risultano cotte! Ottima variante con i peperoni, anche questa da non   perdere:

Tenere a bagno un panino nel latte. Tritare il prezzemolo, se asciutto è meglio, con lame in mov. a Vel.7 Aggiungere tutti gli altri ingredienti, compreso il pane ammollato, Vel.Turbo per 3 secondi. Secondo il nostro parere basta un uovo grande o due piccole.Con la panna il parmigiano va bene perché le rende più delicate. Mettere il pecorino se si vogliono più gustose. Gli ingredienti vanno dosati secondo la grandezza delle zucchine. Se c'è del ripieno in più tagliare a metà un pomodoro oppure un peperone come indica sarab74)

14.1.1.85   Carciofi Ripieni Golosi (Sara)

Ingredienti: due persone - 4 carciofi teneri - un etto di prosciutto cotto - quattro sottilette - due uova intere - 50/100g di parmigiano/grana sale pepe nocemoscata olio

Preparazione capare i carciofi facendo attenzione a togliere tutte le foglie esterne più dure e la parte più interna. tagliarli alla base di modo che possano restare in piedi agevolmente e metterli in acqua e limone con i gambi nettati della parte esterna. nel bimby frullare il prosciutto cotto le sottilette il parmigiano la noce moscata poco sale e le uova per 20 sec a Vel.4/5 il composto deve risultare abbastanza denso da poter essere messo all'interno dei carciofi senza che coli. scolare i carciofi, aprirli, salarli poco internamente ed esternamente riempirli fino all'orlo con il ripieno e metterli in una pentola con dell'olio tutti attaccati in piedi e con i loro gambi lì vicino. appena si sente sfrigolare aggiungere tanta acqua quanta ne serve per coprire il carciofo MA NON IL RIPIENO insomma il ripieno deve stare fuori dall'acqua. coperchiare e cuocere coperto a fuoco basso finchè l'acqua non si è completamente ritirata. mi piacciono moltissimo e sono buoni anche riscaldati il giorno dopo.

(Suggeriamo di aggiungere al ripieno la parte tenera dei gambi del carciofo, il ripieno acquista molto. E' sufficiente un uovo ed eventualmente un goccio di latte per renderlo morbido)

14.1.1.86 Tortino Di Broccoletti (Annamaria)

Ingredienti: dosi per 4 persone: gr. 600 di broccoletti, 1 scalogno, gr. 40 di burro, sale q. b., 4 uova, ¼ di panna fresca, alcune goccie di tabasco, noce moscata q. b., sale q, b., gr. 40 di mandorle a lamelle.

Preparazione. Fare un soffritto con il burro e lo scalogno 3 m. 100° Vel.4. Posizionare la farfalla aggiungere i brocoletti divisi a cimette e insaporire per 6/7 m. 100° Vel.1 Preparare ora il composto mettendo nel boccale le uova, la panna il tabasco, il sale e la noce moscata e amalgamare il tutto Vel.. 4 /5 per pochi secondi. Mettere i broccoletti in una teglia che poi andrà in tavola precedentemente imburrata e versare il composto d'uova sui broccoli. Disseminare sul tortino le mandorle e infornare a 200° per 30/40 minuti finchè la miscela d' uova si sarà ben rappresa

Mariella: vorrei dare un piccolo suggerimento secondo me conviene amalgamare il composto di uova panna ecc ecc prima della cottura dei broccoli per evitare che il composto si possa iniziare a rapprendere dal momento che il boccale è caldo

14.1.1.87 Palle Di Neve

Ingredienti: 500gr. di spinaci, 500gr. di ricotta, un uovo, sale, noce moscata, 40gr. di parmigiano 100gr. di fontina, 100gr. di prosciutto cotto. Gli spinaci si possono cuocere con il *Varoma* con circa 600gr. di acqua salata per 20min. vel, 2 Vanno strizzati molto bene. Anche la ricotta deve perdere del liquido.

Preparazione. Mettere nel boccale fontina e prosciutto cotto, dare un colpo di Turbo e metterne da parte poco più della metà, la rimanenza lasciarla nel boccale. Aggiungere tutti gli altri ingredienti 6 sec. vel.6. Aiutandosi con spatola e un cucchiaio formare delle palle e passarle nel pangrattato disporle in una teglia imburrata abbastanza ravvicinate. Come da L.B., fare la besciamella viene di un colore verdastro, se volete la besciamella bianca(Palle di neve) lavare il boccale. Versare la besciamella sulle palle di neve e mettere in forno a 200° per circa 20 min

14.1.1.88 Finocchi Al Varoma

Ingredienti 3-4 finocchi, 250 ml di panna da cucina (non fresca, quella piu' densa), 4 cucchiai di parmigiano grattugiato, origano e prezzemolo tritati, pane grattugiato, olio

Preparazione Tagliare i 4-5 spicchi i finocchi e disporli nel varoma. Mettere nel boccale 600 ml di acqua, 2 cucchiai di aceto e un pizzico di sale. Posizionare il *varoma* e cuocere per 30 minuti a Varoma, Vel.2. Togliere il *varoma* e l'acqua dal boccale, lavando e quindi facendo intiepidire. Preriscaldate forno combinato grill a 190°. Mettere i finocchi in una teglia leggermente unta di olio. Mettere nel boccale la panna, il parmigiano, le erbe aromatiche e un po' di sale, amalgamare 10 sec Vel.3. Distribuire il composto sui finocchi, spolverizzare di pane grattugiato e passare un filo di olio. Far dorare in forno per 15 minuti. (abbiamo aggiunto 50gr. di latte per rendere più morbido il composto)

14.1.1.89 Peperoni Trifolati

Ingredienti 1) 1 fetta di pane biscottato-30gr di parmiggiano-2filetti di acciughe-1cucchiaio di capperi - (10 olive nere snocciolate)-maggiorana- origano- 2) 30 gr olio-1spicchio d'aglio- 2 peperoni tagliati a striscioline.

Preparazione Fare un trito con i primi ingredienti (1) a Vel.10" e mettere da parte. inserire nel boccalee olio ed aglio e soffriggere per 3' a 100° e Vel.1, posizionare la farfalla sui coltelli, unire i peperoni cotti nel *Varoma* ed insaporire per 5' a 100° e Vel.. 1. al termne toglierli dal boccale e condirli con il trito preparato precedentemente.

14.1.1.90   Carciofi All'acqua Pazza

Ingredienti 4 carciofi, 4 cipollotti, 8 pomodori ciliegia, 1 spicchio d'aglio, 50gr. olio extravergine, 50 gr.vino bianco, 80 grammi acqua, 1 cucchiaio di dado Bimby, 1 limone, prezzemolo tritato, sale e pepe quanto basta.

Preparazione Pulite i carciofi e metteteli a bagno in acqua e limone per circa 30 minuti. Pulite e lavate i cipollotti, tenendo solo la parte bianca. Fate soffriggere nel boccale 30gr. olio, peperoncino: , aglio: 1 minuto, 90° vel.4. Inserite la farfatta, unite i carciofi (io li ho tagliati in 4 o 6 parti, dipende dalla grandezza del carciofo), i cipollotti, (ho messo la stessa quantità dei carciofi: 300gr. carciofi, 300gr. cipollotti), i pomodorini, il vino: 1min. 100° vel.1. senza misurino. Versate l'acqua calda e il dado, sale e pepe q.b. cuocere 30 minuti 100° vel.1. (per la cottura dipende dal tipo di carciofo). A fine cottura cospargete di prezzemolo tritato, irrorate con il rimanente olio e servite.

14.1.1.91   Polpettone Di Patate E Fagiolini

Ingredienti: Kg. 1 di patate, gr. 300 di fagiolini, 4 uova, gr. 30 di parmigiano, 20gr. di formaggio pecorino, gr. 30 di burro, maggiorana noce moscata sale q.b. come salsa d'accompagnamento qualche cucchiaio di pesto.

Procedimento pulire le verdure, inserire nel boccale i formaggi e grattugiarli a Vel.8 per 30-40 sec. o più se necessario, togliere dal boccale i formaggi grattugiati e metterli da parte introdurre 1 litro di acqua 7min. vel, 1 temp. varoma. Nel frattempo mettere nel *varoma* le patate tagliate a tocchetti lavare molto bene 2 uova ed inserire anche queste nel varoma. Inserire invece nel cestello i fagiolini a tempo scaduto inserire nel boccale posizionare sul coperchio il *varoma* e far andare il bimby per 30min. temp. *varoma* Vel.4. Al termine della cottura togliere il cestello con i fagiolini togliere l'acqua e inserire le patate le uova i formaggi grattugiati, burro, sale le spezie aiutandosi con la spatola far andare a Vel.5/6 per circa 30 secondi fino ad ottenere un purè aggiungere una parte del fagiolini e far andare il bimby ancora per qualche secondo. Nel frattempo rivestite di carta forno, bagnata e strizzata per bene, uno stampo da plum cake e sistemare sul fondo i fagiolini, la metà del purè, le uova rassodate e tagliate a spicchi, e finire con il purè. Porre in forno caldo a 200° per circa 30 minuti. far intiepidire il polpettone e servirlo accompagnato dal pesto diluito con un pò d'acqua.

14.1.1.92   Carciofi Con Piselli

Ingredienti: 4: 4 carciofi, 400gr. piselli freschi o 450gr. piselli surgelati, 40gr. pancetta magra, 40 olio oliva, 1 pezzetto di cipolla, qualche foglia di lattuga romana, 300gr. acqua, 1 dado Bimby, succo di 1 limone, sale e pepe.

Procedimento Pulire i carciofi, tagliarli in 4 e lasciarli in acqua e limone. Inserire nel boccale la cipolla e la pancetta e dare 3 colpi a Vel.Turbo. Aggiungere l'olio: 2min. 100° Vel.4. posizionare la farfalla e aggiungere i carciofi a spicchi: 3min. 100° Vel.2. Unire i piselli (se surgelati lasciarli per pochi secondi sotto l'acqua calda), lattuga, acqua e dado: 20min. 100° Vel.2. Aggiustare di sale e pepe e servire. **NOTE**: al posto dei carciofi freschi, fuori stagione si possono usare anche quelli surgelati e al posto dei piselli si possono utilizzare le fave. Il tempo di cottura varia a seconda della grandezza delle fave

15 Dall'antipasto al dolce... realizzati solo con Bimby

15.1.1 Antipasti

15.1.1.1 Aaa.Abbronzantissima

Fonte: Forum Contempora http: //www.contempora.it
Ingredienti: 500gr pasta sfoglia ricetta bimby 5 confezioni da 75gr di filadelfia o un formaggio spalmagile a vostra scela(5 x 75) 3 tuorli d'uovo 4 cucchiai di parmigiano e 4 di pecorino 100gr di panna da cucina gia pronta una noce di burro 400gr di carote
Procedimento: lavorare il formaggio con 2 uorli e 2 cucchiai di parmigiano e 2 di pecorino. versate nella sfoglia copritela con carta alluminio e in forno 15min per 180° trascorsi i minuti cacciatela dal forno e cospargete il formaggio con le rondelle di carote ke avrete lessato in acqua salata, le scolate e passare in padella col burro. rifinite la torta con la panna e aggiungere il resto del parmigiano e del pecorino sale pepe..spennellate col tuorlo rimasto e il forno per 15min a 190gradi..spero ke sia kiara ora ciao grazie

15.1.1.2 Babà Affumicato

Fonte: Forum Contempora http: //www. contempora. it
Ingredienti: 300gr. farina americana 130gr. margarina 30gr. zucchero 1cubetto di lievito di birra 50gr. latte 4uova 2cucchiai di parmigiano 1cucchiaio di pecorino 120gr. prosciutto cotto 1 piccola provola affumicata di circa 150gr.
Procedimento: inserire nel boccale latte e lievito: 1min. 40° Vel.4. Aggiungere uova, zucchero, un pizzico di sale parmigiano, pecorino eS burro: 30sec. Vel.6. Unire, dal foro del coperchio, con lame in movimento, Vel.4, la farina: 40sec. Vel.4, e 20sec. Vel.8. Lasciare lievitare nel boccale chiuso per 30 min;rilavorare l'impasto per circa 50sec. a Vel.8 spatolando. Versare una parte del composto in uno stampo da ciambella, imburrato e infarinato quindi adagiarvi la provola ed il prosciutto precedentemente tritati a Vel.5 5sec. Coprire con il rimanente impasto;fare lievitare per circa un'ora. Cuocere in forno a200°per 40min. circa. Si può servire con una besciamella al formaggio.
Suggerimenti Vorwerk: In questa ricetta abbiamo sostituito la margarina con 30gr. di burro. Gl'ingrediendi non sono riportati nel modo esatto. E' comunque venuto un babà molto buono. Anche se non riuscite a coprire bene il formaggio e il prosciutto il risultato, anche visivo, è ottimo.

15.1.1.3 Baba' Rustico

Ingredienti: 150gr. tra salame e mortadella 150gr. di formaggio (tipo emmenthal) 100gr. di parmigiano grattugiato 1 misurino di latte 80gr. di olio 3 uova 1 cucchiaino di zucchero 1 cucchiaino di sale 1 cubetto di lievito di birra 450gr. di farina
Inserire nel boccale salame, mortadella e formaggio: 6 sec Vel.5 e mettere da parte. Nel boccale mettere latte, olio, uova, sale e zucchero: 15 sec Vel.4 Unire il lievito: 3 sec Vel.4 Aggiungere dal foro la farina con lame in movimento: 1min. e 30 sec Vel.6. Unire i salumi, il formaggio ed il parmigiano: 10 sec Vel.4 Mescolare bene il composto spatolando. Imburrate ed infarinare uno stampo col buco, mettervi il composto ed attendere per un'ora o più la lievitazione. Infornare per 25min. a 180/200 gradi.

15.1.1.4 Bagna Cauda

Fonte: Forum Contempora http: //www. contempora. it

Ingredienti: per 6: 6 spicchi d'aglio senza anima, 150gr. di acciughe dissalate e diliscate, 300gr. di olio extravergine d'oliva, 50gr. di burro morbido.

Procedimento: Nel boccale 200gr. di olio e l'aglio: 10' 90° Vel.2. Aggiungere le acciughe e tritare: 10" Vel.4. continuare la cottura: 10' 90° Vel.2. Unire il burro, continuare la cottura: 10' 90° Vel.2. aggiungere il restante olio, versare nell'apposita ciotola (s'cionfeta) e portare subito in tavola. DAL RICETTARIO lA CUCINA REGIONALE ITALIANA Ricetta Vorwerk tratta dal volume "La cucina regionale italiana" pag. 7

15.1.1.5   Battuto D'olive E Carciofini

Fonte: Forum Contempora http: //www. contempora. it

Ingredienti: 15 olive verdi giganti 4 5 carciofini sott'olio scolati poco olio extra vergine

Procedimento: Togliere il nocciolo dalle olive e inserire tutto con le lame in movimento a Vel.5 6, riunire con la spatola il composto sulle lame e frullare a Vel.5 aggiungendo a filo l'olio. Il tempo con precisione non lo ricordo, ma con 3 4 volte (aprendo e riunendo il composto) ho avuto un battuto discretamente fine ma soprattutto gustoso. Ottimo su crostini caldi, toast, tramezzini, panini al latte!

Suggerimenti Vorwerk: Abbiamo lavorato il doppio della dose inserendo olive e carciofini con lame in movimento a Vel.7. Il procedimento è giusto e il battuto è ottimo.

15.1.1.6   Biscotti Al Prosciutto E Finocchio

Ingredienti per 4 persone:

Gr. 150 di farinagr. 100 di burro, gr. 150 di parmiggiano reggiano grattugiato, gr. 70 di prosciutto cotto magro, 1 uovo, 2 cucchiai di semi di finocchio, Sale

Esecuzione: , Introdurre nel boccale: la farina il formaggio grattugiato e il prosciutto tritato, 1 pizzico di sale , il burro ridotto a pezzetti, Impastate gli ingredienti 20 sec. Vel.4/5, Col mattarello tirate una sfoglia dello spessore di circa ½ cm. , che ritaglierete con stampini di forme diverse , avendo cura di mantenere la spianatoia infarinarta, Disponete i biscotti nella placca con carta da forno, Penellateli con uovo sbattuto cospargeteli con semi di finocchio passateli in forno a convenzione 180° 15 minuti, Serviteli con l'aperitivo

15.1.1.7   Biscotti Salati Ala Profumo Di Basilico

Ingredienti per 4 persone 20 biscotti, 150gr. Di farina 00, 1 uovo, 50gr. Di burro, 10 belle foglie sdi basilico, 1 cucchiaio di parmiggiano oppure di pecorino gratuggiato, Sale. , cucchiai di acqua fredda

Esecuzione: Metti nel bimby la farina con il burro tagliato a dadini, una presa di sale e il basilico sminuzzato 13 sec. Vel.8 Unisci l'uovo 2 cucchiai di acqua fredda Aggiungi il formaggio 25 sec. Vel.3 fino a che l'impasto si raccoglie formando una palla Chiudi con della pellicola trasparente e mettila in frigorifero Lascia riposare per 1 ora Tira la pasta con il mattarello su un piano infarinato e ritaglia delle foglie con la rotella da pasta disegnando le nervature con il dorso della lama del coltello Deponile su di una placca coperta con carta da forno Cuoci in forno caldo 180° per 15/20 minuti

15.1.1.8   Caponata Siciliana

Tempo di Preparazione: xxx

Ingredienti: Ingredienti 4 melanzane Tunisine (per intenderci quelle ovali nere) 200gr. di olive verdi, 50gr. di capperi di Pantelleria (quelli salati), 2 grossi gambi di sedano, 1 mestolo di salsa di pomodoro, 2 grosse cipolle tagliate a fette sottili, 1 bicchiere di aceto, 1 cucchiaio di zucchero, qualche foglia di basilico, olio

Procedimento: Questa ricetta è da adattare al bimby, però prima vi consiglio di provarla nella maniera tradizionale per fare il confronto. Esiste anche una variante con i carciofi al posto delle melanzane. Tagliata a dadetti le melanzane e mettetele in una ciotola con acqua salata per 2 ore circa. Pulite il sedano e sbollentatelo in acqua salata per 5 min. Mettete in una ciotola i capperi con acqua calda per togliere il sale e scolateli dopo qualche minuto. In una grossa padella mettete la cipolla con un po' d'olio, assieme ai capperi ed alle olive tagliate a pezzetti. Aggiungete la salsa se l'avete pronta, oppure pelate quattro pomodori maturi, privateli dei semi e tagliateli a pezzetti. Mescolate con una paletta di legno e spegnete il fuoco quando si sarà formata una salsetta densa. In un'altra padella fate friggere le melanzane strizzate accuratamente. Nello stesso olio fate friggere i gambi di sedano tagliati a tocchetti. Mettete le melanzane ed i sedani fritti nella padella con la salsa, mescolate bene e fate amalgamare i sapori per 5 minuti sul fuoco basso. Cospargere con lo zucchero, versare l'aceto e dopo qualche minuto spegnete il fuoco e coprire con il coperchio. La caponata è più buona fredda, servita in una ciotola di terracotta e guarnita con foglie di basilico

15.1.1.9 Caramelle Al Wurstel

Tempo di Preparazione: 30'+cot
Ingredienti: Una dose di pasta sfoglia, 1 confezione di wurstel piccoli (vanno bene anche quelli normali tagliati in 3 parti), 1 tuorlo.
Procedimento: Prerarare la pasta sfoglia come da ricettario base (io eseguo le pieghe per 9 volte), cospargere bene di farina il piano e tirare la pasta non sottilissima. Formare dei quadrati di 6-7 cm, avvolgere un wurstel come se fosse una caramella. Posare le caramelle sulla placca del forno ricoperta dalla carta, spennellare sopra il tuorlo sbattuto con un goccio d'acqua e a forno caldo (180° ventilato)cuocere per 20-25 minuti. Servire tiepidi. Si possono cucinare e congelare, intiepiditi al forno sono ancora buonissimi

15.1.1.10 Cipolle Rosse Ripiene

Ingredienti: 4 persone
2 cipolle rosse
1 scatola di fagioli bianchi di Spagna
50gr. olio extravergine di oliva
50gr. brodo vegetale bimby 3
rametti di timo
1 spicchio di aglio
1 piccolo peperoncino sale e
pepe q.b.
Mondare le cipolle e metterle a bagno in acqua tiepida per 10 min.
Rosolare aglio, i rametti di timo, peperoncino e 30gr. olio 3min. 100° Vel.2. Aggiungere i fagioli privati della loro acqua e sciacquati, insaporire, aggiustare di sale e pepe: 3min. 100° Vel.1.
Versare il brodo vegetale bollente 10min. 100° Vel.1, togliere dal boccale i rametti di timo, frullare 1min. Vel.7-8.
Togliere il composto e mettere a parte.Aprire le cipolle a metà, sfogliarle delicatamente, riempirle con il composto e decorare con un rametto di timo, posizionarle nella campana del varoma. Versare 600gr. di acqua nel boccale un pizzico di sale, posizionare il *varoma* e cuocere: 20-30min. temp. *Varoma* Vel.2, irrorare con un filo di olio extravergine di oliva. Servire le barchette di cipolle rosse ripiene di crema di fagioli calde o completamente fredde.

15.1.1.11 Crema Di Salmone

Tempo di Preparazione: 1
Ingredienti: 400gr salmone in scatola, ½ tazza panna, 150gr. formaggio cremoso, 60gr succo di limone, 2 cucchiaini di aneto fresco, sale e pepe bianco **Procedimento:** Inserite tutti gli ingredienti nel boccale. Vel.5 25sec. Si conserva in frigo al massimo 24ore. Ottimo accompagnato da crostini caldi o verdure da pinzimonio.

Suggerimenti Vorwerk: Per ottimizzare la lavorazione di questa ricetta suggeriamo di aggiungere la panna liquida dopo aver lavorato per qualche secondo gli altri ingredienti.

15.1.1.12 Crostata Salata Al Formaggio

Ingredienti: . 260gr. di farina (mista 0 e 00), 120gr. di burro sciolto e fatto intiepidire, 250gr. di ricotta fresca, 3 mozzarelle da 125gr. (io ho messo 1 di quelle sode da 250gr. e un'altra normale), 120gr. di emmenthal, 2 cucchiai di latte, 2 uova, sale e pepe.

Procedimento: Mettere nel boccale la farina, 100gr. di ricotta scolata e il burro con 1 po' di sale, impastare 30sec. Vel.da 1 a 5. Versare in una ciotola e formare un panetto, che lascerete riposare in frigo per mezz'ora coperto da pellicola. Nel frattempo, pulire il boccale e montare i 2 albumi a neve, con farfalla e 1 pizzico di sale, 2min. e mezzo Vel.3. Mettere da parte. Mettere nel boccale i formaggi a pezzettini, aggiungere la ricotta rimasta e il latte, frullare il tutto grossolanamente 20sec. Vel.6. Aggiungere i rossi d'uovo e poco sale, 20sec. Vel.2 3. Aggiungere infine le chiare montate a neve, amalgamando con la spatola. Preriscaldare il forno a 180°. Stendere un po' piu' di metà della pasta e foderare una tortiera a bordi scanalati tipo crostata (meglio se mettete sotto un disco di carta forno fatto aderire con poco burro...dico cose ovvie?). Versare il ripieno e livellare. Coprire con l'altro disco steso (devono venire alquanto sottili, la pasta si lavora bene anche se è molto morbida grazie alla ricotta) e richiudere bene i bordi. Cuocere per 35 40 minuti.

Suggerimenti Vorwerk: Brava è stupenda. L'abbiamo mangiata con degli ospiti. La pasta è perfetta. Suggeriamo di evitare di tagliare la mozzarella, ma di sfruttare la funzione turbo dell'apparecchio.

15.1.1.13 Crostatine Salate

Fonte: Forum Contempora http: //www. contempora. it

Ingredienti: 1 dose di pasta brisè, 150gr. di Taleggio, 2 zucchine, 50gr. di formaggio bianco cremoso, 50gr. di panna fresca, pepe bianco, olio extra vergine d'oliva, noce moscata, sale, erba cipollina, pirottini da forno

Procedimento: Preparare la pasta e porla a riposare in frigo avvolta con un canovaccio pulito e privo di odore (attenzione al profumo del detersivo: rischiate di rovinare ogni preparazione!!!). Inserire nel boccale le zucchine con un po' d'olio e il sale. 20sec. Vel.4 + inserire farfalla e 2 minuti Vel.1 100°C. far raffreddare un pochino, togliere la farfalla e aggiungere taleggio, pepe e noce moscata, Vel.3 4, 1 minuto. Stendere la pasta brisè e ritagliare dei piccoli cerchi da inserire nei pirottini da forno. Aggiungere il composto a riempire il pirottino fino a circa 2/3 e inserire in forno preriscaldato a 150° per 15 minuti circa. Mentre cuociono, lavare e asciugare il boccale e inserirvi la panna con un pizzico di sale e il formaggio morbido. Vel.2 con la farfalla per 1 2 minuti o comunque finchè non si è ben montato. Servite immediatamente le crostatine guarnendole con ciuffi della spuma ottenuta e fiocchetti di erba cipollina o, in alternativa, fatele cuocere un po' meno, tiratele fuori dal forno e riscaldatele qualche momento prima di servirle, avendo però cura di conservare la spuma in frigo. Tritare le zucchine per pochi sec. altrimenti espellono troppa acqua. Oppure, con lame in mov. Vel.6 inserire le zucchine. Poi mettere la farfalla e proseguire come da ricetta. Con il taleggio il pepe e la noce moscata abbiamo aggiunto un uovo. In forno almeno 20 min.

15.1.1.14 Crostini Toscani

Fonte: Forum Contempora http: //www. contempora. it

Ingredienti: 3hg. fegatini di pollo 3hg. durelli di pollo 1hg. pollo 1 carota 1 sedano 1 cipolla sale pepe vino bianco un pugno di capperi 3 filetti di acciuga olio

Procedimento: Nel boccale le verdure tagliate a pezzi. le carni, sale e pepe 5 min. 100° Vel.1. Bagnare con 20gr. di vino bianco. , 30 min. 100° Vel.1. Se deve ancora asciugare far cuocere ancora 5 minuti a temperatura Varoma. Se il liquido è in eccesso metterlo in una ciotola, aggiungere gli altri ingredienti compresa la noce di burro e portare a Vel.6 7 lentamente, per 20 sec. Poi portare a Vel.Turbo per 1 minuto.

15.1.1.15 Crostini Alla Crema Di Carciofi E Tonno

Ingredienti: 4 persone
4 carciofi
4 fette di pane tostato
200gr. di tonno all'olio di oliva
200gr. di fagiolini fini
30gr. olio extravergine di oliva 2
coste di sedano
1 limone 500gr. di
acqua sale e pepe
q.b.

Pulire, lavare accuratamente i carciofi (solo il cuore)lasciandoli per 15min. a riposo in acqua acidula. Nel boccale inserire l a farfalla, versare l'olio e i carciofi tagliati a spicchi, cuocere 20-30min. 100° Vel.1 e mettere da parte.

Preparare nel cestello i fagiolini lavati e mondati, versare l'acqua nel boccale con un pizzico di sale, introdurre il cestello nel boccale e cuocere 30-40min. 100° Vel.1. Togliere il cestello lasciando raffreddare i fagiolini. Nel boccale pulito e raffreddato, versare i carciofi, i fagiolini, le coste di sedano, il tonno, un pizzico di sale e di pepe, frullare. Vel.5-8 per 1min. fino ad ottenere una crema. Spalmare il composto sulle fette di pane tostato e servire.

15.1.1.16 Focaccia Farina Di Mais E Erbe

Fonte: Forum Contempora http: //www. contempora. it
Ingredienti: 400gr. di farina 00, 100gr. di farina di mais bramata, 300gr. di acqua, 1 cubetto di lievito di birra, sale, mezzo cucchiaino di zucchero, 30gr. di origano e basilico secchi.
Procedimento: Mettere nel boccale 100gr. di acqua, lo zucchero e il lievito, 10sec. Vel.3. Aggiungere le farine bianca e gialla, la restante acqua, le spezie e 10gr. di sale. Impastare lentamente da 1 a 5 6, lasciando al Bimby il tempo di raccogliere bene la farina e formare una palla (30sec. di cui circa 8 alla velocità finale). Impastare poi a Vel.Spiga per 45 secondi. Versare in una ciotola e lasciar lievitare per 1 ora circa. Stendere la pasta per riempire una sola placca da forno, in modo che risulti una focaccia spessa, adagiare l'impasto sulla placca unta e aggiungere sale e rosmarino. Lasciar lievitare per 20 minuti circa. Cuocere in forno preriscaldato a 180° per 20. 25 minuti. E' ottima con prosciutto e stracchino. . invenzione del giorno!!
Suggerimenti Vorwerk: Ricetta Vorwerk Contempora approntata dalla Signora Renza Pivetti, coordinatrice del comitato di redazione per la rivista Voi. . Noi. . Bimby nel 1994

15.1.1.17 Focaccia Alla Messinese

Fonte: Forum Contempora http: //www.contempora.it
Ingredienti: per l'impasto 300gr. farina 00 300gr. semola grano duro 1 cubetto liev. 300gr. acq.60gr.olio sale zucchero per il condimento: ricciolina acciughe salate 500gr.caciocavallo qualche pomodorino sale pepe olio q.b.
Procedimento: inserire nel boccale acqua lievito zucchero ed olio 1 min. 40° veloc.3 aggiungere le farine ed il sale 50 sec. Vel.6 ed 1 minuto a spiga.Prendere l'impasto e lasciarlo riposare per 2 ore. Stendere l'impasto sulla teglia da forno oleata e lasciare riposare per una mezz'ora.Sopra la pasta mettere qualche acciughina il formaggio, la ricciolina tagliata fine ed infine qualche fettina di pomodorino.Salare pepare e metetre un filino d'olio.Infornare a forno caldissimo per 45 minuti dipende dal forno.
Suggerimenti Vorwerk: L'impasto è risultato molto buono, leggero e friabile. L'acciuga si accompagna molto bene con la ricciolina e il caciocavallo.

15.1.1.18 Gamberi Al Sedano E Mela

Ingredienti: 4 persone
600gr. di gamberi sgusciati o code di gamberi
200gr. di cuore di sedano
1 mela renetta grande

1 cuore di lattuga
50gr. olio extravergine di oliva 1
limone
500gr. di acqua
sale e pepe nero q.b.
Lavare i gamberi e metterli nel cestello. Nel boccale versare l'acqua, una fettina di limone e un pizzico di sale, portare a bollore: 6min. 100° Vel.1.
Posizionare il cestello con i gamberi e cuocere 2-3min. 100° Vel.1, togliere e lasciare raffreddare a parte.
Tagliare a dadini la mela e il sedano. Nel boccale pulito preparare una vinaigrette con succo di limone, olio, sale e pepe, emulsionare 10sec.Vel.3. In una terrina unire i gamberi sgusciati, la mela e il sedano. Sistemare al centro di ogni piatto due foglioline di lattuga, al centro di essa mettere due cucchiai di insalata di gamberi, mele e sedano, conditi con la vinaigrette.

15.1.1.19   Gamberi Al Profumo D'arancia

Ingredienti: 4 persone
350gr. di gamberi o code di scampi 2
arance
1 spicchio d'aglio
1 mazzolino di erba cipollina 1
pezzetto di zenzero
40gr. di olio extravergine di oliva 1
fetta di limone
600gr. di acqua sale
e pepe q.b.
Preparare i gamberi sgusciati e lavati nella campana del Varoma. Versare l'acqua nel boccale, il sale e la fetta di limone, posizionare il *varoma* e cuocere 10min. temp *varoma* Vel.2. Mettere da parte in un piatto da portata.
Preparare una vinaigrette: nel boccale pulito, aglio, erba cipollina, un pezzettino di zenzero, il succo di un'arancia e l'olio frullare 20sec.Vel.5-6. Versare la vinaigrette sui gamberi. Pelare a vivo l'arancia rimasta, tagliarla a fettine e contornare il piatto, unendo qualche filo di erba cipollina. Servire fresco.

15.1.1.20   Kougelhopf Alle Noci E Pancetta

Fonte: Forum Contempora http: //www. contempora. it
Ingredienti: Dosi per 6 8 persone: 375gr. di farina bianca 50gr. di lievito di birra 1/2 bicchiere di latte tiepido (100mL) 80gr. di burro fuso 1 cucchiaio di zucchero 3 uova leggermente sbattute 100gr. di noci tritate grossolanamente 150gr. di pancetta affumicata a dadini 2 cucchiaini da caffe' rasi di sale burro per lo stampo (per rendere l'idea dello stampo: tipo ciambella alto, come un panettone con il foro al centro, diametro circa 22 cm, altezza 10 cm circa)
Procedimento: Fate sciogliere il lievito di birra in una ciotola con il latte tiepido tenere in un posto caldo e lasciare lievitare. Mettete in una terrina o nel mixer la farina, aggiungere le uova leggermente battute, lo zucchero ed il sale, impastare bene e aggiungere a poco a poco il latte, versarvi il burro fuso impastare bene gli ingredienti. Mettere l'impasto in una terrina capiente coperta con un tovagliolo, in luogo tiepido fino a quando avrà raddoppiato il suo volume (45 mn.). Nel frattempo mettere la pancetta e le noci a riscaldare a fuoco lento mescolare bene senza far friggere. Imburrare lo stampo, incorporare alla pasta le noci e la pancetta. Sistemare la pasta in modo da riempirlo solo per 2/3 dell'altezza. Ponete in luogo tiepido e lasciate lievitare fino a quando la pasta arriverà al bordo dello stampo (da 45 a 60 mn.). Mettete in forno preriscaldato a 200°C per 50 60 mn abbassare la temperatura a 180°C, coprire con un foglio di carta d'alluminio e lasciare ancora 15 min. fino a quando sarà ben dorato (dipende da forno a forno)

Suggerimenti Vorwerk: Preparare tutti gli **ingredienti:** Adoperare il lievito di birra secco, ne basta una bustina da 10gr. . Mettere nel boccale le uova 10 sec. Vel.6 Aggiungere la farina, lo zucchero e il sale 20 sec. Vel.6. Con lame in movimento, sempre a Vel.6 continuare la lavorazione per altri 20 sec. aggiungere il burro fuso, continuare la lavorazione per altri 20 sec. poi il latte con il lievito. Mettere la pasta in una ciotola e far lievitare. Pulire il boccale. Tritare le noci per qualche sec. a Vel.Turbo. Aggiungere la pancetta a cubetti piccoli 5 min. 60° Vel.1. Versare nella ciotola della pasta pancetta e noci. Suggeriamo di incorporarla nella ciotola. Quindi nella teglia.

15.1.1.21 Miniquiche Al Salmone

Fonte: Forum Contempora http: //www. contempora. it
Ingredienti: pasta sfoglia (ricetta base), 125gr salmone affumicato, 100gr formaggio cremoso, 60gr panna, 2 uova.
Procedimento: ricavare dei dischetti di pasta sfoglia e metterli in stampini appositi unti con il burro. Sminuzzate il salmone ponendo ogni pezzettino in una quiche. Nel frattempo ponete tutti gli altri ingredienti nel boccale con la farfalla. 45 sec. Vel.2. Versare il composto sopra i pezzetti di salmone. Infornare per 20 minuti finchè le quiche non saranno gonfie e dorate. I ripieni riportati sono per circa 25 quiche.
Suggerimenti Vorwerk: La Vel.3 e meglio, almeno per 1 minuto. In forno a 180° per 20 min.

15.1.1.22 Mousse Di Prosciutto Cotto

Tempo di Preparazione: veloce
Ingredienti: 250gr. di prosciutto cotto, 250gr. di ricotta fresca, 2 cucchiai di pinoli, 1/2 misurino di panna o latte, 1/2 misurino di parmigiano grattuggiato, 1/4 di misurino (o più secondo i vostri gusti) di Brandy, sale e pepe.
Procedimento: Frullare i pinoli a Vel.4 per pochi secondi. Con le lame in movimento a Vel.4-5 tritare il prosciutto, spostare fino a Vel.9 per 30" circa (controllare a occhio se occorre qualche altro secondo). Aggiungere tutto il resto e amalgamare 1' a Vel.3 e 30" a Vel.7. Foderare uno stampo con carta d'alluminio e tenere in frigor diverse ore. E' ottima decisamente più magra di quella con burro e mascarpone.
Suggerimenti Vorwerk: E' decisamente più leggera.

15.1.1.23 Mousse Di Pecorino

Fonte: Forum Contempora http: //www. contempora. it
Ingredienti: 200gr. di pecorino semistagionato 100gr. di panna fresca **Procedimento:** Frullare il pecorino a turbo fino a quando si polverizza. Inserire la farfalla e a Vel.3 versare la panna dal buco del coperchio 15 secondi.
Suggerimenti Vorwerk: Tagliare il pecorino a cubetti. Con lame in movimento a Vel.6 mettere nel boccale i cubetti di formaggio e portare a Vel.Turbo per circa 30 40 sec. Posizionare la farfalla, aggiungere la panna e far lavorare per circa 15 sec. a Vel.5

15.1.1.24 Mousse Di Mortadella

Fonte: Forum Contempora http: //www.contempora.it
Ingredienti: 300 g.di mortadella in pezzo unico non a fette; 100 g. di ricotta ovina 1 o 2 cucchiai di panna da cucina
Procedimento: Tagliare la mortadella a tocchi e inserirla nel boccale con lame in movimento Vel.5.aggiungere la ricotta e la panna e portare alla massima velocità per pochi sec.Tasferire il tutto con la spatola in un contenitore tenerlo in frigo. Io lo spalmo su crostini o pan carrè tostato come antipasto
Suggerimenti Vorwerk: Noi avremmo messo meno mortadella.

15.1.1.25 Mousse Di Caprino

Ingredienti: 4 persone
250gr. di formaggio caprino fresco 3
rametti di timo

50gr. di vino bianco brut
1 mazzolino di erba cipollina 1
filone di pane tagliato a fette
1 grattugiata di zenzero a piacere
Versare il vino nel boccale, aggiungere il timo e scaldare 3min. 80° Vel.1 . Unire
il formaggio, lo zenzero e l'erba cipollina tagliata a filetti: 30sec.Vel.3. Servire la
mousse su crostini di pane caldi.

15.1.1.26   Mousse Di Mortadella

Fonte: Forum Contempora http: //www. contempora. it
Ingredienti: 2 etti di mortadella 2 etti diricotta i vasetto di jogurth bianco qualche
manciata di pistacchi
Procedimento: mettere nel boccale la ricotta la mortadella tagliata a pezzetti e lo
jogurth portare lentamente a velocità massima spatolando aggiungere alla fine i
pistacchi, mi raccomando non aggiungete sale, la mortadella è molto saporita
Suggerimenti Vorwerk: Tritare la mortadella 10 sec. Vel.3 4. Aggiungere la ricotta e
lo yogurt e continuare la lavorazione a Vel.3 4. poi portare a Vel.7 per 30 sec.
Aggiungere i pistacchi e mescolare per qualche sec. a Vel.2 se debbono rimanere interi.

15.1.1.27   Mousse Di Prosciutto Cotto

Fonte: Forum Contempora http: //www. contempora. it
Ingredienti: 250gr. di prosciutto cotto, 250gr. di ricotta fresca, 2 cucchiai di pinoli, 1/2
misurino di panna o latte, 1/2 misurino di parmigiano grattuggiato, 1/4 di misurino (o più
secondo i vostri gusti) di Brandy, sale e pepe.
Procedimento: Frullare i pinoli a Vel.4 per pochi secondi. Con le lame in movimento a
Vel.4 5 tritare il prosciutto, spostare fino a Vel.9 per 30" circa (controllare a occhio se
occorre qualche altro secondo). Aggiungere tutto il resto e amalgamare 1' a Vel.3 e 30" a
Vel.7. Foderare uno stampo con carta d'alluminio e tenere in frigor diverse ore. E' ottima
decisamente più magra di quella con burro e mascarpone.

15.1.1.28   Muffin Di Formaggio Alle Erbe

Fonte: Forum Contempora http: //www. contempora. it
Ingredienti: 225gr. farina 00, 155gr. farina integrale, 3 cucchiaini e mezzo lievito in
polvere, un pizzico di pepe di Caienna, ciuffetto di prezzemolo fresco, otto dieci fili di
erba cipollina, due rametti di timo, 125gr fontina, 2 uova, 250gr. latte, 120gr. di burro
molto morbido, un pizzico di sale.
Procedimento: Inserire nel boccale asciutto le erbe e il sale. 30 sec. Vel.4, aggiungere le
uova, il burro, 20 sec. Vel.4, aggiungere il latte, le farine, il formaggio e il lievito ed
impastare 30 sec. Vel.4 5 e 15 sec. Vel.Spiga. Preriscaldare il forno a 210° e versare il
composto in stampi da muffin unti con olio o burro fuso. Riempire gli stampi per non oltre
¾. Cuocete per 20 minuti e comunque finché lo spiedo di legno non uscirà perfettamente
asciutto. A cottura ultimata farli raffreddare su una gratella. Ideali per accompagnare
creme e zuppe.
Suggerimenti Vorwerk: Se le erbe sono fresche, asciugarle molto bene prima di tritarle.
L'erba cipollina consigliamo di tranciarla con le forbici. Risulta un pane soffice speziato
gustoso. Come lievito in polvere, abbiamo usato quello per pizze salate.

15.1.1.29   Olive Nere Condite

Fonte: Forum Contempora http: //www. contempora. it
Ingredienti: 500g di olive nere (non quelle sotto salamoia) la buccia di 1/2 arancio 1
spicchietto d'aglio 1 cucchiaino di fiori di finocchio sale pepe 4 cucchiai d'olio extra
vergine di oliva.
Procedimento: Nel boccale 1 lt. di acqua e cestello 8 10 min. 100° Vel.1. Dal foro del
coperchio introdurre le olive 2 min. 100° Vel.1. Togliere il cestello e passare sotto l'acqua
fredda. Nel boccale asciutto con lame in movimento. a Vel.7 mettere la buccia di arancia
e l'aglio, aggiungere i fiori di finocchio, il sale, il pepe e l'olio. Mescolare per qualche
sec. da Vel.1 a 7.

15.1.1.30 Panzerrotti

Fonte: Forum Contempora http: //www. contempora. it

Ingredienti: gr 500 di farina, gr. 15 di margarina, una patata medio piccola, gr. 150 di latte, 1/2 lievito, gr. 10 di sale, salsa di pomodoro, mozzarella

Procedimento: Mondare la patata, tagliarla a fette e metterla nel boccale, aggiungere il latte, 15 min. 100° Vel.1. Omogenizzare il tutto 10 sec. Vel.turbo. Attedere (circa un 15 min.) che il composto sia tiepiuccio. Aggiungere il lievito e la margarina, 5 sec. Vel.5. Aggiungere la farina e il sale, 1 min. Vel.6 (spatolando), 1min. e 30 sec. Vel.spiga. Far lievitare la pasta per circa un ora, dopo di che formare delle piccole palline stenderle col mattarello (come piccole pizzette) metterci al centro un po' di sugo, e mozzarella, chiuderli a mezza luna e friggerli in abbondante olio.

Suggerimenti Vorwerk: Squisiti. Aspettare che il latte sia tiepido e poi omogeneizzare.

15.1.1.31 Pane Dell'amicizia

Fonte: Forum Contempora http: //www. contempora. it

Ingredienti: 700gr. di farina bianca (volendo si può mettere un po' di farina integrale o semola di grano duro) 1 cubetto di lievito di birra 10gr. di sale 50gr. di olio 400gr. di acqua tiepida (o più a secondo del tipo di farina)

Procedimento: Mettere nel boccale farina, sale e lievito per 20 secondi Vel.6. Aggiungere a Vel.6 a filo (metterli sul coperchio che scendono piano piano come si fa per la maionese) l'olio e l'acqua tiepida per 40 secondi. Lavorare poi a Vel.Spiga per 1 minuto o anche 1 minuto e trenta. Metterlo in uno stampo da plum cake (grande oppure due piccoli) e lasciar riposare finché raddoppia il volume. Se si preferisce si può mettere in una pentola per lasagne e si fa una ciabatta. Per dare un tono rustico al pane si consiglia di mettere un po' di farina bianca sopra la pasta. In forno: 200° per 10 minuti e altri 35 minuti a 180°. E' un pane adatto per bruschette: si taglia a fette. Un consiglio: se si vuole dal pane morbido, quando è cotto è bene metterlo per circa 15 minuti in un canovaccio umido. E' buonissimo ! ! ! Se si vuole un pane più morbido aggiungere un cucchiaino di lecitina di soia.

Ricetta Vorwerk Contempora tratta dal Libro "Idee per i Vostri menù" pag. 87

15.1.1.32 Panettone Di Panbrioche Salato

Fonte: Forum Contempora http: //www.contempora.it

Ingredienti: 500gr. farina (250gr. Tipo 00 e 250gr. Manitoba) 100gr. latte 1 cubetto lievito 15gr. sale 4 uova 200gr. burro.

Procedimento: inserire nel boccale il latte, lievito 1 min. 40°gr. veloc. 2 lasciare raffreddare aggiungere il sale le uova 10 sec. Vel.4 aggiungere le farine 50 sec. Vel.6 ed 1 min. a spiga aggiungere 200gr. di burro morbido ed impastare per 15 minuti a spiga proprio così (io l'ho programmato per ogni 5 minuti perché non sapevo di fare bene). Lasciare l'impasto dentro il boccale per 1 ora. Successivamente 1 minuto a spiga. Togliere l'impasto dal boccale e metterlo in una ciotola coprire e lasciare lievitare 1 ora. Imburrare e infarinare uno stampo da panettone, fare una palla e disponetela nello stampo lasciare lievitare fino al doppio del volume spennellare con un po'd'uovo e mettere in forno a 180° per 45 50 minuti. Lasciare riposare 5 minuti e fare raffreddare prima di servire oppure appena freddo tagliare a strati e riempire ogni strato con gusti diversi. (gorgonzola e noci. speck ecc. ecc.)

15.1.1.33 Pate' Di Melanzana

Fonte: Forum Contempora http: //www. contempora. it

Ingredienti: 1 melanzana ovale da circa 500gr. 1 ciuffo di prezzemolo 2 cucchiai di panna densa (o 40gr. di ricotta) 2 spicchi aglio 30gr. olio oliva 1 cucchiaino di dado vegetale sale pepe peperoncino a piacere

Procedimento: Sbucciare la melanzana e tagliarla a cubetti, metterla nello scolapasta con sale grosso per circa 1 ora. Trascorso il termine inserire nel boccale l'olio e aglio a pezzetti: 10 min. 95° Vel.1. Nel frattempo, risciacquare sotto acqua corrente e spremere leggermente i cubetti. Togliere l'aglio (a chi piace, lasciatelo pure) e inserire i cubetti di melanzana e 3 cucchiai di acqua con 1 cucchiaino di dado vegetale, sale, pepe e, se piace, un pizzico di peperoncino in polvere: 15 min. 100° Vel.1. Aspettare che intiepidisca un po' e poi inserire prezzemolo e panna (o ricotta): 1 min. circa da Vel.1 a Vel.5/6. Gustare a temperatura ambiente su crostini di pan carrè tostati. Si conserva in frigo coperto da pellicola trasparente anche per due, max tre giorni. Buon appetito!

Suggerimenti Vorwerk: Praticamente l'olio a 95°, se abbiamo ben capito, assorbe tutto il profumo dell'aglio senza farlo troppo soffriggere. Se è così complimenti. La Ricetta va bene è una buona variante per crostini.

15.1.1.34   Pere Alla Crema Di Ricotta

Ingredienti: 4 persone
4 pere abate 200gr.
di acqua
100gr. vino bianco secco 1
limone (solo succo) 200gr. di
ricotta
1 cucchiaino senape
2 cucchiai di yogurt cremoso 1
cucchiaio di grappa
8 gherigli di noce
8 foglie piccole di lattuga sale
q.b.

Sbucciarc lc pere, tagliarle a metà e scavarle leggermente, passarle nel succo di limone e disporle nella campana del varoma.

Versare il vino e l'acqua nel boccale, posizionare il *varoma* e cuocere 20-30min. temp *varoma* Vel.2 (la cottura dipende dalle pere). Togliere e mettere da parte a raffreddare. Nel boccale pulito, ricotta, yogurt, grappa e senape, aggiustare di sale e amalgamare 30sec.Vel.3-4. con questo composto farcire le mezze pere. Preparare il piatto da portata con le foglie di, lattuga lavata ed asciugata, adagiarvi le pere farcite e decorare con sopra il gheriglio di noce. A piacere mettere il composto in una tasca per dolci con bocchetta a stella e riempire la cavità delle pere.

15.1.1.35   Pizza Meraviglia

Fonte: Forum Contempora http: //www.contempora.it

Ingredienti: 500gr di pasta brise' bimby 200gr di prosciutto cotto a striscioline 200gr di mozzarella di bufala campana<(ole'!)ahahah!!!> 2uova 1/2bikiere di panna liquida 200gr di ricotta sale pepe a piacere

Procedimento: Stendete la pasta in una teglia da pizza bukerellare con una forketta distribuirvi il prosciutto la mozzarella tagliata a fettine a parte lavorate: l'uovo il pepe il sale, la panna e la ricotta, mettere il tutto amalgamato sulla pizza e in forno preriscaldato a 190° per 30min(dipende dal tipo di forno ke avete)servire fredda tagliata a tranci.

Suggerimenti Vorwerk: Fare la pasta brisé come da L.B. pag 8. Nel boccale mozzarella e prosciutto cotto, 2 o tre colpi di turbo e distribuire sulla pasta nella teglia. Nel boccale, panna, ricotta, pepe, sale.10 sec. Vel.5. versare nella teglia e infornare. Suggeriamo 180°

15.1.1.36   Pizzettine

Fonte: Forum Contempora http: //www. contempora. it

Ingredienti: Pizzettine 250g. Di farina 250gr. Di mozzarella 20gr. Di sale 60gr. Di acqua 1 cubetto di lievito 30 pomodorini a ciliegia origano e sale q. B.

Procedimento: Pizzettine ingredienti: nel boccale lievito e mozzarella 20 s. Vel.4 poi introdurre tutto il resto 30 s. V. 8(lasciare riposare una ora) formare delle palline come acini di uva introdurre con le dita nel centro di queste palline ½ pomodorino ciliegina infornarle a forno preriscaldato e spruzzarle con origano e sale a forno caldo per 10/ 15 minuti a 180 200°

15.1.1.37   Prosciutto In Salsa Tiepida

Fonte: Forum Contempora http: //www. contempora. it
Ingredienti: 8 Fette Prosciutto Crudo 8 Ciuffi Valeriana 8 Cucchiai Aceto Balsamico 250 Cc Panna 2 Cucchiai Parmigiano 1 Cucchiaiata Pinoli 1 Noce Burro
1 Presa Zucchero
Procedimento: Tostare i pinoli in un tegame antiaderente. Preparare in ogni piatto 2 fette di prosciutto, 2 ciuffi di valeriana, un cucchiaino di pinoli tostati. Mettere nel boccale il burro e l'aceto balsamico 3' 80° Vel.1 con misurino inclinato (deve restringere un po') unire una presa di zucchero, la panna e il parmigiano, scaldare 2' a 80° Vel.2, non deve bollire. Versare caldo sul prosciutto e servire subito.
Suggerimenti Vorwerk: Questa ricetta deve piacere. Secondo noi il gusto del prosciutto e della valeriana si perdono.

15.1.1.38   Quiche Ai Porri E Salmone

Fonte: Forum Contempora http: //www. contempora. it
Ingredienti: 1 dose pasta brisé 100 g. salmone affumicato (vanno bene anche i ritagli) 2 porri (solo bianco) 30 g. burro 2 uova 100 g. panna sale, pepe, noce moscata poco latte per spennellare
Procedimento: Preparare la pasta brisé secondo la ricetta base e mettere a riposare in frigorifero. Mettere nel boccale i porri, 10 sec. Vel.4, poi unire il burro, 3 min. 100° Vel.2; mettere da parte. Mettere nel boccale le uova, la panna, sale, pepe, una grattatina di noce moscata 15 sec. Vel.2 poi unire il salmone, 10 sec. Vel.4, poi i porri, 10 sec. Vel.2. Accendere il forno a 180°. Tenere una piccola parte della pasta e stendere il resto sulla carta forno, poi metterla in uno stampo rotondo da crostata, eliminando le eccedenze, aggiungere il ripieno. Con la pasta rimasta fare delle striscioline e appoggiarle sopra, spennellarle con un po' di latte e mettere in forno a 180° per circa 40 minuti. Paola

15.1.1.39   Quiche Zucchine E Gamberetti

Fonte: Forum Contempora http: //www.contempora.it
Ingredienti: Per 6 8 persone Una dose di pasta brisè come da libro base 150g di zucchine a rondelle sottili (ma anche tritate col bimby se non vi interessa che si vedano le rotelle), 200g di gamberetti (senza guscio) freschi o scongelati, 5 uova, 30g parmigiano grattugiato, 300ml panna da cucina, 100g latte ps, noce moscata un pizzico, 10g olio ex ver.oliva, uno spicchio d'aglio e un cucchiaio di prezzemolo tritato.

Procedimento: Accendere il forno a 170°C. Preparare la pasta brisè come da ricettario base e metterla da parte. Quindi versare l'olio l'aglio il prezzemolo e le zucchine e appassire per 10min. 100° Vel.1 aggiungendo mezzo misurino d'acqua per evitare che brucino, salare e pepare il giusto. Mettere da parte le zucchine e senza lavare il boccale coprire le lame con dell'acqua posizionare il cestello e versarvi i gamberetti crudi, chiudere e cuocere a varoma da quando esce il vapore dal coperchio per 10min a Vel.1. Togliere il cestello e mettere da parte i gamberetti anche se non sono del tutto cotti perchè finiranno di cuocere in forno e lasciar intiepidire un po' il bimby. Quindi mettere la farfalla e versarvi le uova, il parmigiano grattugiato, la panna da cucina, il latte ps, la noce moscata e un po' di sale. Amalgamare per 30sec. Vel.2. (questo frittatone potrà sembrare in quantità esagerata, anche io ero perplessa, ma ci sta benissimo vi assicuro). Stendere la pasta brisè sulla carta da forno e trasferire carta e pasta nella teglia (circa da 30cm con i bordi alti almeno 4cm) facendo in modo di fare il bordo di pasta un po' altino cosicché la frittata cocendo non trabocchi. Quindi adagiare le zucchine in modo più possibile uniforme poi i gamberetti e poi con l'aiuto del boccale coprire tutto con il frittatone crudo. Infornare nel ripiano basso del forno, con notevole attenzione per evitare che la frittata esca fuori e lasciarla cuocere finché la frittata ed il bordo della quiche non hanno un aspetto "cotto". Servire calda, tiepida o fredda o anche riscaldata (quindi si può preparare anche il giorno prima e conservare in frigo), si taglia più agevolmente quando è fredda secondo me. A noi è piaciuta molto.

15.1.1.40   Rape Glassate

Ingredienti: 4 persone
700gr. di piccole rape
60gr. di olio extravergine di oliva
200gr. di brodo vegetale
30gr. di zucchero semolato
Lavare le piccole rape e lasciarle intere. Nel boccale, inserire la farfalla, versare l'olio e le rape e rosolare 5min. 100° Vel.1, versare lo zucchero e il brodo vegetale continuare la cottura 30min. 100° Vel.1 (controllare che il sugo riducendosi abbia formato la glassa). Versare in una pirofila e servire sia calde che fredde.

15.1.1.41   Rotolini Con Formaggio Grana

Fonte: Forum Contempora http: //www. contempora. it
Ingredienti: 500gr. di farina 1 cubetto di lievito di birra 10gr. di sale 150gr. di strutto 200gr. di formaggio grana grattugiato 300gr. di acqua
Procedimento: Sciogliere lo strutto in un pentolino e tenere da parte. Inserire l'acqua, il lievito e un pizzico di zucchero nel boccale 5 sec. Vel.4 Aggiungere la farina e il sale 30 sec. Vel.6 poi 2 ½ minuti Vel.Spiga. Togliere l'impasto e stenderlo con il mattarello per uno spessore di circa 3 mm. Spalmare la sfoglia con lo strutto sciolto tenuto da parte e cospargere con il formaggio grattugiato. Arrotolare la sfoglia su se stessa e tagliare poi dei rotolini di circa 3 4 cm. Adagiarli su una teglia rivestita di carta da forno e fare lievitare l'impasto coperto con un canovaccio per 2 ore. Cuocere in forno preriscaldato 180 200°C per 30 35 minuti. Sfornare e servire caldi, con affettati misti
Suggerimenti Vorwerk: Secondo il nostro parere lo strutto e il formaggio sono troppi. Basterebbero 50gr. di strutto e 150gr. di formaggio.

15.1.1.42   Salsa Di Salmone

Fonte: Forum Contempora http: //www.contempora.it
Ingredienti: 400g. di acqua, 1 cucchiaino di dado Bimby, 250g. di salmone fresco senza pelle, 30g. di burro, 60g. di formaggio Philadelphia, 2 cipollotti **Procedimento:** Mettere l'acqua nel boccale con il cestello con dentro il salmone. Cuocere a durante 10 12 min. a temp. varoma Vel.1. Togliere il salmone e buttare l'acqua. Senza lavare il boccale, rimettere il salmone cotto e tutti gli altri ingredienti e mescolare a Vel.5 durante 30 seg. con l'aiuto della spatola se é necessario. Versare in un contenitore e mettere in frigo almeno 3 hr. prima di servire. Spalmato su cracker, pane tostato o pucciarci le verdure crude é ottimo.

15.1.1.43 Salatini Alla Ricotta

Fonte: Forum Contempora http: //www. contempora. it

Ingredienti: 100gr. ricotta 200gr. farina 100gr. parmigiano grattugiato 100gr. burro ammorbidito sale(1 cucchiaino colmo) semi vari, paprika 1 uovo

Procedimento: Inserire nel boccale tutti gli ingredienti insieme, tranne l'uovo e i semi. Impastare, spatolando, 30" a Vel.4/5. Rovesciare sul tavolo, finire brevemente di impastare, stendere a rettangolo, allo spessore di 2 o 3 mm e ritagliare a fantasia, bastoncini, tondi, figure varie. Spennellare di uovo battuto e cospargere secondo i gusti: semi di papavero, sesamo, finocchio, cumino, paprika dolce o peperoncino. Infornare a 200° per 10/15'. Si conservano in scatola di latta.

15.1.1.44 Salatini D'ungheria

Fonte: Forum Contempora http: //www. contempora. it

Ingredienti: 250gr. di farina 80gr. di ricotta di pecora 130 di burro morbido 1 uovo intero e 1 tuorlo 20gr. di lievito di birra Per spennellare: 20gr. di panna liquida ½ cucchiaino di succo di limone 1 tuorlo 100gr. di formaggio affumicato (es. provola) **Procedimento:** Tritare il formaggio e Vel.5 per 10 15" e mettere da parte. Sbriciolare il lievito nel boccale, aggiungere le uova, la ricotta e il burro morbido, frullare pochi secondi a Vel.4. Inserire la farina e aiutarsi con la spatola per 30" a Vel.5. Se sembra troppo morbida aggiungere dal foro con lame in movimento un pochino di farina. Stendere la pasta su un piano infarinato ad uno spessore di circa

½ centimetro e tagliare delle piccole forme a triangolo o quadrato. Spennellare con la panna, il limone e il tuorlo sbattuti insieme, e mettere sopra il formaggio affumicato, cuocere a forno caldo 180° per 15' circa. Meglio se non lievitano troppo fuori dal forno. Buoni sia caldi che freddi.

15.1.1.45 Sandwich

Fonte: Forum Contempora http: //www. contempora. it

Ingredienti: 500gr. di farina Manitoba 150gr. di acqua 100gr. di latte a temp ambiente 90gr. di olio di semi 1 cubetto di lievito di birra 20gr. di zucchero 1 cucchiaino colmo si malto d'orzo (bene anche il miele) 10gr. di sale fino 1 uovo per pennellare

Procedimento: Nel boccale acqua, latte lievito sbriciolato, malto, olio a vel5 per 20''. Aggiungere la farina e il sale, impastare a Vel.6 per 30'', se vedete che fatica a staccarsi dalle pareti del boccale aggiungere un pochino di farina dal foro mentre è in movimento. Poi 30'' a spiga. Far lievitare 45', formare delle palline e sistemarle su carta forno distanti da loro, lasciar lievitare ancora 1 ora chiusi nel forno spento, pennellare la superficie con l'uovo battuto (così sono più belli, ma un'emulsione d'acqua e olio può sostituirlo). Cuocere a forno caldo 180° per 15 20'. Si possono fare anche i panini lunghi per hot dog. Si possono congelare e lasciar rinvenire a temperatura ambiente. Belli anche come panini mignonne (grandi come una noce) farciti sia con salato che con dolce.

Suggerimenti Vorwerk: Stupendi. Complimenti per i consigli.

15.1.1.46 Sformatini Al Formaggio

Fonte: Forum Contempora http: //www. contempora. it

Ingredienti: Per gli sformatini: 200gr. di formaggio brie; 250gr. di latte; 30gr. di parmigiano grattugiato; 30gr. di burro; 40gr. di farina; 20gr. di pangrattato; 2 uova; sale e pepe q. b. ;

Per la salsa: 2 pere kaiser; 2 cucchiai di miele; 10 gherigli di noce; 30gr. di burro; succo di 1/2 limone; una spruzzata di vino bianco; un pizzico di cannella.

Procedimento: Mettete nel boccale 30gr. di burro: 2 min. , 100° Vel.1. Aggiungete la farina: 1 min. , 90° Vel.3. Unite il latte, sale e pepe(facoltativo): 5 min. , 90° Vel.4. Aggiungere il brie a pezzetti 1 min. Vel.4. Durante la lavorazione aggiungere il parmigiano. Togliere il boccale e lasciare intiepidire il composto; inserire la farfalla e aggiungete le uova: 1 min. , Vel.3 4. Imburrate 4 stampini individuali da soufflé, spolverizzateli con pangrattato e versatevi il composto. Cuocete in forno caldo a bagnomaria per 30 min. a 170°. Preparate la salsa mettendo nel boccale il burro: 1 min. , 100° Vel.1. Aggiungete le pere tagliate a pezzi, il succo di limone e la cannella 5 min. 100° Vel.1; a metà cottura irrorare con vino bianco. Sgocciolate le pere e frullatele pochi sec. , Vel.3 fino a formare una salsa. Servite gli sformatini con la salsa di pere dopo averli cosparsi col miele e decorati con i gherigli di noce; **Suggerimenti Vorwerk:** Gli sformatini sono ottimi. Per quanto riguarda la salsa è una questione di gusto. Complimenti a Giuseppina Parini del Team redazione Vorwerk Contempora. Ricetta pubblicata sulla rivista Voi Noi Bimby (Ottobre 2001).

15.1.1.47   Sformatini Di Carciofi

Fonte: Forum Contempora http: //www. contempora. it
Ingredienti: Per gli sformatini: 350gr. di cuori di carciofi, 200gr. di ricotta, 2 uova, sale, pepe, olio. Per la salsa: 450 ml di latte, 30gr. di farina, 40gr. di burro, noce moscata.
Procedimento: Mettere nel boccale 2 cucchiai di olio, un cucchiaio di dado Bimby, 4 cucchiai di acqua, sale, pepe ed i carciofi (anche quelli scongelati). Cuocere per 15 minuti a 90° Vel.2. Far intiepidire un po' e poi aggiungere la ricotta, 40 sec. Vel.da 1 a 5. Aggiungere i tuorli, mescolare per 20sec. Vel.da1 a 5. Montare a parte le due chiare con un pizzico di sale, amalgamarle al composto spatolando delicatamente. Imburrare e infarinare leggermente 6 stampini (quelli da muffin vanno benone) e versare il composto a cucchiaiate livellando bene, fino quasi al bordo (se sono i pirottini di metallo, riempirli per metà. Prcriscaldare il forno a 180° e cuocere a bagnomaria per 20 minuti. Nel frattempo, preparare una besciamella un po' lenta con gli ingredienti sopra indicati. Cuocere per 6 7 minuti a 90° Vel.2/3. Poco prima della fine, aggiungere 3 cucchiai di parmigiano Mettere gli sformatini sui piatti e condire con la besciamella, servire caldi. Figurone assicurato!

15.1.1.48   Sformato Di Taleggio

Fonte: Forum Contempora http: //www. contempora. it
Ingredienti: Latte 1/2 lt. Farina 80gr. Burro 30gr. Uova 6(chiare a parte)Taleggio 300gr. Parmigiano q. b. Sale.
Procedimento: Inserire nel boccale latte, burro, farina e un pizzico di sale 7 min. 90° Vel.4. Aggiungere a fine cottura il taleggio, 1 min. Vel.8;quando il composto si è freddato, unire i tuorli e per ultimo le chiare a neve. Il parmigiano lo si può aggiungere con il taleggio per rendere il composto più saporito. Si versa in uno stampo da soufflè o negli stampini cocendo in forno a bagno maria a 175°per circa 45 min. Si può servire con dei funghi trifolati, accompagnati da una salsa leggera al formaggio(parmigiano). Parmigiano un misurino. Ottimo risultato.

15.1.1.49   Soufflè Di Fiori Di Zucca

Fonte: Forum Contempora http: //www. contempora. it
Ingredienti: per 4 persone 3 uova 50g di latte 15g burro fuso 15gr. farina 100g panna da cucina 30g di parmigiano o grana 10 fiori di zucca erba cipollina prezzemolo 100g di emmenthal sale e pepe carta da forno 4 pirottini in metallo o altro oppure una piccola teglia, io ho usato una pentolina tutta in metallo del diametro 12cm e altezza 6 cm

Procedimento: Ho letto ieri questa ricetta su un noto giornale e allora ho fatto una corsa nell'orto ed ho colto i fiori però ho adattato le dosi rispetto alla fame che avevamo e a quello che avevo nel frigo ed il risultato mi è parso delizioso e anche carino da vedere se interessasse a qualcuno potrei inserire anche le dosi scritte nel giornale che erano per 6 persone Mettere a bagno i fiori di zucca in una terrina con dell'acqua. Nel boccale mettere l'emmenthal (io ho usato Lerd. mer) e tritarlo finemente a velocità progressiva fino a 7 e metterlo da parte. Senza lavare il boccale inserire le uova, il latte e la panna e miscelare a Vel.2/3 per 30". Aggiungere la farina con lame in movimento a Vel.3 e continuare per 1 minuto poi il burro fuso leggermente intiepidito ed il parmigiano ed il sale miscelare a Vel.3 e lasciar riposare per 10'quindi aggiungere l'erba cipollina ed il prezzemolo tagliato grossolanamente con le forbici solo spatolando. Nel frattempo tagliare con le forbici il gambo ai fiori ed anche il pistillo possibilmente senza rompere i petali e farcirli con l'emmenthal. Foderare la pentolina o i pirottini con la carta da forno bagnata e strizzata facendola aderire bene quindi versare un poco di pastella e poi i fiori ripieni sovrapponendoli e poi il resto della pastella quindi tagliare l'eccedenza di carta da forno in modo che questa sopravanzi il soufflè ma che sia tagliata regolarmente (se vi avanza l'emmenthal non lo spolverate sopra la pastella perchè poi abbrustolisce e prende un sapore troppo forte rispetto al resto del soufflè). Io ho cotto tutto nel fornetto DeLo. hi a mezza altezza per evitare che sotto facesse crosta, preriscaldato a 180° per 40' coperto con un pezzetto di carta da forno bagnata e strizzata poi pochi minuti senza carta per gratinare. quindi sforNare e sforMare sul piatto da portata o sui piattini da antipasto dei commensali con tutta la carta (che è abbastanza d'effetto) un pizzico di erba cipollina al volo che è sempre chic ed una macinatina di pepe fresco entrambi un po' sul soufflè ed un po' sul piatto che fa molto grand gourmet e servire subito perchè si sgonfia velocemente. ciao belli miei. Suggerimenti Vorwerk: Tritare l'emmenthal da 1 a 7 per 5 6 sec. Il sistema di cottura, i tempi e i° vanno bene.

15.1.1.50   Taramosalata

Fonte: Forum Contempora http: //www. contempora. it
Ingredienti: ½ dose (scarsa) di purè Bimby, 50gr di tarama o un vasetto di uova di lompo rosse, 1 tazzina di succo di limone, ½ cucchiaio di aceto bianco, 2 cucchiai di acqua, 1 piccola cipolla, olio
Procedimento: nserite nel boccale la cipolla Vel.4 fino a turbo 35sec. aggiungete succo di limone e aceto e con la farfalla in movimento Vel.2 aggiungete due tre cucchiai di olio a filo. Fate montare ancora 1min. Vel.2. Aggiungete purè, tarama, acqua e 2 minuti Vel.2 aggiungendo eventualmente un altro cucchiaio di acqua tiepida. Deve risultare una crema morbida. Servire come antipasto in un'insalatiera guarnendo con olive, capperi ciuffi di prezzemolo e crostini di pane tostato. È una ricetta greca, modificata in grassi e adattata un po' ai nostri gusti

15.1.1.51   Tigelle

Fonte: Forum Contempora http: //www. contempora. it
Ingredienti: gr. 500 di farina, gr. 100 di strutto, 1 bustina di lievito secco o 1 panetto da 25gr. di lievito di birra, 1 cucchiaio raso di sale, latte per impastare (circa 200 ml)
Procedimento: Sciogliere il lievito in poco latte tiepido e aggiungere mezzo cucchiaino di zucchero. Lasciar riposare qualche minuto, poi aggiungere la farina, facendo una fontana, il sale, lo strutto lasciato ammorbidire e il latte tanto da ottenere un impasto morbido. Lasciare riposare per un'ora e mezza, poi riprendere e formare delle palline. Scaldare il testo per piadine e tigelle da un lato (in alternativa, si puo' usare una piastra antiaderente), girarlo e posare le palline dal lato meno caldo, prenderanno la forma consueta cuocendo col coperchio chiuso. Girare ogni tanto il testo e controllare la cottura delle tigelle che devono prendere un colore appena rosato. Per la cottura io utilizzo il fornello più grande a fiamma bassa. La cottura dura circa 10 12 minuti. Con questa dose si ottengono circa 18 tigelle.

Suggerimenti Vorwerk: Preparare tutti gli **ingredienti:** Adoperare il lievito di birra secco, ne basta una bustina da 10gr. . Mettere nel boccale le uova 10 sec. Vel.6 Aggiungere la farina, lo zucchero e il sale 20 sec. Vel.6. Con lame in movimento, sempre a Vel.6 continuare la lavorazione per altri 20 sec. aggiungere il burro fuso, continuare la lavorazione per altri 20 sec. poi il latte con il lievito. Mettere la pasta in una ciotola e far lievitare. Pulire il boccale. Tritare le noci per qualche sec. a Vel.Turbo. Aggiungere la pancetta a cubetti piccoli 5 min. 60° Vel.1. Versare nella ciotola della pasta pancetta e noci. Suggeriamo di incorporarla nella ciotola. Quindi nella teglia.

15.1.1.52   Tigelle Dietetiche

Fonte: Forum Contempora http: //www. contempora. it
Ingredienti: 1 kg di farina, 1 pacchetto di lievito di birra, 1 uovo, 1 cucchiaino di zucchero, 2 cucchiai di olio di semi, sale, acqua e latte q. b.
Procedimento: Impastare il tutto con metà acqua e metà latte tiepido. Lasciar lievitare, poi fare le tigelle. Lasciarle lievitare nuovamente, poi cuocere negli stampi.
Suggerimenti Vorwerk: Gli ingredienti sono eccessivi nelle loro dosi. Abbiamo messo 500gr. di farina, ½ cubetto di lievito di birra 1 cucchiaino di zucchero, un cucchiaio di olio di semi, un cucchiaino di sale, 150gr. di latte, 150gr. di acqua. L'uovo non l'abbiamo messo in quanto l'impasto è perfetto. Praticamente è l'impasto della pizza. Queste tigelle generalmente, vengono cotte in olio bollente e condite con miele, con vino cotto, sparse di zucchero o sparse di sale secondo i gusti personali.

15.1.1.53   Tomini Al Radicchio

Fonte: Forum Contempora http: //www.contempora.it
Ingredienti: per 4 persone 4 tomini 1 palla di radicchio rosso due cucchiai di pinoli due cucchiai di uvetta
Procedimento: Accendere il forno a 180°. Nel bimby versare il radicchio e tritarlo a Vel.3 4 quindi aggiungere 1/2 1 misurino d'acqua, poco sale e appassire per 4 5 minuti a 80°C Vel.2. Disporre il radicchio in quattro mucchietti in una teglia con carta da forno (se il radicchio è ancora acquoso scolarlo con l'aiuto del cestello), cospargere di pinoli e uvetta ogni mucchietto e adagiarvi sopra un tomino ed infornare a mezza altezza e lasciar cuocere fino a che i tomini non hanno l'aspetto di scoppiare gratinarli giusto un secondo per farli scurire un po', ma con attenzione altrimenti bruciano i pinoli e l'uvetta. Con la paletta piatta prelevare un mucchietto di insalata e tomino e metterlo nel singolo piattino da antipasto e aggiungere una fettina quadrata di Quiche zucchine e gamberetti e servire i tomini caldissimi. Se non volete fare la quiche potete anche servire il tomino da solo, a me è piaciuto molto. Ciao

15.1.1.54   Tondini Al Formaggio

Fonte: Forum Contempora http: //www.contempora.it
Ingredienti: 130g di farina, 50g di burro morbido, 1 uovo, 50gr. di parmigiano.
Procedimento: Dal libro "alla scoperta di bimby": Grattugiare il formaggio con il boccale asciutto, poi inserire tutti gli altri **ingredienti:** 10 sec. Vel.6. Stendere l'impasto su un piano e ritagliare a tondini sottili oppure della forma che desiderate, sistemarli nella teglia (o sulla carta forno) e cuocere in forno caldo a 180° per 10 min. circa. Sono ottimi da servire con patè o mousse di prosciutto. E' una ricetta da me collaudata tantissime volte e sempre riuscitissima.

15.1.1.55   Torta Di Scarola

Fonte: Forum Contempora http: //www. contempora. it
Ingredienti: Per la pasta: 200gr. farina00. 50gr. farina americana, 75gr. burro, 1uovo, 1cucchiaio di olio d'oliva, 1cucchiaio di aceto, un pizzico di sale, poca acqua tiepida per amalgamare.
Per il ripieno: 2 piante di scarola 1 spicchio d'aglio, 2cucchiai d'olio extra vergine sale q. b. pasta d'acciughe a piacere.

Procedimento: Inserire nel boccale prima la farina e poi gli altri ingredienti per 15sec. Vel.6. Lavare il boccale. Inserire 2 cucchiai d'olio e uno spicchio d'aglio 3min. 100° Vel.1. Lessata la scarola e sminuzzata farla insaporire per 3min. 100° Vel.1. Infine unire capperi, olive e sale q. b. Formare 2 dischi, stendere il primo e, bucherellarlo con i rebbi di una forchetta, versarvi la scarola ;chi vuole può aggiungervi la pasta d'acciughe;coprire con la restante pasta e infornare a 190° per circa 35 min.

Suggerimenti Vorwerk: La pasta è molto friabile e gustosa al palato. Si può anche spezzettare la scarola, metterla a cuocere con aglio e olio 10 min. 100° Vel.1. Prima di aggiungere capperi olive, sale e pasta di acciughe, colare un po' dell'acqua in eccesso che si crea durante la cottura della scarola.

15.1.1.56   Triangolini Di Mandorle

Fonte: Forum Contempora http: //www. contempora. it

Ingredienti: 100 di mandorle tostate un cucchiaio di pan grattato, prezzemolo tritato finemente in abbondanza 2 cucchiai di capperi sottosale 1/2 spicchio di aglio 10/12 cucchiai di olio extravergine di oliva un pizzico di peperoncino macinato pan carrè tagliato a triangolini

Procedimento: Inserite le mandorle nel boccale con il pan grattato e tritare Vel.6 30 sec. , aggiungete il prezzemolo, l'aglio ed i capperi e tritate Vel.5 6; con le lame in movimento aggiungete peperoncino e olio a filo. Spalmate la crema ottenuta su fette di pane leggermente tostato e decorate ogni tartina con una mandorla intera e, a piacere, un ciuffetto di prezzemolo.

Suggerimenti Vorwerk: Anche qui, debbono piacere le mandorle, il gusto è troppo forte. Tritare prima il prezzemolo ben asciutto a Vel.7 con lame in movimento.

15.1.1.57   Uova In Crema Di Carciofi

Ingredienti: 4 persone 450 gr
di fondi di carciofo 1 spicchio
d'aglio
1 cucchiaino di prezzemolo tritato 30gr.
olio extravergine di oliva
1 limone
4 uova sode
50gr. di vino bianco secco sale e
pepe q.b.
Mettere a bagno i fondi di carciofo in acqua acidula con limone, tagliarli a tocchetti. Posizionare la farfalla nel boccale, versare l'olio, i carciofi, l'aglio, il vino, il sale e il pepe, cuocere: 15-20min. 100° Vel.1. Togliere la farfalla.
Aggiungere il prezzemolo tritato e lasciare raffreddare nel boccale.
Tagliare a metà le uova sode, togliere il tuorlo e unirlo ai fondi di carciofo nel boccale, frullare: 1min. Vel.5-7. Togliere e mettere da parte. Farcire le uova con il composto di carciofi, metterli in un piatto da portata decorato con gambi di prezzemolo e fettine di limone.

15.1.1.58   Uova In Rosso

Ingredienti: 4 persone
100gr. di maionese come da ricetta base 1
cipollina bianca fresca
600gr. di acqua 4
uova
1 vasetto di uova di lombo rosse 1
cucchiaio di panna
1 cespo di lattuga sale
e pepe q.b.
Preparare una dose di maionese come da ricettario base e mettere da parte.
Mettere le uova nel cestello, l'acqua nel boccale con un pizzico di sale, inserire il cestello e cuocere: 13min. 100° Vel. 2.
A cottura ultimata, passare le uova sotto l'acqua corrente, sgusciarle, tagliarle a metà per il lungo, togliere i tuorli e mettere da parte le vaschette di albume cotto.

Nel boccale pulito con lame in movimento a Vel.3-5 tritare la cipolla finissima, portare a Vel.1 e unire 2/3 del lombo, i tuorli cotti, la maionese, la panna, salare e pepare, amalgamare 15sec.Vel.2.

Farcire le vaschette di albume con il composto. Preparare le foglie di lattuga lavate e asciugate, metterle su un piatto da portata, adagiarvi sopra le uova farcite e decorare con le uova di lombo tenute a parte.

15.1.1.59   Vellutata Di Zucca Al Curry

Fonte: Forum Contempora http://www. contempora. it

Ingredienti: 1 kg di zucca, 2 cucchiai di farina, 2 dl di latte, 4 dl di acqua, 1 cucchiaio di dado, un po' di pepe, curry, prezzemolo fresco, 1/2 bicchiere di panna magra

Procedimento: Da adattare al Bimby. Pulire la zucca (si consiglia di metterla 10 min. in forno caldo così sarà più facile togliere la buccia). Tagliarla a dadini e metterla in una pentola con l'acqua e il dado. Lasciarla cucinare per ca. 10 min. Poi frullarla. Sciogliere in un bicchiere la farina nel latte e lentamente aggiungerla nella pentola con la zucca. Aggiungere il prezzemolo tagliato, il curry, pepe e la panna. Lasciar cucinare ancora per una decina di minuti. Gustare calda.

Adattare la propria la Ricetta come da L. B. pag. 124. "Vellutata di zucca".

15.1.1.60   Zucchine Trifolate

Ingredienti: 4 persone
1 kg di zucchine piccole e fresche 3
tuorli d'uovo
50gr. olio extravergine di oliva
30gr. aceto di vino
1 mazzolino di prezzemolo sale
e pepe q.b.

Lavare e tagliare le zucchine per il lungo. Nel boccale tritare il prezzemolo con lame in movimento Vel.5 per 15 sec, unire l'olio inserire la farfalla e le zucchine, brasare: 15min. 100° Vel.1.

Preparare in una ciotola i 3 tuorli mescolare con l'aceto, il sale e il pepe.

Togliere la farfalla, ed eliminare il liquido eccedente (lasciando le zucchine nel boccale), versare sulle zucchine il composto di uova e aceto: 5min. temp. *Varoma* Vel.1.

Le uova devono risultare leggermente coagulate. Versare il tutto su un piatto da portata e servire freddo.

15.1.2   Insalate

15.1.2.1   Insalata Di Farro E Pollo

Ingredienti: 6 persone
250gr. di farro
300gr. di petto di pollo 1
mazzetto di rucola 20gr. di
pinoli
40gr. di mandorle
40gr. di olio extravergine di oliva
succo di un limone
sale e pepe q.b.

Versare 700gr. di acqua nel boccale, un pizzico di sale e il farro.

Preparare il petto di pollo oliato nella campana del varoma, posizionarlo e cuocere 30min. temp *varoma* Vel.1 (se bolle troppo forte abbassare la temp a 100°).

A cottura ultimata, colare il farro e versarlo in una terrina, tagliare a listarelle il petto di pollo e unirlo al farro.

Ne l boccale pulito tritare le mandorle con due colpi di turbo e tostare 2min. 100° Vel.1.

Lavare a asciugare la rucola, tagliarla e unirla con i pinoli e le mandorle tostate al farro e pollo.Condire il tutto con olio, succo di limone , sale e pepe e servire.

Consiglio: questa insalata può essere utilizzata come piatto unico.

15.1.2.2 Verdure Al Profumo Di Timo E Limone

Ingredienti: 4 persone
400gr. di cavolini di Bruxelles
300gr. di zucca
3 piccoli porcini o champignons 2
rametti di timo
1 ciuffo di prezzemolo 1
spicchio di aglio
40gr. di olio extravergine di oliva 2
cucchiai di aceto
500gr. di acqua 1
fetta di limone
1 pizzico di sale e pepe
Mondare, lavare i cavolini e tagliarli in 4 parti, la zucca e mondata e tagliata a fettine.Sistemare i cavolini nella campana del varoma, la zucca nel vassoio del varoma;versare nel boccale l'acqua, il limone e un pizzico di sale. Posizionare il varoma, cuocere 20-25min. temp *varoma* Vel.1.
Terminata la cottura sistemare le verdure in un piatto grande da portata.
Pulire i funghi e tagliarli a fettine, unire alle verdure.Nel boccale pulito olio, aglio, timo, prezzemolo, aceto, sale, pepe, emulsionare 4min. 80° Vel.3.
Versare il condimento caldo sulle verdure mescolando delicatamente.
Consiglio: queste verdure sono ottime accompagnate da un pane alle noci.

15.1.2.3 Insalata Di Cavolfiori E Mandorle

Ingredienti: 4 persone
1 piccolo cavolfiore 1
spicchio di aglio 12
mandorle
1 pomodoro concassè
10 olive nere snocciolate il
succo di un limone
30gr. di olio extravergine di oliva sale
q.b.
Dividete il cavolfiore a cimette privandolo del torsolo, lavarlo e tagliare le cimette a fettine sottili e mettere in una terrina.
Nel boccale, mandorle sbucciate, olive snocciolate, spicchio di aglio e tritare 10sec.Vel.4-5 .
Aggiungere il succo di limone, l'olio , il sale 3min. 70° Vel.2 .
Versare la salsina sul cavolfiore, aggiungere il pomodoro, mescolare delicatamente e servire.

15.1.2.4 Insalata Golosa

Ingredienti: 4 persone 100gr. di
cicorino o valeriana
100gr. di funghi freschi porcini o champignons 2
zucchine freschissime
1 finocchio
2 cucchiai di gherigli di noce 1
cucchiaio di nocciole
il succo di due arance
1 mazzolino di prezzemolo
20gr. di olio extravergine di oliva sale
q.b.
Lavare il cicorino e unirlo alle altre verdure e ai funghi ben lavati e tagliati a fettine sottili.
Ne l boccale preparare una salsina tritando: noci, nocciole 10sec.Vel.5 , unire il prezzemolo con lame in movimento Vel.5 per 10 sec.
Unire il succo di arancia, l'olio, il sale e emulsionare 10sec.Vel.2. versare sulle verdure, mescolare delicatamente e servire.

15.1.2.5 Cavolfiore Agli Agrumi

Ingredienti: 4 persone
1 piccolo cavolfiore
2 limoni
2 arance
1 cucchiaio di prezzemolo tritato
20gr. di olio extravergine di oliva sale
e pepe q.b.

Mondare il cavolfiore eliminando le foglie più dure e parte del torsolo e immergere le cimette in acqua acidulata con il succo di un limone. Tagliare le cimette a fettine sottili e metterle in un piatto da portata. Preparare nel boccale una vinagrette con il succo di un'arancia e un limone, l'olio, il prezzemolo, un pizzico di sale e pepe, emulsionare 10-15sec.Vel.3, versare sulle cimette di cavolfiore.
Pelare a vivo l'altra arancia, tagliarla a fette sottili e decorare il piatto da portata.

15.1.2.6 Indivia Alle Arance E Mandorle

Ingredienti: 4 persone 2
cespi di indivia fresca 50gr.
di mandorle
2 arance pelate a vivo 1
spicchio di aglio
1 limone
1 mazzolino di erba cipollina

Lavare accuratamente le foglie di indivia e asciugarle bene.
Nel boccale aglio, erba cipollina e tritare 10sec.Vel.3-5, diluire il trito con il succo del limone, emulsionare 10sec.Vel.2 .
Tagliare a fettine le arance e mettere da parte. Disporre le foglie di indivia su un piatto da portata, cospargerle con le mandorle a filetti (o tritate) , sovrapporre le fettine di arancia e condire con la salsina preparata.

15.1.2.7 Insalata Di Lattuga Romana E Acciughe

Ingredienti: 4 persone 1
cespo grosso di lattuga
100gr. di olive snocciolate
50gr. di acciughe
50gr. di capperi
30gr. di olio extravergine di oliva un
pizzico di sale
il succo di mezzo limone

Lavare accuratamente sotto l'acqua corrente la lattuga, togliere le foglie, asciugarle tenendole capovolte su un telo in modo che si soclino bene.
Spezzettare le olive e i filetti di acciuga nel boccale 10-15sec.Vel.3 e mettere da parte.
Versare l'olio, i capperi e il succo di mezzo limone, frullare 20sec.Vel.5-6 .
Distribuire 3 foglie di insalata su ogni piatto, cospargere con un poco del trito di acciughe e olive, lappare con la salsa di capperi e olio e servire.

15.1.2.8 Insalata Di Orzo Mirtilli E Ananas

Ingredienti: 4 persone
100gr. di orzo perlato
400gr. di acqua
100gr. di mirtilli 100
di uva bianca
1 zucchina freschissima il
succo di 1 arancia
4 fettine di ananas fresco 2
mele
una fetta di limone
2 cucchiai di olio extravergine di oliva un
pizzico di sale

Versare l'acqua, una fetta di limone e un pizzico di sale nel boccale e l'orzo nel cestello, cuocere 30 mun 100° Vel.1-2.

Lavare l'uva e i mirtilli, sbucciare le mele e tagliarle a dadini. Ridurre a dadini le fette di ananas.

A fine cottura dell'orzo, lasciarlo raffreddare in un piatto da portata.

Nel boccale pulito tritare la zucchina 10sec.Vel.3, unirla all'orzo e a tutta la frutta tagliata a tocchetti.

Emulsionare nel boccale il succo dell'arancia e l'olio 10sec.Vel.2. Versare sulla frutta e l'orzo amalgamando delicatamente.

15.1.2.9 Insalata Di Mare Rossa E Gialla

Ingredienti: 4 persone
500gr. di moscardini già puliti
400gr. di patate
2 barbabietole rosse già cotte
100gr. di vino bianco secco il
succo di 1 limone
1 foglia do alloro
40gr. di olio extravergine di oliva 1
spicchio di aglio
sale, pepe, prezzemolo tritato q.b.

Versare nel boccale, l'acqua, il vino e il succo di limone, la foglia di alloro, lo spicchio di aglio, i moscardini e un pizzico di sale.

Sbucciare e tagliare le patate a fette e metterle nella campana del varoma, posizionare il *varoma* e cuocere 30min. temp *varoma* Vel.1.

A cottura ultimata, togliere dalla campana le patate e metterle in un piatto da portata, aggiungere i moscardini e le barbabietole tagliate a fettine.

Condire con olio, sale, pepe e una spolverata di prezzemolo tritato.

15.1.2.10 Insalata Di Farro Carote E Frutta

Ingredienti: 4 persone
50gr. di farro
200gr. di uva bianca da tavola 2
carote
20gr. di pinoli 2
mele
2 kiwi
1 pompelmo
un pizzico di sale

Mettere in ammollo il farro nel succo di pompelmo per una notte. Colare tenendo da parte il succo del pompelmo.

Versare i chicchi di farro nel cestello, nel boccale versare 300gr. di acqua e un pizzico di sale; posizionare il cestello e cuocere 20min. 100° Vel.2 .

A cottura ultimata versare il farro in una terrina e lasciarlo raffreddare.

Lavare e sbucciare tutta la frutta e ridurre la polpa a tocchetti. Tritare le carote con due colpi di turbo. In un largo piatto da portata versare il farro, le carote e la frutta a tocchetti, unire i pinoli e versare il succo di pompelmo tenuto a parte.

Consiglio: in questa insalata abbiamo condito con solo succo di pompelmo, per chi ama i sapori più delicati sostituire il pompelmo con olio extravergine di oliva.

15.1.3 Primi

15.1.3.1 Penne Ai Porri

Ingredienti: 4 persone
500gr. di penne
2 porri medi
1 scalogno
100gr. di bacon a cubetti
50gr. di olio extravergine di oliva 1
cucchiaio di dado bimby

900gr. di acqua

sale, pepe e parmigiano q.b.

Pulire e mandare i porri togliendo le foglie più dure, la parte verde e la radice, poi tagliarli a rondelle.

Preparare un soffritto nel boccale olio e scalogno 3min. 100° Vel.4 .

Aggiungere il bacon, le rondelle di porro e u cucchiaio di dado bimby, insaporire 3min. 100° Vel.1.

Unire l'acqua, aggiustare di sale e portare a bollore 8min. 100° Vel.1. Versare la pasta e cuocere per il tempo indicato sulla confezione più 2min. di riposo.

Servire la pasta cosparsa di formaggio parmigiano e un filo di olio extravergine di oliva.

15.1.3.2 Crema Di Zucchine Con Filetti Di Sogliola (O Platessa)

Ingredienti: 4 persone 400gr. di zucchine chiare 300gr. di filetti di sogliola

600gr. di brodo vegetale bimby 1 scalogno

30gr. di farina 00

100gr. di vino bianco secco

30gr. di olio extravergine di oliva

1 mazzolino di basilico (o 2 cucchiai di pesto alla genovese) 30gr. di parmigiano reggiano grattugiato

crostini di pane tostato sale

e pepe q.b.

Lavare i filetti di sogliola e posizionarli nel varoma, dopo averlo foderato con carta da forno bagnata e strizzata. Salarli e peparli.

Preparare un soffritto: scalogno e olio nel boccale 3min. 100° Vel.4.

Aggiungere le zucchine e il basilico Vel.7 per 1° sec, rosolare 3min. 100° Vel.2. Sfumare con il vino, unire la farina e il brodo vegetale, posizionare il *varoma* e cuocere 20-25min. temp *varoma* Vel.2.

Togliere il varoma, unire alla crema di zucchine il parmigiano, aggiustare di sale e pepe, frullare 1min. Vel.7.

Versare in una zuppiera di coccio, unire il pesto (o basilico) e i filetti di sogliola. Servire con crostini di pane tostato.

15.1.3.3 Tagliatelle Di Verza E Speck

Ingredienti: 4 persone

250gr. di tagliatelle all'uovo (vedi ricetta libro base) 100gr. di speck

50gr. di pancetta affumicata 1 scalogno

3 foglie di salvia 1 peperoncino

300gr. di cavolo verza

50gr. di parmigiano reggiano grattugiato

600gr. di acqua

1 cucchiaio di dado bimby

30gr. di olio extravergine di oliva 1 noce di burro

sale e pepe q.b.

Preparare una sfoglia come da ricettario base e ricavarne delle tagliatelle.

Lavare le foglie di verza, tagliarle a listarelle, tagliare lo speck a dadini e metterlo da parte.

Nel boccale preparare un soffritto con olio, pancetta, peperoncino e scalogno 3min. 100° vel4. Inserire la farfalla e aggiungere le listarelle di verza, le foglie di salvia, brasare 10min. 100° Vel.1. Aggiustare di pepe e sale.

Togliere la farfalla, versare l'acqua, il dado e continuare la cottura per altri 10min. 100° Vel.1.

Cuocere la pasta per 3-4min.. Versare in una zuppiera, condire con i dadini di speck, il burro eil parmigiano. Servire caldissima.

15.1.3.4   Farfalle Con Piselli E Polpettine Di Ricotta

Ingredienti: 4 persone
Per le polpettine:
250gr. di ricotta fresca 2
tuorli d'uovo
50gr. di parmigiano reggiano
1 cucchiaio di prezzemolo tritato sale e
pepe q.b.
Per la pasta:
350gr. di pasta di semola tipo farfalla 2
pomodori concassè (tagliati a dadini) 20gr.
di parmigiano reggiano
30gr. di olio extravergine di oliva 1
cipollina bianca, 1 noce di burro 1
cucchiaino di dado bimby
1 pezzettino di zenzero (a piacere) 1
mazzolino di erba cipollina

Preparare le polpettine, amalgamando tutti gli ingredienti, nel boccale Vel.3-4 per 20 sec, togliere e preparare delle piccole polpettine, infarinarle e metterle nel varoma. Nel boccale pulito, tritare la cipolla 5sec.Vel.3, inserire la farfalla, unire l'olio, i piselli, lo zenzero, 100gr. di acqua e il dado, cuocere 5min. 100° Vel.1. Versare 600gr. di acqua, aggiustare di sale 10min. 100° Vel.1. Versare le farfalle, posizionale il *varoma* e cuocere a *varoma* Vel.1 per il tempo indicato sulla confezione.
A cottura ultimata versare le farfalle e i piselli in una zuppiera, condire con una noce di burro, il parmigiano, il pomodoro spellato, pulito dai semi e tagliato a dadini, qualche filo di erba cipollina tagliato, aggiungere le polpettine e servire.

15.1.3.5   Zuppa Di Pesce E Funghi

Ingredienti: 4 persone
600gr. di rana pescatrice (se possibile con fegato)
25gr. di funghi porcini secchi
40gr. di olio extravergine di oliva 4
pomodorini maturi da sugo
2 coste di sedano, 2 carote
1 cipolla grossa, 1 patata media
1 mazzolino di prezzemolo, 2 spicchi di aglio sale
e pepe q.b.

Pulire il pesce, tagliarlo a fette e metterlo nel cestello. Versare nel boccale 1 litro d'acqua, una costa di sedano, una carota, un pezzetto di cipolla, uno spicchio di aglio e un pizzico di sale. Inserire nel cestello e cuocere 15min. 100° vel1.
Mettere i funghi ad ammorbidire in acqua tiepida, preparare i pomodori, senza buccia e senza semini, tagliati a pezzettini.
A cottura ultimata togliere il cestello, filtrare il brodo e metterlo da parte.
Preparare il sugo: tritare ne l boccale, la cipolla rimasta, il sedano, la carota e l'aglio 15sec.Vel.3-5 unire l'olio e rosolare 3min. 100° vel1 aggiungere i funghi strizzati, i pomodori e la patata tagliata a dadini cuocere 5min. temp *varoma* Vel.1 aggiungere il brodo tenuto a parte, aggiustare di sale e pepe, cuocere 5min. temp *varoma* Vel.1. Unire il cestello con le fette di pesce e continuare la cottura per altri 10 min.
Tostare le fette di pane, poi collocarle nei piatti fondi, sistemarvi i pezzi di pesce e il brodo con le verdure, i funghi, spolverizzare di prezzemolo e un filo di olio extravergine di oliva a piacere prima di servire.
Consiglio: chi abita nelle città di mare e riesce a reperire dei pescatori, la rana pescatrice (coda di rospo) completa di fegato, avrà una prelibatezza da non perdere.

15.1.3.6   Minestra Di Zucca E Fagioli

Ingredienti: 4 persone
600gr. di zucca
150gr. di ditalini (pasta rigata)
300gr. di fagioli bianchi di Spagna o cannellini

600gr. di latte

600gr. di brodo vegetale bimby 30gr. di olio extravergine di oliva 20gr. di burro

30gr. di parmigiano reggiano grattugiato 4 fette di pane casereccio

sale e pepe q.b.

Pulire la zucca, decorticarla e tagliarla a pezzetti, mettere i pezzetti di zucca nel boccale con me in movimento a Vel.3-5 per pochi secondi.

Unire il burro e l'olio, rosolare 5min. 100° Vel.1 aggiungere i fagioli, il brodo, il latte e il sale, cuocere 30min. 100° Vel.1, versare la pasta e cuocere il tempo indicato sulla confezione. Controllare di sale e pepate a piacere.

Servire la minestra, in piatti fondi, spolverare con parmigiano e accompagnare con le fette di pane casereccio, a piacere rosolate nel burro.

15.1.3.7 Crema Di Lenticchie Con Verza E Salamelle

Ingredienti: 4 persone

400gr. di lenticchie

4 salsicce

1 cipolla, 1 carota, 1 pezzetto di sedano 1 pezzetto di peperoncino

50gr. di olio extravergine di oliva

50gr. di parmigiano reggiano

5 foglie di verza

1 litro di brodo vegetale bimby (o acqua e dado bimby) sale e pepe q.b.

Scottare le foglie di verza, ben lavate, nel boccale con acqua che bolle e sale, per pochi minuti, tagliarle a piccoli quadretti e mettere da parte. Nel boccale tritare la cipolla, il sedano e la carota 10sec.Vel.3-5. Aggiungere 30gr. di olio e soffriggere 3min. 100° Vel.1, unire le lenticchie, il brodo vegetale, sale e pepe.

Sistemare le salsicce nella campana del varoma, posizionare il *varoma* e cuocere 25min. temp *varoma* Vel.1. A fine cottura togliere il varoma. Tagliare le salsicce a fettine e arrotolare ogni fettina in un quadretto di verza. Togliere dal boccale due mestoli di lenticchie e metterle da parte, lasciare raffreddare un poco, poi frullare le lenticchie rimaste nel boccale 50sec.Vel.5-8 ottenendo così una crema. Versare in una fondina un poco di crema, aggiungere un mestolino di lenticchie tenute a parte, adagiarvi nel mezzo del piatto 3 fagottini di verza e salsiccia e decorare con scaglie di parmigiano, irrorare con un filo di olio extravergine di oliva. Servire caldo.

15.1.3.8 Polenta Con Ragù Di Legumi

Ingredienti: 4 persone

250gr. di fagioli borlotti lessati

200gr. di lenticchie lessate 450gr. di pomodori pelati

1 carota

1 gambo di sedano 1 cipolla

1 spicchio d'aglio 2 foglie di alloro

20gr. di olio extravergine di oliva sale e pepe q.b.

Preparare un trito di carota, sedano, cipolla e aglio, unire l'olio e rosolare 3min. 100° vel1, aggiungere i pelati 5min. 100° Vel.1.

Aggiungere i fagioli borlotti, le lenticchie, aggiustare di sale e pepe e cuocere 3min. 100° Vel.1. Mettere da parte.

Senza lavare il boccale preparare la polenta come da ricettario base pag 28 e condirla con il sugo di legumi. Servire caldissima.

15.1.3.9 Minestra Di Farro

Ingredienti: 4 persone

200gr. di vitello (spalla)

100gr. di prosciutto crudo in una fetta unica 2

carote

2 gambe di sedano 1

cipolla

1 porro

1 foglia di verza 1

rapa bianca

2 pomodori

1 foglia di lauro, rosmarino, prezzemolo

salvia e origano

30gr. di parmigiano reggiano 30gr. di

olio extravergine di oliva

Pulire e lavare tutte le verdure, tagliare a listarelle le foglie di verza, a dadini le altre verdure e il prosciutto.

Mettere nel boccale, coprire il tutto con l'acqua avendo cura che rimanga al di sotto dell'ultima tacca, aggiungere la carne e il sale, cuocere 30min. 100° vel1.

Togliere le verdure e metterle da parte in una zuppiera, nel brodo cuocere il farro 30min. 100° Vel.1, aggiustare di sale, controllare la densità, versare il farro nella zuppiera assieme alle verdure.

Mescolare, spolverare con parmigiano grattugiato e un filo di olio extravergine di oliva.

15.1.3.10   Spaghetti Ai Tre Colori

Ingredienti: 4 persone

400gr. di spaghetti 900gr.

di acqua

3 peperoni (giallo, verde e rosso) 1

pomodoro concassè

1 mazzolino di basilico 1

gambo di prezzemolo 3

filetti di acciuga

1 spicchio di aglio

40gr. di olio extravergine di oliva

20gr. di parmigiano grattugiato (o pecorino)

Tagliare i peperoni a listarelle come se fossero degli spaghetti e mettere da parte.

Preparare nel boccale olio, aglio e acciughe 3min. 100° Vel.2, aggiungere i filetti di peperone, un pomodoro tagliato a dadini e cuocere 2min. 100° Vel.1.

Versare l'acqua, aggiustare di sale, portare a bollore 8min. 100° Vel.1 e cuocere gli spaghetti per il tempo indicato sulla confezione.

A cottura ultimata, versare un una zuppiera, aggiungere il pomodoro rimasto tagliato a dadini, il basilico, il prezzemolo, irrorare con un filo di olio extravergine di oliva e il parmigiano. Servire caldi

15.1.3.11   Zuppa Di Sedani E Baccala'

Ingredienti: 4 persone

350gr. di sedano (coste e foglie)

500gr. di baccalà ammollato mezzo

cucchiaio di capperi

40gr. di olio extravergine di oliva 1

spicchio d'aglio

mezzo cucchiaino di peperoncino 1

grossa patata

100gr. di acqua sale

q.b.

Mondare il sedano, lavarlo e tagliarlo a tocchetti. Preparare un soffritto con olio, aglio, capperi e peperoncino 3min. 100° vel1. Aggiungere il sedano e rosolare 3min. 100° Vel.1.

Tagliare a pezzi il baccalà e unirlo al soffritto di sedani, aggiungere la patata tagliata a dadini, l'acqua, controllare di sale e cuocere 30-40min. 100° Vel.1. Controllare durante la cottura che rimangano i liquidi.

Servire accompagnato da crostini di pane.

15.1.3.12 Linguine Ai Fiori Di Zucca E Zafferano

Ingredienti: 4 persone
400gr. di linguine
2 zucchine
1 mazzo di fiori di zucca
1 scalogno (o cipolla e aglio)
200gr. di gamberetti (o code di scampo) 1
bustina di zafferano con i pistilli lunghi 30gr.
di olio extravergine di oliva
1 litro di acqua
50gr. di pecorino grattugiato
1 cucchiaio di prezzemolo tritato sale e
pepe q.b.
Tritare nel boccale cipolla, zucchine e fiori di zucca Vel.3-5, unire l'olio e rosolare 5min. 100° vel1, aggiungere lo zafferano diluito con un poco di brodo. Inserire la farfalla, il prezzemolo e cuocere 3min. 100° Vel.1, aggiustare di sale e pepe e mettere da parte in una pirofila. Togliere la farfalla, versare l'acqua nel boccale 8min. 100° Vel.1 il sale e cuocere le linguine per il tempo indicato sulla confezione. Scolare condire con il sugo a parte, il pecorino e un filo di olio extravergine di oliva.

15.1.3.13 Minestra Di Broccoletti E Rossi Di Soja

Ingredienti: 4 persone 200gr. di
fagioli rossi di soja 400gr. di
broccoletti
200gr. di pasta di semola di grano duro 1
scalogno (o cipolla), 1 carota
1 spicchio di aglio, 1 costa di sedano
40gr. di olio extravergine di oliva 60gr.
di parmigiano reggiano
1 piccolo peperoncino
600gr. di brodo vegetale
200gr. di acqua di cottura di fagioli sale
e pepe q.b.
Mettere a bagno per una notte i fagioli di soja.
Cuocere in un litro di acqua e sale i fagioli 30min. 100° Vel.1, scolare i fagioli con il cestello, tenerli a parte, conservando 200gr. della loro acqua di cottura. Pulire e lavare le verdure e i broccoli. Nel boccale cipolla, aglio e olio 3min. 100° vel4, aggiungere con lame in movimento a Vel.4 sedano, carote per 10 sec, aggiungere i broccoli tagliati a pezzi, insaporire 3min. 100° Vel.1. Unire i fagioli, il brodo vegetale bollente e 200gr. del brodo di cottura dei fagioli, aggiustare di sale, pepe, aggiungere il peperoncino e cuocere 10-15min. 100° Vel.1. Cuocere la pasta della forma desiderata, per il tempo di cottura dato dalla confezione e a fine cottura, versare in una zuppiera. Condire con pepe, parmigiano e un filo di olio extravergine di oliva.
Consiglio: chi ha poco tempo può utilizzare i fagioli di soja in scatola, eliminando così il tempo di cottura dei fagioli.

15.1.3.14 Farfalle Alla Carbonara Di Tonno

Ingredienti: 4 persone
320gr. di farfalle
20gr. di burro
30gr. di olio extravergine di oliva
160gr. di tonno al naturale
2 tuorli
1 spicchio di aglio
1 cucchiaio di prezzemolo tritato
30gr. di parmigiano reggiano grattugiato

sale e pepe q.b.

Preparare il sugo: nel boccale aglio, olio e burro 3min. 100° Vel.4, aggiungere il tonno e cuocere 3min. 100° Vel.3. Mettere da parte.

Versare 1 litro di acqua nel boccale, il sale, portare a bollore 10min. 100 ° Vel.1.

Cuocere le farfalle per il tempo indicato sulla confezione, scolarle con il cestello e rimetterle nel boccale asciutto, aggiungere il sugo messo da parte, le uova sbattute con il parmigiano, il prezzemolo tritato e un filo di olio, mantecare 2min. 100° Vel.1.

Versare in un piatto da portata e servire caldissime.

15.1.3.15   Minestra Di Broccoli E Ali Di Razza

Ingredienti: 4 persone
700gr. di ali di razza (o altro pesce)
300gr. di broccoli (solo il fiore) 200gr.
di pasta (ditalini)
70gr. di vino bianco secco
200gr. di pomodori da sugo o pelati
30gr. di olio extravergine di oliva
1 carota, 1 gambo di sedano
1 carota, 1 spicchio di aglio
1 cucchiaio di prezzemolo tritato 2
filetti di acciuga, 1 peperoncino
20gr. di parmigiano reggiano grattugiato 1
limone
sale e pepe q.b.

Pulire le ali di razza e metterle nel varoma, nel boccale versare 600gr. di acqua, sale, la carota, il sedano, la cipolla e una fetta di limone; posizionare il varoma, cuocere 20min. temp *varoma* Vel.1. Togliere il pesce dal varoma, tagliare la carne del pesce in quattro parti, metterli in un piatto da portata e condire con olio, aglio, e prezzemolo. Tenere da parte. Nel boccale preparare aglio, prezzemolo, olio e acciughe, aggiungere la punta del peperoncino, rosolare 3min. 100° Vel.4; aggiungere i pomodori a pezzetti, sfumare coni l vino 3min. 100° Vel.1. Unire le cimette dei broccoli, il brodo tenuto a parte e cuocere 10min. 100° Vel.1; aggiungere la pasta, cuocere per il tempo di cottura indicato sulla confezione.

Versare nella zuppiera, spolverare di parmigiano e servire calda. Servire il pesce come secondo.

15.1.3.16   Minestra Di Riso E Lenticchie

Ingredienti: 4 persone 200gr. di
riso per minestra 200gr. di
lenticchie
1 litro di brodo vegetale (acqua e dado bimby)
60gr. di speck o pancetta affumicata
200gr. di pomodori freschi (o pelati) 1
cipolla
1 spicchio di aglio 2
foglie di salvia 2
foglie di alloro
40gr. di olio extravergine di oliva sale e
pepe q.b.
30gr. di parmigiano

Sciacquare le lenticchie in acqua fredda.

Sbucciare la cipolla, aglio e rosolare nel boccale con olio, una foglia di salvia e una di alloro 3min. 100° Vel.4. Unire lo speck tagliato a dadini, i pomodori o pelati a pezzetti, le lenticchie, il resto della salvia e dell'alloro; insaporire 3min. 100° Vel.1. Bagnare con il brodo vegetale bollente, aggiustare di sale e pepe, continuare la cottura 15min. 100° vel1 versare il riso e cuocere per 15min. 100° vel1.

A cottura ultimata, eliminare le foglie di alloro e salvia, condire con olio extravergine di oliva, parmigiano e servire.

15.1.4 Secondi

15.1.4.1 Tortino Di Alici

Ingredienti: 4 persone
700gr. di alici fresche
200gr. di pomodorini
2 panini raffermi (solo mollica) 1
mazzolino di basilico
2 spicchi di aglio, 1 pezzettino di peperoncino
30gr. di olio extravergine di oliva
mezzo limone sale e
pepe q.b.

Pulire e diliscare le alici, lavarle con acqua e sale a farle scolare. Foderare con carta da forno bagnata e ben strizzata, uno stampo per sformati (ovale della misura del varoma). Contornare lo stampo, parete e fondo, con le alici aperte. Mettere a bagno la mollica di pane in acqua per circa 10 min, lavare bene i pomodorini e il basilico. Strizzare bene la mollica di pane, unirvi i pomodorini aperti in due parti, le foglie del basilico sminuzzate, l'aglio tritato, il peperoncino, sale e pepe, irrorare con l'olio di oliva. Versare il composto nello stampo, chiudere con un altro strato di alici, irrorare ancora con l'olio e adagiare lo stampo nella campana del varoma. Versare nel boccale 500gr. di acqua, un pizzico di sale, mezzo limone, posizionare il *varoma* e cuocere 30min. temp *varoma* Vel.1. A cottura ultimata sformare su un piatto da portata contornare con pomodorini e basilico, irrorare con un filo di olio extravergine di oliva. Servire caldo.

15.1.4.2 Trota A Sorpresa

Ingredienti: 4 persone
2 filetti di trota salmonata (circa 600gr.)
2 filetti di sogliola o filetti di platessa (circa 200 g) 1
mazzolino di rucola
8 punte di asparagi lessate 5
foglie di radicchio rosso 1
scalogno, 1 carota
1 gambo di sedano 1
foglia di alloro
1 cucchiaio di semi di finocchio 30gr.
di olio extravergine di oliva 100gr. di
vino bianco secco
1 limone
sale e pepe q.b.

Lavare e salare i due filetti di trota e farcirla con i filetti di sogliola, le 3 foglie di radicchio rosso, le punte di asparagi, scottate in acqua per qualche minuto e i semi di finocchio. Richiudere le trota farcita. Bagnare un foglio di carta da forno, strizzarlo bene e oliarlo, adagiarvi la trota con la metà del sedano le carote e dello scalogno tagliati a dadini, unirvi una fetta di limone tagliata a dadini e la foglia di alloro. Chiudere il cartoccio e metterlo nella campana del varoma.

Ne 1 boccale versare 500gr. di acqua, il vino e l'altra metà delle verdure, aggiustare di sale, posizionare il *varoma* e cuocere 30-40min. temp *varoma* Vel.1.

A cottura ultimata, servire la trota farcita tagliata a fettine accompagnata da rucola e radicchio rosso. Irrorare con un filo di olio extravergine di oliva.

15.1.4.3 Agnello E Ceci In Cous Cous

Ingredienti: 4 persone 500gr.
di carne di agnello
150gr. di ceci secchi o in scatola
300gr. di cipolla
150gr. di uvetta
1 bustina di zafferano 500gr. di
cous cous precotto

50gr. di olio extravergine di oliva sale
q.b.
1 litro e 100gr. di acqua
1 cucchiaio di dado bimby

Mettere a bagno i ceci in acqua salata per circa sei ore. Ammollare l'uvetta in acqua tiepida, tagliare la carne di agnello a tocchetti e le cipolle a fettine sottili. Inserire la farfalla nel boccale, versare l'olio, i tocchetti di agnello e il sale, rosolare 5min. 100° Vel.1.

Aggiungere lo zafferano, i ceci, le cipolle, l'acqua bollente, il dado e cuocere 20min. 100° Vel.1. Unire l'uvetta scolata, (controllare la cottura dei ceci) e continuare la cottura 5min. temp *varoma* Vel.1.

Nel frattempo preparare il cous cous: in una terrina versare 400gr. di acqua bollente salata, unire il cous cous, mescolare e aspettare che venga assorbita l'acqua, poi versare nel vassoio del *varoma* con 2 cucchiai di olio extravergine di oliva, posizionare sul boccale (mentre cuoce l'agnello) per circa 15min. temp. Varoma.

Mescolare il cous cous in modo che i chicchi siano ben sgranati. Servire su un piatto da portata con al centro l'agnello e le verdure.

15.1.4.4   Spezzatino Alle Olive

Ingredienti: 4 persone
500gr. di carne di vitellone a pezzetti
250gr. di cipolline fresche (o cipolla)
200gr. di carote
100gr. di olive verdi snocciolate 30gr.
di olio extravergine di oliva 1
cucchiaio di prezzemolo tritato 1
buccia di limone
1 cucchiaio di farina bianca 00 1
cucchiaio di dado bimby timo, sale
e pepe q.b.

Sbucciare e scottare in acqua bollente per 2min. le cipolline lasciandole intere. Tagliare a rondelle le carote, dopo averle raschiate e lavate. Snocciolare le olive e mettere da parte. Inserire la farfalla nel boccale, versare l'olio, le cipolle, le carote, la buccia di limone, il timo e la carne tagliata a pezzetti, rosolare 4min. 100° Vel.1 .

Cospargere la farina, rosolare ancora 2min. 100° Vel.1. Bagnare con acqua calda (200gr. circa), il dado e cuocere 40min. 100° Vel.1, aggiungere le olive messe da parte e cuocere 10min. 100° Vel.1.

Versare nel piatto da portata, spolverizzare di prezzemolo tritato e servire.

15.1.4.5   Manzo Alle Prugne Con Pure' Di Patate

Ingredienti: 4 persone 600gr.
di manzo a pezzetti 2 cucchiai
di farina
100gr. di prugne secche snocciolate 1
carota
1 gambo di sedano
40gr. di cipolla
1 cucchiaio di concentrato di pomodoro
250gr. di vino rosso
un poco di cannella qualche
bacca di ginepro
40gr. di olio extravergine di oliva sale
e pepe q.b.
1 dose di purè(vedi ricetta libro base pag 59)

Pulire, lavare le verdure e tritarle 10sec.Vel.4 aggiungere l'olio e rosolare 3min. 100° Vel.1.

Infarinare leggermente la carne, e rosolare 3min. temp *varoma* Vel.1, unire le prugne, le bacche di ginepro, un pizzico di cannella, il concentrato di pomodoro, il vino e il sale, cuocere 40-50min. 100° Vel.1.

15.1.4.6 Fettine Di Pollo In Salsa Di Melograno

Ingredienti: 4 persone 2
petti di pollo
2 grossi melograni maturi
50gr. di olio extravergine di oliva 5
bacche di ginepro
1 peperoncino
2 spicchi di aglio 2
patate
1 limone
1 scalogno
1 limone solo il succo
20gr. di maizena 600gr.
di acqua
Sbucciare le patate, tagliarle a rondelle sottili, e metterle nella campana del varoma.
Tritare le bacche di ginepro e 1 spicchio di aglio e metterle sulle fettine di pollo e
posizionare il tutto sulle patate. Versare nel boccale l'acqua, il sale e 1 fettina di limone,
posizionare il *varoma* e cuocere 20-30min. temp *varoma* Vel.1.
A cottura ultimata togliere il *varoma* e tenere a parte. Nel boccale pulito, preparare la
salsa; rosolare olio, scalogno, aglio e peperoncino 3min. 100° Vel.3. Unire il succo
spremuto dei chicchi dei melograni, tenendo a parte un po' di chicchi, che si uniranno al
sugo. Aggiungere la maizena e cuocere 5min. temp *varoma* Vel.1.
Mettere in un piatto caldo da portata le patate e le fettine di pollo, irrorarle con la salsa e
i chicchi di melograno.

15.1.4.7 Polpettone Al Sugo Di Funghi

Ingredienti: 4 persone
700gr. di carne di manzo tritata 1
scalogno, 1 spicchio di aglio 400gr.
di pomodori maturi
300gr. di funghi porcini freschi o 200gr. di funghi secchi
100gr. di mollica di pane raffermo
100gr. di parmigiano reggiano grattugiato
50gr. di prosciutto crudo
100gr. di vino bianco secco 100g di
latte, 2 uova
200gr. di brodo vegetale
30gr. di olio extravergine di oliva sale
e pepe q.b.
Mettere a bagno la mollica di pane nel latte.
Preparare il polpettone, nel boccale tritare il prosciutto crudo 10sec.vel5, la mollica di
pane bagnata nel latte e ben strizzata, il formaggio e le uova, salare, pepare e aggiungere
la carne 10sec.Vel.3. Togliere il composto e formare con le mani un polpettone, ungerlo
di olio, adagiarlo nella carta da forno bagnata e strizzata e sistemarlo nel varoma. Nel
boccale preparare un soffritto con olio, scalogno e aglio 3min. 100° Vel.4, inserire la
farfalla, unire i funghi tagliati a fettine, i pomodori tagliati a dadini e cuocere 5min. 100°
Vel.1, sfumare con il vino 2min. 100° Vel.1, aggiungere il brodo vegetale, posizionare il
varoma e cuocere 30min. temp *varoma* Vel.1. Servire tagliato a fette, disporle su un piatto
di portata, versarvi sopra il sugo ai funghi, a piacere accompagnato con purè o piselli.

15.1.4.8 Lonza Di Maiale Alle Mele

Ingredienti: 4 persone
700gr. di lonza di maiale o spalla 2
mele renette
2 cipolle
30gr. di aceto di mele (o aceto di vino)
30gr. di olio extravergine di oliva 200gr. di
brodo vegetale bimby
sale e pepe q.b.

1 spicchio di aglio 3
foglie di salvia 20gr.
di maizena
Tagliare a tocchetti la carne, sbucciare le mele e le cipolle. Tagliare
a fettine le mele e affettare le cipolle.
Inserire la farfalla nel boccale l'olio, l1aglio e la salvia rosolare 6min. tempo
varoma Vel.1.
Unire la carne 4min. temp *varoma* Vel.1; salare, pepare e sfumare con l'aceto 2min. 100°
Vel.1.
Unire alla carne le mele, le cipolle, il brodo vegetale e cuocere 50-60min. 100° Vel.1.
A cottura ultimata, togliere solo la carne e metterla su un piatto da portata.
Togliere la farfalla, unire al sugo del boccale la farina o maizena e cuocere 5min. 100°
Vel.4. Versare sulla carne e servire.

15.1.4.9 Involtini Di Tonno Fresco

Ingredienti: 4 persone
8 fettine di tonno fresco sottilissime
30gr. di polpa di tonno fresca
2 carciofi, 1 panino solo mollica 40gr.
di olio extravergine di oliva 1
mazzolino di prezzemolo
1 scalogno, 1 spicchio di aglio, 1 limone
200gr. di brodo vegetale (o acqua e dado bimby)
100gr. di vino bianco secco, sale e pepe q.b.
Mettere a bagno con un poco di acqua tiepida la mollica di pane. Pulire i carciofi da tutte
le foglie tenendo solo il fondo, metterlo a bagno in acqua acidula (acqua c limone). Tritare
nel boccale i fondi di carciofo, la polpa di tonno fresco, lo scalogno, l'aglio, il prezzemolo
e un piccolo pezzettino di buccia di limone 20sec. Vel.5-7.
Toglierne la metà e metterla in una ciotola; strizzare bene la mollica di pane e unirla al
composto nella ciotola, aggiustare di sale e pepe, amalgamare e farcire le fette di tonno,
arrotolare la fetta su se stessa formando un involtino.
Pennellare di olio gli involtini e posizionarli nella campana del *varoma* avendo cura di
salare e pepare gli involtini. Versare l'olio nel boccale e rosolare con il trito 3min. 100°
vel2, sfumare con il vino e aggiungere il brodo vegetale (acqua e dado bimby) posizionare
il *varoma* e cuocere 40min. temp *varoma* Vel.2. A cottura ultimata, disporre gli involtini
in un piatto da portata, irrorare con il fondo di cottura. Se risultasse troppo liquido
addensare 2min. temp *varoma* Vel.3.

15.1.4.10 Polenta Fagioli E Formaggi

Ingredienti: 4 persone 1
litro e 200gr. di acqua
230gr. di farina di granoturco 200gr. di
fagioli borlotti secchi 100gr. di
pancetta
30gr. di olio extravergine di oliva
mezza cipolla media
100gr. di acqua
100gr. di parmigiano reggiano 1
cucchiaio di sale
Mettere i fagioli a bagno in acqua per almeno 12 ore. Versare nel boccale l'acqua, il sale,
disporre nel cestello i fagioli e posizionarlo ne l boccale 30min. 100° Vel.2; mettere da
parte acqua e fagioli.
Tritare la cipolla, la pancetta 20sec.Vel.5, unire l'olio 3min. 100° Vel.1.
Inserire la farfalla, aggiungere i fagioli, 100gr. di acqua e il parmigiano 10min. 100°
Vel.1.
Mettere da parte.
Versare l'acqua di cottura dei fagioli 10min. 100° Vel.1. Aggiungere sale e farina di
granoturco 20min. 90° Vel.1.

A cottura ultimata lasciare riposare 1min. circa. Servire la polenta calda in piatti fondi.

15.1.4.11   Pesce Con Orzo

Ingredienti: 4 persone
700gr. di pesce (triglie o altro)
200gr. di orzo
1 carota
1 scalogno
1 gambo di sedano
80gr. di olive nere
1 cucchiaio di prezzemolo tritato 1
limone
1 mazzolino di basilico 1
spicchio di aglio
olio extravergine di oliva sale
q.b.

Squamare, pulire e lavare il pesce. Foderare il *varoma* con carta da forno bagnata e strizzata, distribuire le foglie di basilico e un poco di aglio, il pesce e le olive tritate. Irrorare con un filo di olio extravergine di oliva e salare.
Nel boccale versare un litro di acqua, lo scalogno, il sedano, la carota, un pizzico di sale 8min. 100° Vel.1.
A cottura ultimata, versare il tutto in un piatto da portata, spolverizzare con il prezzemolo e basilico, irrorare con un filo di olio extravergine di oliva, aggiustare di sale e servire.

15.1.4.12   Spezzatino Di Agnello In Salsa Di Ricotta

Ingredienti: 4 persone
700gr. di agnello disossato e tagliato a pezzetti 2
carote
2 cipolline
2 chiodi di garofano 2
cucchiai di farina
mezzo bicchiere di vino bianco secco
100gr. di ricotta
50gr. di burro
2 cucchiai di olio extravergine di oliva 1
foglia di alloro
timo, erba cipollina
prezzemolo, maggiorana un
cucchiaio di dado bimby sale e
pepe q.b.

Pulire e lavare cipolle e carote, tagliarle a pezzi metterle nel boccale, tritare 10sec.Vel.4, aggiungere olio e burro 3min. 100° Vel.1.
Infarinare la carne di agnello, inserire la farfalla nel boccale e rosolare la carne con i chiodi di garofano 4min. temp *varoma* Vel.1. Salare e pepare, aggiungere l'erba cipollina, il timo e la foglia di alloro, il dado e infine sfumare con il vino, cuocere 30-40min. 100° Vel.1 (se occorre aggiungere un poco di acqua).
A cottura ultimata, togliere i pezzetti di carne e metterli in un piatto da portata, nel fondo di cottura (nel boccale) aggiungere la ricotta amalgamare 20sec.Vel.4-5.
Versare la salsa ottenuta sull'agnello, cospargere di prezzemolo, maggiorana e servire caldo.

15.1.4.13   Baccala' Con Cavolfiore E Olive

Ingredienti: 4 persone
700gr. di filetto di baccalà ammollato
150gr. di vino bianco secco
300gr. di cimette di cavolfiore
100gr. di acqua
10 olive nere, 7 pomodorini

40gr. di olio extravergine di oliva 1
mazzolino di prezzemolo
1 mazzolino di basilico 2
spicchi di aglio
1 mazzolino di erba cipollina
1 cucchiaio di farina bianca o maizena sale
e pepe q.b.

Mondare il cavolfiore, lavarlo e tagliare sottilmente le cimette, metterle nel vassoio del varoma. Nel boccale tritare, le erbe aromatiche e l'aglio 20sec.Vel.5, toglierne la metà e tenere da parte. Tagliare a pezzettini il baccalà, oliarlo e condirlo con le erbe aromatiche tenute a parte, posizionarlo nella campana del varoma, unire le olive e i pomodorini. Versare l'olio nel boccale e rosolare 3min. 100° Vel.3, sfumare con il vino per circa 2min, aggiungere l'acqua, posizionare il *varoma* completo di vassoio con le cimette di cavolfiore, cuocere 25min. temp *varoma* Vel.1. A cottura ultimata, disporre il baccalà su di un piatto da portata contornare con il cavolfiore, i pomodorini, le olive e aggiustare di sale e pepe. Irrorare con il fondo di cottura, se risultasse troppo liquido aggiungere mezzo cucchiaio di maizena e cuocere 3min. temp *varoma* Vel.3 servire.

15.1.4.14   Involtini Di Tachcino Al Profumo Di Arancia

Ingredienti: 4 persone
6 fette di carne di tacchino
8 fette di pancetta un po' spessa
2 coste di sedano, 3 carote, 1 scalogno 1
rametto di rosmarino
60gr. di olio extravergine di oliva
200gr. di vino bianco
1 arancia (buccia grattugiata e succo) il
succo di un limone
sale e pepe q.b.

Prendere le fettine di carne, stendervi sopra una fettina di pancetta. Pulire le verdure, tritare le coste di sedano, il rosmarino e le carote con lame in movimento Vel.4-5- per 10sec.aggiungere 20gr. di olio, sale e pepe, rosolare 3min. 100° Vel.1. Mettere da parte. Stendere un po' di verdure stufate sulle fettine di carne e chiuderle con filo refe, posizionarle nel cestello dopo averle oliate e salate.

Preparare nel boccale, un soffritto con scalogno e il rimanente olio 3min. 100° Vel.4- Unire la buccia grattugiata e il succo dell'arancia, il succo di limone, sale e pepe, cuocere 15min. 100° Vel.1. A cottura ultimata, togliere il cestello e lasciare raffreddare gli involtini.

Tagliarli a fette e adagiarli su un piatto da portata.Frullare nel boccale il sugo di cottura 10sec.Vel.4-5.

Versare la salsa sulle fette di carne. Servire accompagnato da un purè di patate.

15.1.4.15   Braciole Con Salsa Di Pere

Ingredienti: 4 persone
4 braciole
50gr. di olio extravergine di oliva
100gr. di vino rosso
50gr. di pancetta o prosciutto crudo
foglie di salvia
1 rametto di rosmarino
50gr. di grappa
sale e pepe q.b.
1 scalogno
Per la salsa:
250gr. di pere (Williams rosse) 30gr. di
burro
30gr. di zucchero di canna
50gr. di brandy
1 cucchiaino di cannella in polvere

sale e pepe q.b.

Preparare la salsa: sbucciare e tagliare a tocchetti le pere. Nel boccale lo zucchero, il burro, le pere e il brandy, cuocere 10min. 100° Vel.1.

Aggiungere la cannella e un pizzico di sale e frullare 10sec.Vel.7. Mettere da parte la salsa.

Nel boccale pulito, soffriggere olio, scalogno e pancetta 3min. 100° Vel.4. Inserire fra le lame le braciole, avendo cura di piegarle leggermente aggiungendo salvia, rosmarino, sale e pepe, rosolare 8min. 100° Vel.1. Sfumare con il vino rosso e cuocere 20min. 100° Vel.1. Togliere la carne, eliminare, salvia e rosmarino, aggiungendo al fondo di cottura una noce di burro, la grappa e fare restringere il sugo 2-3min. temp *varoma* Vel.1. Servire la carne irrorata coni l sugo e accompagnata dalla salsa alle pere.

15.1.4.16   Pollo, Cicoria E Noci In Insalata

Ingredienti: 4 persone
400gr. di petto di pollo
150gr. di speck in una fetta unica 1
cespo di cicoria
50gr. di gherigli di noce tritati
20gr. di salsa di soia
20gr. di olio extravergine di oliva
maizena, sale q.b.
Tagliare a pezzetti regolari il petto di pollo, e infarinarlo con la maizena.
Tagliare a dadini lo speck, metterlo nel boccale con l'olio e rosolare 3min. 100° Vel.1, inserire la farfalla, aggiungere i pezzetti di pollo e rosolare 3min. temp *varoma* Vel.1.
Insaporire con la salsa di soia, aggiustare di sale e continuare la cottura 15min. 100° Vel.1
.
Mondare e lavare la cicoria, tagliarla a listarelle e unirla al pollo, aggiungere i gherigli di noci tritati e continuare la cottura per altri due minuti.
Servire caldo

15.1.5   Dolci

15.1.5.1   Budino Di Amaretto

Ingredienti: 4 persone
500gr. di latte intero 100gr.
di amaretti 150gr. di
zucchero
50gr. di liquore amaretto 1
fetta di limone
4 uova
Tritare gli amaretti 15sec.Vel.turbo, aggiungere tutti gli altri ingredienti 30sec.Vel.4 e 3min. 80° Vel.4.
Versare il composto in uno stampo ovale, caramellato, coprire bene con carta stagnola e posizionarlo nella campana del varoma.
Versare 600gr. di acqua nel boccale, un pizzico di sale e una fetta di limone, posizionare il *varoma* e cuocere 40min. temp *varoma* Vel.2. A fine cottura eliminare la carta di copertura lasciando per qualche minuto scoperto per permettere di far uscire il vapore acqueo.
Sfornare tiepido e servire fresco accompagnato a piacere con salsa al cioccolato o panna montata.

15.1.5.2   Budini Di Semola

Ingredienti: 4 persone
600gr. di latte
100gr. di cioccolato fondente
100gr. di semolino
40gr. di uvetta 40gr.
di zucchero

30gr. di burro

2 uova + 2 albumi

Inserire nel boccale la farfalla e montare gli albumi a neve (vedi ricettario base). Mettere da parte.

Nel boccale pulito versare il latte e lo zucchero, cuocere il semolino 10min. 90° Vel.1. Aggiungere il cioccolato a pezzetti, sempre mescolando a Vel.3 unire i tuorli, l'uvetta ammollata in acqua tiepida, amalgamare 10sec.Vel.2. Lasciare raffreddare, poi incorporare gli albumi precedentemente montati. Versare il composto in stampini di ceramica (tipo cuki), spennellare con burro fuso e mettere gli stampini nella campana del varoma, coprirli con carta alluminio, poi chiudere con il coperchio del varoma. Versare l'acqua nel boccale e una fettina di limone, posizionare il *varoma* e cuocere per circa 30-40min. temp *varoma Vel.*1. Lasciare raffreddare e sformare i budini nei piatti su una salsa all'arancia.

Consiglio: se utilizzate un unico stampo cuocere il budino per 50-60 minuti.

15.1.5.3 Bavarese Di Nocciola

Ingredienti: 4 persone

400gr. di panna freschissima da montare 1

cucchiaino di zucchero a velo

150gr. di zucchero

150gr. di latte

4 tuorli

10gr. di colla di pesce 10gr. di

fecola di patate 150gr. di pasta

di nocciole

Ammollare la colla di pesce in acqua fredda.

Inserire nel boccale latte, tuorli, pasta di nocciole, fecola, zucchero 5min. 80° Vel.4.

Aggiungere la colla di pesce ben strizzata 10sec.Vel.4.

Versare in una ciotola e far raffreddare mescolando di tanto in tanto.

Nel boccale ben pulito e freddo montare la panna come da ricettario base, aggiungere delicatamente lo zucchero a velo.

Versare a cucchiaiate nella ciotola della crema, amalgamando delicatamente senza smontare la panna.

Mettere in uno stampo e far rassodare in frigo per 10 ore.

Consiglio: a piacere servire fredda con salsa di cioccolato.

15.1.5.4 Crem Caramel Ai Mirtilli

Ingredienti per4 persone

250gr. di latte

80gr. di zucchero vanigliato

80gr. di zucchero semolato

50gr. di mirtilli

500gr. di acqua 1

uovo + 2 tuorli

Preparare uno sciroppo con acqua e zucchero semolato 4min. 100° Vel.1, unire i mirtilli cuocerli 5min. 100° Vel.1.

Togliere i mirtilli, metterli da parte e restringere lo sciroppo finché non diventa caramelloso 5min. temp *varoma* Vel.2.

Versare questo caramello negli stampi, e tenere da parte.

Preparare la crema: nel boccale pulito versare latte, zucchero vanigliato, tuorli e uovo, cuocere 5min. 80° Vel.3.

Versare nelle coppette(tenute a parte con il caramello) distribuire i mirtilli nei vari stampini, metterli nella campana del varoma, coprire con carta alluminio e relativo coperchio. Versare l'acqua nel boccale con una fetta di limone, posizionare il *varoma* e cuocere 30min. temp *varoma* Vel.1-2.

Servire freddi.

15.1.5.5 Sorbetto Di Pompelmo E Gin

Ingredienti: 5-6 persone

Succo di 3 pompelmi
Scorza di 1 pompelmo 1
limone
200gr. di gin 200gr. di
zucchero 400gr. di
acqua

Versare nel boccale acqua e zucchero 6min. 100° Vel.1. Aggiungere la scorza gialla del pompelmo e lasciare intiepidire; unire il succo dei pompelmi e del limone e lasciare raffreddare.
Togliere la buccia del pompelmo, unire il gin e versare nelle vaschette del ghiaccio.
Tenere la vaschetta nel congelatore fino a quando non sarà ghiacciata.
Mettere i cubetti nel boccale e frullare da Vel.5-9 spatolando.
Servire decorando con spicchi o fettine di pompelmo a piacere.

15.1.5.6　Crema Di Pere Alla Menta

Ingredienti: 4 persone
2 grosse pere decana (circa 600 g)
50gr. di zucchero
70gr. di succo di arancia 1
scorzetta di arancia
3 chiodi di garofano
4-5 foglie di menta (per decorare)
50gr. di vino bianco secco
50gr. di liquore all'arancio

Sbucciare le pere, tagliarle a tocchetti e metterle nel boccale con il vino e lo zucchero, cuocere 7min. 100° Vel.1, aggiungere il succo d'arancia, il liquore, i chiodi di garofano e continuare la cottura 10min. 100° Vel.2.
Frullare 30sec.Vel.5.
Servire in coppette decorando con le foglie di menta.

15.1.5.7　Mele Ripiene Al Cartoccio

Ingredienti: 4 persone
6 mele
1 uovo
2 cucchiai di mandorle in polvere 2
cucchiai di panna fresca
1 cucchiaio di zucchero a velo
20gr. di burro
1 cucchiaino di cannella in polvere 1
cucchiaio di rum
succo di 1 limone 1
pizzico di sale

Sbucciare due mele, togliere il torsolo e tagliarle a pezzetti. Metterle nel boccale con il succo di un limone, il burro, lo zucchero, la cannella, un pizzico di sale 10min. 80° Vel.1.
Frullare 10sec.Vel.3-4, lasciare intiepidire e unire la panna, le mandorle, il tuorlo, il liquore e mescolare 10sec.vel2. Mettere da parte.
Lavare le mele rimaste, asportare la calotta superiore e il torsolo, svuotarle parzialmente della polpa e spruzzarle internamente con del succo di limone perché non anneriscano e riempirle con il composto. Sistemare le mele in un cartoccio di carta da forno bagnata e strizzata bene e posizionarlo nel *varoma* chiudendolo bene. Mettere nel boccale 600gr. di acqua, una fetta di limone, posizionare il *varoma* e cuocere 30min. temp *varoma* Vel.1.
Aprire il cartoccio e cuocere altri 3min. temp *varoma* Vel.1.
Servire tiepide.

15.1.5.8　Cremini Al Mandarino

Ingredienti: 4 persone
140gr. di zucchero
6 mandarini
3 uova

2 cucchiai di panna da cucina 1 dl
di panna fresca
1 cucchiaio di maizena 1
fetta di limone 500gr. di
acqua

Ricavare dai mandarini 3 dl di succo, versare nel boccale con lo zucchero, le uova e la maizena, preparare una crema 6min. 70° vel3.

Incorporare la panna, versare in coppette (tipo cuki) e metterle nella campana del varoma, coprendole con carta d'alluminio.

Versare l'acqua nel boccale con una fetta di limone posizionare il *varoma* e cuocere 30-40min. temp *varoma* Vel.1.

Servire i cremini freddi accompagnati da una salsa di cioccolato e fettine di mandarino.

15.1.5.9   Torta Macedonia

Ingredienti: 4 persone 1
pan di Spagna
500gr. di ricotta fresca 150gr.
di zucchero
250gr. di macedonia di frutta mista 1
yogurt denso naturale
3 arance solo il succo
la buccia grattugiata di una arancia

Tagliare il pan di Spagna a metà, bagnare con il succo di arancia (o a piacere il liquore).

Nel boccale zucchero e buccia di arancia 20sec.Vel.turbo, aggiungere ricotta e yogurt amalgamare 30sec.Vel.3.

Farcire il pan di Spagna con la frutta chiudere con l'altra metà e completare ricoprendo con la mousse di ricotta.

Porre in frigorifero per circa 8 ore prima di servire.

15.1.5.10   Crema Di Zucca Alla Frutta

Ingredienti: 4 persone 500gr. di
polpa di zucca
200gr. di frutta mista secca (noci, nocciole, mandorle, papaia, cocco e altro a piacere)
100gr. di amaretti
50gr. di miele 200gr.
di acqua
2 cucchiai di liquore amaretto o mandorla amara

Tritare la frutta fresca 10sec.Vel.3-4 e mettere da parte. Tritare gli amaretti e metterli da parte. Decorticare e tagliare la zucca a tocchetti, versare l' acqua nel boccale, i pezzetti di zucca un pizzico di sale e cuocere 15-20min. 100° Vel.1, raffreddare e frullare 1min. Vel.5-8, aggiungere il liquore, una parte di frutta tritata, il miele e gli amaretti, amalgamare 10sec.Vel.2. Servire in coppette, guarnire con la frutta rimasta.

Siamo Arrivati Alla Conclusione

Ci Complimentiamo Con Te Per Aver Scelto Questo Libretto !

Sei Rimasto Soddisfatto ? Allora Ti invitiamo a Lasciare

Un FeedBack Positivo a 5 Stelle !

Grazie Di Cuore :)

LEGAL

DISCLAIMER

The author is not a licensed practitioner, physician, or medical professional and offers no medical diagnoses, treatments, suggestions, or counseling. The information presented herein has not been evaluated by the U.S. Food and Drug Administration, and it is not intended to diagnose, treat, cure, or prevent any disease. Full medical clearance from a licensed physician should be obtained before beginning or modifying any diet, exercise, or lifestyle program, and physicians should be informed of all nutritional changes.

The author/owner claims no responsibility to any person or entity for any liability, loss, or damage caused or alleged to be caused directly or indirectly as a result of the use, application, or interpretation of the information presented herein.

CPSIA information can be obtained
at www.ICGtesting.com
Printed in the USA
LVHW060856110621
689924LV00004B/202